L'homme sans mémoire

Arthur W.Marchmont

Writat

Cette édition parue en 2024

ISBN : 9789359946351

Publié par
Writat
email : info@writat.com

Contenu

CHAPITRE I

COMMENT J'AI PERDU MA MÉMOIRE

Ce fut une bagarre glorieuse, et Dick Gunter et moi en avons eu le meilleur jusqu'au dernier moment.

Nous étions à environ 6 000 pieds d'altitude et à environ un mile à l'intérieur des lignes allemandes lorsque leurs deux machines sont sorties pour nous chasser.

"Nous allons les affronter , Jack", a crié Dick, gloussant comme le rare vieux sport qu'il était, et nous avons commencé notre manœuvre habituelle pour nous positionner. Notre esquive était de leur faire croire que nous étions des novices dans ce jeu, et j'ai joué avec le vieux bus comme si nous étions indécis et complètement funk.

Ils sont tombés, d'accord, et au moment opportun, je me suis retourné et j'ai donné à Dick une chance qu'il a immédiatement saisie, déversant une bordée qui a envoyé l'une des machines se précipiter le nez en premier vers le sol. Cela a mis la crainte de Dieu chez les autres, qui ont essayé de s'enfuir ; mais nous étions trop rapides pour eux et, après un court combat, Dick les rattrapa. Le pilote s'est effondré et a fait rouler la machine comme une pierre pour éviter que l'autre ne se sente seul.

Nous jubilions à juste titre lorsque la chance a tourné. Un troisième engin, que nous n'avions pas vu dans l'excitation de la bagarre, surgit des nuages et nous lança une bordée à bout portant, ce qui nous gâcha assez gravement. Nous avons été tous les deux touchés, l'essence s'est déversée du réservoir criblé, le moteur s'est arrêté et j'ai compris que nous pouvions monter les volets, car nous étions absolument à la merci du mendiant.

Mais j'avais tort. Dick avait réussi à donner une dose de plomb à l'autre type, et soit parce que nous en avions assez, soit parce que son bus était endommagé, il ne s'est pas arrêté pour nous achever mais s'est enfui chez sa mère.

J'ai été touché quelque part à l'épaule, mais ce n'était pas assez grave pour m'empêcher de manipuler les commandes, et j'ai dirigé vers chez moi dans une longue glissade. Il y avait une « certaine vivacité », comme le disent les communiqués, lors de cette balade. Les Archies aboyaient continuellement pendant que nous traversions les lignes, les éclats d'obus étaient partout sur nous, Dick a été touché à nouveau et le pauvre vieux bus était assez criblé ; mais nous avons réussi à nous en sortir d'une manière ou d'une autre, même si mon ami était presque épuisé au moment où nous avons atteint le sol.

De jolies choses ont été dites à ce sujet et nous avons chacun eu le MC. J'ai été très peu blessé et je suis sorti de l'hôpital de la base une semaine ou deux plus tard, me sentant à nouveau en pleine forme, mais comme le chef l'a décidé, j'avais mérité un bon sort. de congé, je suis parti en convalescence chez le vieux Blighty.

C'est alors que, pour la première fois, j'entendis parler des problèmes liés à Nessa Caldicott. Mes deux parents étaient morts quand j'étais enfant, et Mme Caldicott, la femme la plus chère et la plus douce du monde, avait été comme une mère pour moi, m'avait accueilli chez elle et j'avais donc grandi avec Nessa et elle. sœur. Nessa et moi avions été à l'école en Allemagne ; ils avaient voyagé et rentré chez eux ensemble ; J'avais passé mes vacances chez eux ; et je ne me souviens pas du moment où je n'étais pas amoureux d'elle.

Mme Caldicott tenait à ce que nous nous mariions et, un an ou deux après mon retour définitif en Angleterre de l'université de Göttingen, nous étions fiancés. Mais il y avait un « nègre dans la clôture ». J'avais beaucoup d'argent et je préférais être une sorte de « cinglé » plutôt que de travailler ; et Nessa n'aimait pas ça. Elle m'a exhorté à « faire quelque chose et à faire carrière pour moi-même » ; mais j'étais un jeune âne à la tête enflée et j'y avais peur ; ainsi, finalement, les fiançailles ont été rompues jusqu'à ce que, comme elle le dit, j'ai « abandonné l'idée de me prélasser et de flâner toute la vie ».

Elle avait raison, bien sûr; mais comme un imbécile, je ne le verrais pas ; alors nous nous sommes disputés et elle est partie en Allemagne pour rester chez une vieille amie d'école. Elle était encore là quand la guerre a éclaté et elle ne savait donc pas que j'avais trouvé ma chance et que je m'étais engagé. Il n'y avait rien de « cinglé » dans l'entraînement et le travail de l'armée, et quand je suis rentré chez moi, bien sûr, mes premières pensées ont été vers elle et vers ce qu'elle dirait quand elle saurait que j'avais suivi son conseil.

Mais j'ai trouvé la pauvre Mme Caldicott au plus profond de l'anxiété et du désespoir. Nessa n'était jamais revenue d'Allemagne et il n'y avait à son sujet que des nouvelles des plus déconcertantes et des plus déroutantes. Au cours des premiers mois, elle avait pu écrire à sa famille que tout allait bien pour elle, même si elle ne pouvait pas quitter le pays.

Puis vint une interruption dans la correspondance, suivie d'une courte lettre annonçant que son amie d'école était morte et qu'elle craignait de ne pas être autorisée à rester dans la maison. Environ un mois plus tard, une autre lettre lui arriva, disant qu'elle avait quitté Hanovre pour se rendre chez une autre amie à Berlin et que sa mère n'avait pas à s'inquiéter, car elle espérait bientôt rentrer à la maison.

"Et c'est la dernière lettre que j'ai reçue d'elle, Jack, et c'était il y a trois mois", a déclaré Mme Caldicott, les larmes coulant sur ses joues. "Les seules nouvelles que j'ai eues, ce sont ces deux communications étranges."

Ils étaient étranges, en toute vérité. La première était une phrase qui avait manifestement été découpée dans une lettre plus longue, écrite de la main de Nessa et collée sur une feuille de papier. "Je vais très bien, mais je ne peux pas encore m'en sortir." C'était tout, et c'était très laid en plus. La seconde était une carte postale avec une écriture étrange, comme le poing d'un homme. "Votre fille va bien et va se marier. Elle communiquera avec vous après la guerre."

Je n'ai pas laissé voir à la chère vieille dame ce que je pensais de l'affaire, et je ne lui ai pas non plus dit comment mes mois au front et ce que j'y avais vu m'avaient amené à donner à cette affaire l'interprétation la plus sinistre.

"J'ai essayé tous les moyens en mon pouvoir, Jack, pour retrouver Nessa", déclara-t-elle ; " mais sans aucun résultat ; et ça me tue. "

J'ai fait ce que j'ai pu pour la rassurer, puis une idée quelque peu harum-scarum m'est venue : je devrais profiter de mon congé pour aller à Berlin et me renseigner. Au début, elle ne voulait pas en entendre parler, à cause du danger que je courais ; mais je lui ai montré qu'il y aurait en réalité très peu de risques, car j'avais souvent passé pour Allemand, et que la seule vraie difficulté était d'obtenir l'autorisation des autorités.

Je m'y mis immédiatement et j'y parvins – grâce au fait que j'avais un ami à la cour, au ministère de la Guerre ; mais avant que cela ne soit réglé, le beau-frère de Nessa, Jimmy Lamb, un fabricant américain, est venu travailler dans le secteur des munitions et n'a pas voulu entendre parler de mon départ.

"Regarde ici, Jack, c'est mon émission, pas la tienne. D'une part, je peux le faire mieux que toi, car je suis un peu arnaqueur et j'ai un bon ami, Greg Watson, dans notre ambassade de Berlin. Plus de ça, je peux y aller en toute sécurité, tandis que si tu étais découvert, tu serais fusillé comme espion ;" et il n'a pas écouté mes protestations.

Mais le projet a échoué au dernier moment. Le jour même où il devait partir, il reçut un télégramme annonçant que son père était mourant ; et il a dû prendre le premier bateau pour rentrer chez lui.

"J'en ai vraiment marre, Jack, mais il n'y a rien d'autre à faire. J'ai réservé une place au *Slavonic* aujourd'hui."

"Alors j'y vais, Jimmy. Je ne peux pas supporter l'idée que Nessa soit entre les mains de ces mendiants. Je suis certain qu'il y a une sorte de diable au fond de tout ça." et je lui ai raconté quelques-uns des objets que j'avais vus de mes propres yeux.

"Eh bien, quel prix allez -vous en mon nom ? Bien meilleur que le coup allemand ; et vous pouvez réellement voir les affaires que je voulais faire. Voici tous les papiers nécessaires, mon passeport et mon billet, un tas de billets allemands que je " J'ai acheté à un bon prix, et vous pouvez voir Greg Watson - je vous donnerai une lettre - et vous le trouverez comme un homme blanc jusqu'au bout, prêt à faire de son mieux pour vous aider. "

Quelques minutes ont permis de décrocher le travail ; une heure ou deux suffirent pour tous les préparatifs du voyage ; et cette nuit-là, je quittai Harwich pour Rotterdam sur un petit bateau à vapeur appelé le *Burgen* , comme le disait Jas. R. Lamb, un marchand américain, doté de toutes les références nécessaires pour remplir mes desseins.

Tout était assez simple, mais cela ne s'est pas avéré aussi simple qu'il y paraissait. Il y avait un autre Américain à bord et je me suis tenu à l'écart de son chemin au début, mais quand il m'a entendu parler à un serveur en allemand, il s'est faufilé et a fait une connaissance. Il a vite laissé échapper qu'il était un Américain aussi authentique que moi, et le meilleur dans tout cela était qu'il me prenait pour ce qu'il était en réalité : un Allemand.

"Vous parlez bien l'allemand pour... un Américain", dit-il d'un ton suggestif. "Vous connaissez peut-être l'Allemagne ?"

"J'étais à l'école là-bas et ensuite à Göttingen."

Il a été assez prudent pour tester cela, et je lui ai laissé quelques spécimens choisis d'argot étudiant qui ont renforcé son opinion.

"J'étais aussi à Göttingen. Faut-il encore faire semblant ?" et il lui tendit la main. Il était tout à fait de ma nature et de ma couleur , mais j'espérais que la ressemblance s'arrêtait là, car je n'aimais pas du tout son apparence.

« Faire semblant de quoi ? Ai-je demandé comme si j'étais sur mes gardes.

"Que nous sommes Américains."

"Ce n'est pas nécessaire, mais je n'ai pas dit que je n'en étais pas un."

Il fit un geste particulier avec sa main gauche, qui était l'un des signes d'appartenance à une société secrète parmi les étudiants, et j'y répondis. C'était assez, et il se laissa alors aller. C'était un bon fanfaron; m'a dit qu'il était venu d'Amérique en Angleterre, où il avait déniché toutes les informations possibles, s'étant présenté comme l'agent d'une entreprise américaine de fabrication de munitions ; qu'il avait envoyé son rapport à Berlin et qu'il avait été sommé de s'y rendre immédiatement sur la base de celui-ci ; et qu'il devait rejoindre les services secrets.

Il était si plein de suffisance et apparemment si heureux d'avoir quelqu'un pour l'écouter, que, avec très peu d'incitation, il m'a parlé beaucoup de lui et des grandes choses qu'il avait faites. Il ne s'est arrêté que lorsqu'il a eu le mal de mer, et avant de descendre, il m'a dit que son vrai nom était Johann Lassen et a griffonné son adresse à Berlin sur sa carte, afin que nous puissions nous y revoir.

J'étais un peu inquiet par l'affaire. Ce serait peut-être gênant si nous nous affrontions à Berlin ; mais il n'était pas nécessaire de chercher des ennuis avant qu'ils n'arrivent, alors j'écartai l'affaire et continuai à réfléchir à mon propre plan de campagne. Mais l'affaire eut des conséquences très inattendues.

Nous approchions de la côte hollandaise et je réfléchissais à la manière d'éviter Lassen à l'atterrissage, lorsqu'il y eut le frisson d'une explosion. Comme si le couvercle de l'enfer lui-même s'était levé !

Ce qui s'est passé, je ne l'ai appris que plus tard, car la prochaine chose que j'ai su, c'est que j'étais allongé quelque part dans mon lit, avec une infirmière au regard grave penchée sur moi.

« M. Lassen ! » Juste un murmure. Après une pause, le nom fut répété avec une insistance légèrement plus soucieuse.

J'étais trop faible et épuisé pour répondre ou ressentir de la surprise ou de la curiosité face à l'erreur sur mon nom ; et avec un soupir de lassitude totale , je fermai les yeux et m'endormis. Quand je me suis réveillé, c'était dans le silence de la nuit.

J'étais beaucoup moins épuisé et mon esprit recommençait à fonctionner. J'étais allongé seul dans une petite pièce aux murs nus, éclairée par une lumière électrique soigneusement ombragée. Il y avait deux autres lits dans la chambre, tous deux inoccupés ; et je n'étais pas trop étourdi pour comprendre que c'était une salle d'hôpital. Puis je me suis souvenu que l'infirmière m'avait appelé « Herr Lassen » ; et j'étais perplexe quant à cette erreur lorsque le souvenir de Nessa et de son péril m'a traversé l'esprit et a suscité un tintamarre confus de pensées inquiétantes.

Cependant, j'étais encore trop faible pour dégager l'enchevêtrement, je me rendormis et ne me réveilla que le matin.

J'allais beaucoup mieux et l'infirmière était très heureuse de mon amélioration. "Vous serez bientôt à nouveau vous-même", dit-elle en allemand avec un accent suranné. "Vous étiez tellement épuisé qu'à un moment nous avons eu peur que vous ne vous remettiez pas du choc."

"Vous êtes très bon", murmurai-je avec un faible sourire.

"Pensez-vous que vous pourriez manger de la nourriture solide ? Le médecin a dit que vous pourriez en manger une fois que vous aurez repris connaissance."

"Où suis-je?" Ai-je demandé après l'avoir remerciée.

"C'est l'hôpital Nazareth de Rotterdam. Vous avez été amené par les pêcheurs qui vous ont trouvé dans la mer lors de la coulée du *Burgen* ."

Je n'ai alors plus posé de questions, car j'avais envie de réfléchir ; et dans la journée, j'ai réussi à tout mettre au clair. Le seul point qui me dérangeait était de savoir pourquoi je devrais être pris pour Lassen ; mais je l'ai enfin eu. Je me souvenais de la carte qu'il m'avait donnée et de la façon dont je l'avais mise dans ma poche.

Mais pourquoi mon portefeuille avec mon passeport, mes papiers et tout le reste n'avait-il pas été retrouvé ? Il était dans la poche de ma veste. On aurait dit qu'il avait dû être perdu. Cela m'a fait réfléchir et je ne me suis pas trompé. Comment pourrais-je me rendre à Berlin sans passeport ? Il semblait que je devais soit abandonner la recherche de Nessa, alors que chaque minute pouvait être inestimable, soit retourner en Angleterre chercher de nouveaux papiers. Cela ne suffirait pas, car une trop grande partie de mes congés serait utilisée.

C'était un vrai désastre, et puis une idée m'est venue. Lassen a dû couler avec le paquebot, car on ne me prendrait pas pour lui s'il avait été sauvé. Et puis j'ai vite eu un plan : abandonner le personnage de Jimmy Lamb et continuer à être Lassen aussi longtemps que nécessaire. Je pourrais ainsi passer la frontière, et pour le reste je devrai me fier à mon intelligence. Il y a peut-être un peu de risque, mais cela ne doit pas m'arrêter ; et puis un très joli petit développement s'est présenté, qui offrait une promesse de sécurité même si j'étais découvert.

Pourquoi le « choc » dont parlait l'infirmière n'aurait-il pas détruit ma mémoire ? Plus j'y réfléchissais, plus cela paraissait prometteur. C'était le rôle le plus facile à jouer ; J'avais fait beaucoup de théâtre amateur ; et n'importe qui pourrait passer pour un imbécile et agir ainsi.

J'ai eu une première répétition de cette cascade – comme Jimmy l'aurait appelé – avec l'infirmière ; et le résultat est tout à fait à la hauteur des attentes. Je pensais qu'elle en parlerait au médecin, et il était clair qu'elle l'avait fait lorsqu'il est venu me voir le lendemain matin.

Il était maintenant extrêmement intéressé par l'affaire et, après m'avoir dit à quel point j'allais mieux, il commença à m'interroger sur la perte du *Burgen* .

J'avais l'air aussi vide et inquiet que je le pensais.

"Tu te souviens d'avoir été sur elle, n'est-ce pas ?"

"C'est l'infirmière qui me l'a dit. Vraiment ?"

"Oui, bien sûr. Elle a heurté une mine, tu t'en souviens ?"

J'ai fait semblant d'essayer de me souvenir, j'ai regardé autour de moi dans la pièce, puis je l'ai regardé, impuissant, et j'ai fait un faible geste.

"Vous avez été récupéré en mer. Est-ce que cela vous aide ?"

Ce n'était pas probable et je secouai la tête.

"Elle venait de Harwich, en Angleterre, vous savez, et elle a explosé."

"Harwich, Angleterre", murmurai-je, comme si ces mots n'avaient aucun sens pour moi.

Il marmonna quelque chose en néerlandais dans sa barbe. "Est-ce que ta tête te dérange beaucoup ?" et il m'a lissé les cheveux, tâtant soigneusement ma tête.

J'avais l'air stupide comme un mouton. "C'est-ce--" et j'ai froncé les sourcils et fait un geste pour suggérer ce que je ne pouvais pas exprimer.

Il eut l'air plutôt grave pendant une seconde ou deux, puis sourit d'un ton rassurant. "Tout ira bien avec le temps, c'est vrai. Vous souffrez d' un choc, mais vous n'avez pas besoin de vous inquiéter. Ne vous inquiétez pas. nom?"

Mais je n'ai pas mordu. "Est-ce Lassen ? L'infirmière l'a dit."

"Tu ne le sais pas toi-même ?" » a-t-il demandé très gentiment.

"Non." C'était vrai en tout cas. "Comment l'as-tu découvert ?"

"De la carte dans la poche de ton pantalon. Tu es le seul survivant du *Burgen* et tu t'es échappé de très peu. Même la plupart de tes vêtements ont été arrachés. Tout ce que je dis ne te suggère rien ?"

Je suis allongé comme si j'y réfléchissais solennellement. "Tout cela est tellement… tellement étrange", murmurai-je en posant ma main sur ma tête. "Alors—donc———" et j'en suis resté là ; et il s'en alla après m'avoir donné encore une information précieuse : ma ceinture qui contenait mon argent avait également été sauvée.

J'ai joué ce souvenir perdu pour tout ce qu'il valait et avec un succès magnifique. Je suis devenu un « cas » pour les médecins qui couraient pour m'interroger comme une sorte de monstre intéressant et tenaient sur moi des discussions savantes. Tout cela m'a donné une telle pratique que je suis devenu parfait dans ce rôle.

Mais il y avait une mouche dans l'ambre. En tant que seul survivant du *Burgen* , les autorités néerlandaises me considéraient comme une personne d'une importance considérable. Des fonctionnaires sont venus me rendre visite, me bombardant régulièrement de questions ; et comme ils n'obtinrent aucune satisfaction et que les médecins différaient sur le fait que je recouvre la mémoire, le verdict officiel fut que je resterais à Rotterdam jusqu'à ce que je la recouvre.

Cela menaçait de complications ; mais je n'avais pas l'intention de rester, alors je me préparai à m'enfuir, j'envoyai chercher un costume tout fait - bon Dieu, quel beau marginal ! - et j'allais quitter l'hôpital pour voir ce que je pourrais faire à l'hôpital. L'ambassade d'Allemagne à propos d'un passeport, quand mon hélice de chance s'est cassée et que je me suis vu plonger du nez vers le sol.

Une infirmière m'a apporté une carte et m'a dit que quelqu'un m'attendait dans la chambre du médecin. La carte m'indiquait qu'il s'agissait d'un certain Herr Heinrich Hoffnung , 480b, Ugenplatz , Berlin !

Ce n'était qu'une malchance, car cela signifiait l'effondrement du spectacle de Lassen. Dès l'instant où il poserait les yeux sur moi, il saurait que je n'étais pas le vrai Simon Pure ; et traverser la frontière pourrait être une tâche ardue.

En pensant à Nessa et à ce que le retard pourrait signifier pour elle, j'étais en colère. Mais je ne pouvais pas éviter la réunion ; aussi , après lui avoir laissé le temps de s'informer auprès du médecin sur mon « cas », je descendis, me demandant quel mauvais vent avait poussé cet homme à Rotterdam à un tel moment, et ce qui se passerait quand je ne serais plus Lassen.

CHAPITRE II

LA PREMIÈRE CRISE

Alors que j'ouvrais la porte, le médecin sauta pour m'aider à m'asseoir, et l'homme de Berlin eut un sursaut de surprise puis me regarda fixement ; mais qu'il me reconnaisse ou non, je n'arrivais pas à décider.

"Vous avez merveilleusement bien compris, Herr Lassen, merveilleusement !" dit le docteur. "Je déclare que personne ne devinerait à partir de votre apparence ce que vous avez vécu."

"Et je me sens aussi bien que je le regarde, docteur, grâce à vous et aux infirmières", répondis-je. "Je dois ma vie au médecin ici", ajoutai-je en me tournant vers l'inconnu.

"Vous êtes Johann Lassen ?" Il a demandé.

J'ai haussé les épaules. "C'est ce qu'ils me disent."

"Je vous ai dit comment nous le savons", a ajouté le médecin, ajoutant : "J'ai expliqué la nature de votre cas à Herr Hoffnung . Il est venu vous emmener à Berlin."

Il était clairement temps de mettre les choses au point, alors je me suis tourné vers l'homme. "Ai-je déjà eu le plaisir de vous voir auparavant ?" Ai-je demandé avec un air perplexe et plutôt déconcerté.

Il secoua la tête. "Non, nous ne nous sommes jamais rencontrés, mais———" Il fit une pause puis ajouta : "Mais bien sûr, cela doit être vrai."

J'aurais pu crier de joie, mais j'ai mis la main devant mes yeux pour qu'il n'y voie pas la joie.

"Bien sûr, vous souhaiterez voir Herr Lassen seul", dit le médecin. "Vous garderez à l'esprit tout ce que je vous ai dit, j'espère."

Hoffnung se dirigea vers la porte avec lui et les deux restèrent ensemble à parler à voix basse pendant une minute, me donnant l'occasion d'observer mon visiteur. C'était un plutôt bel homme d'une trentaine d'années, bien habillé et élégant, et je l'ai placé comme secrétaire de quelqu'un. Certainement un type décent et pas trop vif d'esprit.

"Permettez-moi d'abord de vous féliciter pour votre merveilleuse évasion, Herr Lassen", dit-il une fois le médecin parti.

"Cela semble avoir été un touché et c'est parti; mais———" et j'ai fait un geste pour suggérer que je n'en savais rien.

"Le médecin me dit qu'il était très désespéré à un moment donné de vous sauver la vie. Mais il dit que vous êtes tout à fait apte à voyager. Êtes-vous d'accord avec cela ?"

"C'est pareil pour moi. Je me sens bien."

"Il est assez urgent que je retourne à Berlin le plus tôt possible. Pensez-vous que vous pourriez faire le voyage aujourd'hui ?"

"Je ne vois pas pourquoi. Mais… euh… c'est un peu gênant, tu sais. Tu es sûr que je suis ton homme ?"

Il jeta un coup d'œil à sa montre et commença. "Il est tout simplement possible que nous puissions prendre l'express et que nous puissions parler dans le train ; enfin, si vous n'avez pas beaucoup de préparatifs à faire."

"Je n'en ai pas. Je n'ai rien d'autre que ce dans quoi je me tiens, et un endroit vaut un autre pour moi jusqu'à ———" et j'ai soupiré et fait un geste désespéré.

"Alors j'aimerais y aller."

« Puis-je partir sans papiers ou quoi que ce soit ?

"Avec moi, certainement. J'ai tout le nécessaire et je t'expliquerai pendant le voyage."

Et c'est parti, nous l'avons fait à mon infinie satisfaction.

Dans le taxi qui me conduisait à la gare , il était silencieux et pensif, et comme mon seul désir dévorant était de franchir la frontière avant que quoi que ce soit n'arrive, je ne l'inquiétais pas de questions. Tout était clair à la gare. Quel que soit Hoffnung , son autorité ne faisait aucun doute. Il a réservé un compartiment spécial, même si le train était bondé, et a fait tout son possible pour mon confort.

"C'est le meilleur de voyager officiellement", dit-il agréablement en s'installant sur le siège en face de moi, tandis que le train quittait la gare en courant. "Maintenant, vous m'avez posé une question à l'hôpital à laquelle je n'ai pas répondu : je suis sûr que vous êtes Lassen. Franchement, je ne le suis pas ; et plus je vous regarde, plus je suis perplexe."

"C'est un peu gênant. Je ne souhaite pas être quelqu'un d'autre."

"Vous sentez-vous apte à parler ? Le médecin m'a mis en garde de ne pas vous inquiéter ; mais il y a des choses que j'aimerais énormément savoir."

"Tu n'es pas aussi enthousiaste que moi", lui dis-je honnêtement. "Si je suis Lassen, que suis-je ? Où est-ce que j'habite ; ai-je des amis quelque part ;

n'y a-t- il personne qui me connaisse quelque part ? C'est un véritable désastre."

" Une chose est sûre, mon ami, vous êtes Allemand ; et pour le reste, vous trouverez à Berlin bien des gens qui vous connaîtront. Les von Rebling , par exemple. Ce qui me rappelle que j'ai la lettre de la comtesse. ;" il ouvrit sa mallette et me tendit une enveloppe cachetée.

Mais j'avais déjà dit aux médecins que je ne savais ni écrire ni lire l'écriture, même si j'avais fouillé quelques gros caractères. C'était l'une des spécialités de mon aphasie particulière. Alors j'ai juste souri d'un air absent et j'ai secoué la tête. "Voulez-vous me le lire ?" J'ai demandé.

Il accepta après quelques hésitations, et c'était une lettre très charmante. La comtesse m'a appelé « Mon cher Johann », a écrit dans le ton familier et tu, et m'a dit à quel point elle et Rosa, surtout Rosa, semblait-il, s'étaient inquiétées de moi ; m'a exhortée à me rendre le plus tôt possible à Berlin, où je serais bien sûr l'invité le plus bienvenu au monde, et elle a signé "Votre tante affectueuse, Olga von Rebling ".

"Ça ne vous rappelle rien ?" demanda Hoffnung .

"Pas du tout. Qui est Rosa ?"

Au lieu de me le dire, il a souri de manière suggestive et j'ai souri en retour. "Est-ce que la comtesse vous a envoyé me chercher ?"

"Oh non. Je suis venu officiellement. Je vais vous en parler directement; mais c'est à cause de ce qu'elle nous a dit de vous que j'ai été envoyé. Elle a reçu de vous une lettre d'Angleterre disant que vous traversiez dans le Burgen . , et lorsque les journaux ont annoncé la perte du paquebot et que vous étiez le seul survivant, elle m'en a parlé. Je l'ai signalé au quartier général, et... eh bien, me voici en conséquence.

"Et tu ne m'as jamais vu, ni Lassen, ni qui que je sois, auparavant ?"

"Jamais. J'ai vu une photo de vous, mais elle a été prise il y a longtemps ; et si vous répondez à la ressemblance à certains égards, ce n'est certainement pas le cas à d'autres, même si je peux voir que vous êtes peut-être Lassen, si l'on tient compte des la différence de temps."

"Eh bien, de toute façon, ces von Rebling le sauront, Dieu merci."

Mais il secoua la tête. "Je n'en suis pas si sûr. Voyez-vous, cela fait bien des années que vous n'êtes pas à Berlin. D'ailleurs, les relations familiales remontent à bien plus d'années, depuis que vous êtes enfants."

"Quel arrangement familial ?"

"Vos fiançailles avec Miss Rosa."

"Le diable!" M'écriai-je. "Voulez-vous me dire que je suis fiancé à cette Rosa von Rebling ?"

— Certainement , et c'est une fille très charmante, et très riche aussi, répondit-il en souriant sans retenue.

Mais cela m'a coûté un certain effort de sourire en retour. C'était une véritable confusion ; il n'y avait pas de fin aux complications gênantes, et je me suis penché en arrière sur mon siège pour essayer d'y réfléchir. Il était tout à fait probable, après ce qu'il avait dit à propos de ma photographie, que ces gens eux-mêmes pourraient me prendre pour Lassen ; et s'ils le faisaient, je serais gêné à chaque instant dans ma recherche de Nessa.

« Est-il vraiment possible que vous ne vous en souveniez de rien ? » demanda-t-il après une longue pause.

"Rien."

"Le médecin espérait que leur mention réveillerait votre mémoire."

Je secouai la tête, désespéré. "C'est possible quand je les verrai, si je suis vraiment Lassen, bien sûr. Ouf ! Quelle marmite de poisson !"

Nous atteignîmes la frontière peu après, et je respirai plus librement dès que je me trouvai du côté droit de celle-ci. Quoi qu'il arrive maintenant, je pourrais jouer à l'Allemand. Je me souvenais avec une immense satisfaction de son affirmation confiante selon laquelle, quoi que je sois, j'étais certainement l'un de ses compatriotes ; et je pouvais parier que lorsque les von Rebling me rencontreraient, mon « cas » continuerait à être suffisamment intéressant pour assurer ma sécurité.

Hoffnung avait commencé à étudier quelques papiers sous sa main et s'est alors tourné vers moi et m'a posé une question surprenante. "Parles-tu anglais?" il a demandé dans ma propre langue.

J'avais suffisamment de présence d'esprit pour être instantanément très américain. "Eh bien, n'est-ce pas, certains."

"Alors tu es allé en Amérique?"

"Ai-je?" Ma pratique avec les gens de Rotterdam se déroulait bien.

"Oh, oui. De là-bas, vous êtes allé en Angleterre", répondit-il en revenant à sa propre langue. "Tu ne t'en souviens pas ?"

Je secouai la tête et fronçai les sourcils.

« Ni rien de ce que tu as fait en Angleterre ? Un autre hochement de tête mystifié. "C'est dommage. Ne sais-tu pas que tu as envoyé d'Angleterre un rapport sur ce que tu as vu là-bas?"

S'ensuivit un petit duo dans lequel il me posa une série de questions, auxquelles je répondis à chaque fois par un hochement de tête. Le sujet de tous était la mention de personnes, de lieux, de chantiers navals, de navires, etc., qui figuraient évidemment dans le rapport que Lassen avait envoyé à Berlin. Il en a parlé sur un ton désinvolte et d'une manière qui ne trahirait rien, à supposer que je ne sois pas Lassen.

« J'ai tendance à être vraiment désolé pour tout cela, et j'ai peur que cela puisse vous affecter très sérieusement. Vous ne faites pas que jouer à ça, j'espère ? » demanda-t-il alors très sincèrement.

"Je joue à quoi ?"

"Cette perte de mémoire. Je veux dire que vous ne devez pas avoir la moindre hésitation à me parler ; et il m'est venu à l'esprit que vous auriez pu tout mettre en place juste pour éviter les questions à Rotterdam."

"Êtes-vous sérieux?"

"Absolument. C'est une affaire extrêmement grave. C'est par ici. Nous avons vu le manifeste *du Burgen* , bien sûr ; nous savons qu'il n'y avait que deux passagers de cabine masculins à bord, tous deux voyageant en tant qu'Américains ; l'un sous le nom de Jas. R. Lamb, le autre comme Joseph Lyman. Si vous êtes Lassen, c'était vous. L'autre homme, Lamb, comme il s'appelait lui-même, nous avons de bonnes raisons de croire qu'il était un espion anglais. Il s'ensuit donc que si vous n'êtes pas Lassen, vous êtes l'Anglais ; et j'ai à peine besoin de vous dire qu'à une époque comme celle-ci, les espions trouvent Berlin un endroit très malsain.

C'était un garçon plus vif d'esprit que je ne l'avais cru, mais il eut tort de ne pas me faire subir plus brusquement cette bestiale surprise. Son long préambule m'a donné le temps de me ressaisir.

"Ce sera un joli point culminant pour moi si je suis l'Anglais", répondis-je en riant et sans broncher.

"Tu es sûr que non ?" il a rappé.

J'ai essayé de paraître amusé. "J'aimerais pouvoir être sûr de quoi que ce soit."

Une pause suivit, puis il tenta un autre tir. "Vous avez peut-être remarqué que je vous ai regardé fixement ce matin lorsque vous êtes entré dans la chambre du médecin, et qu'après, je vous ai plutôt précipité loin de Rotterdam. Je suis arrivé là-bas hier matin et j'ai passé la journée à me renseigner autant que possible sur vous. " On m'a demandé de le faire, bien sûr ; et j'en suis venu à la conclusion que vous étiez l'Anglais, et je l'ai pensé lorsque vous êtes entré dans cette pièce. C'est pourquoi je vous ai fait partir en toute hâte ; je souhaitais vous avoir de ce côté-ci de la frontière. C'est aussi la raison pour laquelle je suis désolé que vous ne puissiez pas retrouver votre mémoire.

J'ai refusé l'ouverture sans merci. "Je suis tout aussi désolé que vous ; mais je suppose que nous pouvons résoudre l'enchevêtrement à Berlin."

"Oh, oui. J'ai télégraphié aux von Rebling pour qu'ils attendent notre train. Bien sûr , vous comprendrez que j'ai des hommes à portée de main ici. Il vaut mieux que vous le sachiez", ajouta-t-il d'un ton désagréablement suggestif.

Mais j'ai seulement ri. "J'aimerais que tu en envoies un pour me chercher quelque chose à manger."

"Je le ferai, bien sûr;" et il regarda dans le couloir, fit signe à quelqu'un et lui donna l'ordre nécessaire, retourna à sa place et s'occupa des papiers de sa valise d'expédition .

Un repas copieux pour nous deux fut apporté dans le compartiment, et bien que très peu de choses aient été dites pendant que nous le mangions, j'étais conscient qu'un changement considérable s'était produit dans nos relations. Ses manières étaient devenues nettement officielles et j'ai compris que j'étais pratiquement en état d'arrestation jusqu'à ce que nous atteignions au moins Berlin.

Ensuite, il est retourné à ses papiers, suggérant que j'aimerais peut-être dormir ; alors je me suis penché dans mon coin et je me suis livré à mes pensées.

Ils étaient tout sauf agréables. Il m'avait donné un choc presque aussi violent que l'explosion du *Burgen* . J'étais dans le pétrin du diable. Je ne me faisais aucune illusion sur mon sort si j'étais considéré comme un espion anglais ; et ce serait presque certainement le cas si les von Rebling déclaraient que je n'étais pas Lassen. Que ce serait leur décision était une chance contre un million. Il était tout à fait impossible qu'ils ne puissent pas reconnaître un parent réellement fiancé à la fille ; et comment surmonter la difficulté m'a déconcerté.

J'avais raison dans l'oeil du net. Le fait qu'il n'y ait eu que deux hommes comme passagers de cabine sur le *Burgen* était comme une mine jaillie sous mes pieds. J'avais compté pouvoir retrouver la mémoire à tout moment nécessaire ; mais cela m'a coupé le terrain. Je ne pouvais pas devenir Jimmy. C'était un certificat. Et je ne pourrais certainement pas devenir quelqu'un d'autre, car chaque mensonge que je pourrais raconter serait très sûrement scrupuleusement étudié.

Pauvre Nessa ! J'étais bien plus préoccupé par elle et sa mère que par moi-même. Que les von Rebling me connaissent ou non, le résultat serait à peu près le même pour elle. Attaché en tant que fiancé d'une autre fille, il serait presque impossible, dans le peu de temps dont je disposais, de faire quoi que ce soit pour retrouver Nessa. La seule possibilité qui m'est venue à l'esprit était que si le million contre un se révélait et que les von Rebling ne me dénonçaient pas immédiatement comme un imposteur, je parviendrais peut-être à me perdre dans la ville et à me lancer dans mes recherches.

Mais même dans ce cas, je serais à chaque heure en danger d'être découvert ; un état de choses qui rendrait pratiquement impossible la poursuite des recherches avec un quelconque espoir de succès.

Comment les gens de Hoffnung avaient-ils pu croire que je n'étais pas Jimmy, cela m'a complètement déconcerté. Mais c'était clairement le cas ; il ne servait donc à rien de perdre du temps à s'en préoccuper. Je m'en inquiétais cependant, ainsi que de tous les autres détails du travail, et continuai à me poser toutes sortes de questions sans réponse pendant le reste du voyage.

Hoffnung regarda sa montre, remit ses papiers dans leur étui et me regarda. "Une dizaine de minutes seulement maintenant", dit-il. "As-tu dormi?"

J'ai failli me trahir en laissant échapper le fait que je n'avais jamais dormi dans les trains, mais que j'avais vérifié les mots à temps. "J'ai un peu somnolé", dis-je.

"Vous avez l'air frais et en forme", répondit-il, comme si cela justifiait ses soupçons à mon égard. "Merveilleux après ce que vous avez vécu. Vous devez être aussi dur que des clous. Entraînement militaire, je suppose."

Soigné; mais je ne suis pas tombé dedans. « Est-ce que j'en ai eu ? J'ai demandé.

Il haussa les épaules et me regarda avec un sourire suggestif. Puis il devint sérieux. "Nous n'aurons pas de scène à la gare. Nous ferions mieux d'attendre que la plupart des gens soient partis, et vous me donnerez votre parole d' honneur de ne pas tenter de fuir ou quoi que ce soit de ce genre ?"

"A quoi bon cela servirait-il ? Bien sûr , je ne me ridiculiserai pas de cette façon. Si je suis l'homme que vous appelez l'Anglais, eh bien, je le suis, c'est tout."

"Vous avez tout le sang-froid d'un Anglais."

"Alors peut-être que je suis anglais", dis-je avec un haussement d'épaules.

"Nous espérons que non, en tout cas ;" mais il était clair qu'il était en train de décider rapidement que je l'étais. Après une pause, il ajouta : « Quand la foule sera partie, nous marcherons ensemble jusqu'à la barrière, et mes hommes seront derrière nous. Nous y trouverons les von Rebling .

"Et si nous ne le faisons pas ?"

"Oh, je veillerai à ce qu'on s'occupe de toi pour la nuit ; mais ils seront là, c'est sûr."

Je ne nie pas que lorsque le train s'arrêtait sur le quai et que nous restions dans le wagon pendant que les autres voyageurs s'éloignaient, j'ai eu beaucoup de mal à conserver ce qu'il avait appelé le sang-froid d'un Anglais. Mais mon anxiété ne se lisait pas sur mon visage.

Le sort de Nessa ainsi que le mien dépendaient de ce qui se passait dans les minutes suivantes à la barrière ; et je pense que s'il avait été possible d'étouffer Hoffnung et ses hommes jusqu'à l'insensibilité, j'aurais été terriblement tenté de tenter cette tentative.

Mais la pensée de Nessa m'a fait tenir ma fin ; il n'y avait rien d'autre à faire que d'affronter la musique ; et quand enfin il se leva pour descendre de la voiture, je ne fis que bâiller, m'étirer et lui dire que je serais très heureux de me coucher.

"Quelle magnifique gare !" M'écriai-je en m'arrêtant sur le quai pour regarder autour de moi comme si c'était le seul sujet qui m'intéressait en ce moment.

Puis j'ai continué avec lui, les yeux fixés sur un petit groupe de gens près de la barrière dont les paroles et les actes dépendaient sans doute de ma vie.

CHAPITRE III

ROSE

Je me souviens d'un petit incident banal survenu à Hyde Park un jour férié qui m'a fait sourire à l'époque. Trois enfants se disputaient et se disputaient le partage de quelques friandises lorsque la mère, d'apparence bienveillante, arriva promptement et régla l'affaire d'une manière quelque peu spartiate. Elle a grondé les enfants, les a giflés impartialement, puis a saisi les bonbons et les a chassés. Bien sûr, de grands cris suivirent et, se repentant de sa hâte, elle embrassa et serra sa petite couvée dans ses bras, sortit immédiatement un plus gros sac de bonbons et les a ainsi tous apaisés.

Cela n'a rien à voir avec mon expérience à Berlin, sauf à servir d'illustration grossière de la façon dont le destin m'a traité. Juste au moment où l'histoire d'Hoffnung m'avait profondément bouleversé et préparé à affronter le pire possible, le pendule s'est tourné de mon côté et le destin m'a distribué le plus gros sac de bonbons.

En d'autres termes , j'ai été immédiatement reconnu comme Johann Lassen par la comtesse von Rebling .

Plusieurs circonstances expliquaient son erreur. D'une part, ma future épouse n'était pas présente : j'en ai appris la raison par la suite ; et seul son fils Hans était avec elle, un garçon qui ne m'avait jamais vu. La vieille dame était, bien sûr, prête à me rencontrer ; elle m'a vu en compagnie de Hoffnung ; puis, juste au moment où j'atteignais la barrière, les grandes lampes à arc de la gare s'éteignirent presque pendant quelques secondes, laissant l'endroit dans une obscurité relative ; et enfin, étant une petite femme au cœur tendre, ses yeux étaient pleins de larmes et lui brouillaient sans doute la vue.

« Mon pauvre cher Johann ! s'écria-t-elle en me jetant les bras autour du cou et en laissant place à sa sympathie mêlée pour mes souffrances et à sa joie de me revoir saine et sauve. Puis elle a appelé son fils et, après que j'ai été embrassé par lui, elle s'est accrochée à moi et n'a pas pu se lasser de moi, de sorte que même Hoffnung a dû être satisfaite.

"Vous êtes bien sûre que c'est votre neveu, Comtesse ?" Il a demandé.

"Bien sûr ? Bien sûr que je le suis. Que veux-tu dire, Heinrich ?" s'écria-t-elle avec étonnement.

Il m'a expliqué ma perte de mémoire ; mais le seul effet fut d'augmenter son inquiétude à mon égard et de la faire me serrer plus près d'elle, avec de nombreuses expressions attachantes d'affection et de compassion.

Je me sentais abominable hypocrite de devoir la laisser se tromper, mais la pensée du sort de Nessa m'empêchait de la détromper ; et nous nous dirigeâmes tous vers la voiture qui attendait, la comtesse s'accrochant à mon bras et se serrant contre moi.

Hoffnung était très correct à ce sujet. Alors que je montais dans la voiture, il me tendit la main. « J'espère que vous croirez que je suis sincère en vous disant à quel point je suis heureux de constater que j'avais tort, Herr Lassen, » dit-il avec ce qui semblait être une cordialité authentique ; et bien sûr , je lui ai tordu la main et j'ai dit quelque chose d'approprié.

Pourquoi mon arrivée avait-elle dû affecter si profondément la chère petite dame, je l'ignorais ; mais pendant le trajet jusqu'à sa maison , elle ne put que serrer ma main dans les siennes et murmurer des paroles de joie de me revoir, mêlées de sympathie pour mes malheurs. De nouveau, la lumière très faible dans la voiture représentait mon ami ; et au moment où elle arriva chez elle, elle était complètement convaincue que j'étais son neveu.

Je devais encore rencontrer la fille ; mais à mon grand soulagement, elle n'était pas chez elle. Un repas était prêt pour moi, et tandis que je le mangeais, la comtesse s'asseyait et se régalait de mes yeux, notant les différences que, pensait-elle, le temps avait opérées dans mon apparence. Mais cela n'a pas ébranlé sa conviction.

"Tu as beaucoup changé, Johann; mais bien sûr, tu le serais depuis toutes ces années. Cela doit faire dix ans depuis que tu es ici. Mais tu es exactement ce que j'espérais que tu serais, même s'il ne ressemble pas tellement à ton père comme J'ai cherché", a-t-elle déclaré, puis elle a attiré l'attention en détail sur les points de différence. J'ai alors appris que la partie supérieure de mon visage, la forme de ma tête, mon front, mes sourcils et mon nez avaient « moins changé » que la partie inférieure.

Ensuite, le fils m'a donné un pot plutôt méchant. "Tu n'es pas un peu comme cette photo que tu as envoyée à Rosa, cousine, n'est-ce pas, maman ? Elle sursautera un peu en te voyant."

"Photographie ? En ai-je envoyé une ?" J'ai demandé.

"Ne t'inquiète pas Johann, Hans", dit sa mère en fronçant les sourcils. Il rougit et s'effondra en marmonnant "J'ai oublié".

"Tu en as envoyé un, ma chérie", m'a-t-elle dit. "C'était quand tu avais une barbe et une moustache, et bien sûr, ça cachait la partie inférieure de ton visage." J'ai respiré un peu plus librement. "Je pense que Rosa sera surprise quand elle te verra ; tu es tellement plus belle que ce que tu avais promis de l'être. Je suppose que tu ne te souviens pas d'avoir envoyé la photo ?" » demanda-t-elle avec une nostalgie nerveuse.

Je pourrais honnêtement dire que non; et ainsi la conversation se poursuivit jusqu'à ce que j'obtienne une très bonne description de moi-même ainsi que de nombreux détails sur mon passé. Les fiançailles de Lassen avec sa fille étaient, comme l' avait dit Hoffnung , le résultat d'un arrangement familial ; un de ces testaments idiots qui laissaient une fortune aux deux hommes à condition de se marier. Ils ne l'avaient pas revu depuis qu'il avait quitté Göttingen dix ans auparavant ; pendant tout ce temps , il était resté hors du pays ; et il revenait maintenant épouser sa fiancée élue.

La vieille âme au bon cœur n'avait pas un mot à dire contre lui ; mais Hans laissa échapper une ou deux remarques qui me firent penser que je n'étais pas susceptible de recevoir un accueil très cordial de la part de sa sœur. Désireux de savoir tout ce que je pouvais, j'expliquais une grande fatigue dès que j'avais fini de manger et demandais à pouvoir me coucher. Ils sont tous deux montés avec moi et j'ai réussi à garder le fils pendant que je me déshabillais.

C'était un jeune plutôt maladroit, âgé d'environ dix-sept ans, totalement différent de sa mère qui aurait pu servir de modèle pour une délicate figurine en porcelaine de Dresde . En revanche, il était charnu, brun et plutôt potelé ; mais j'ai loué sa silhouette, j'ai loué sa force apparente et j'ai généralement joué sur sa vanité évidente et son désir d'être considéré comme un homme adulte.

"Nous devons être les meilleurs amis du monde, Hans," déclarai-je chaleureusement.

Il rougit de plaisir. "J'aimerais bien. Tu as l'air terriblement fort, cousin," répondit-il en regardant mes biceps.

"Tu feras un homme bien plus fort que moi." C'était aussi bienvenu qu'une confiture sur une croûte de tranchée vieille de dix jours ; et j'ai continué jusqu'à ce que je sente que je pouvais en toute sécurité aborder le sujet de sa sœur et apprendre comment le vent soufflait de ce côté-là.

" Bien sûr , Rosa est une bonne personne à bien des égards, mais elle devient tellement autoritaire", déclara-t-il d'un ton enfantin. "Elle est l'aînée pour une chose, et puis, vous savez, elle est venue chercher la fortune de la vieille tante Margarita, et... eh bien, elle aime diriger les choses, et je n'aime pas ça."

"On ne peut pas s'attendre à ce qu'un homme le fasse", ai-je accepté avec un sourire encourageant.

"C'est justement ça. Elle pense qu'un garçon n'est jamais grand. Je peux le supporter de la part de ma mère; mais Rosa ne comprendra pas que six ans de différence sont une chose quand un gars a dix ans et une autre quand il a presque dix-huit ans. Je le ferai. je recevrai ma commission dans un mois ou deux, vous savez.

J'ai noté que mon « fiancé » avait vingt-quatre ans environ et avait tendance à être « autoritaire », et je l'ai laissé parler de l'armée, un sujet dont il était très passionné.

« Vas-tu rejoindre ton régiment, cousin ? » demanda-t-il à présent.

J'avais l'air vide et faisais un geste.

"Oh, j'ai oublié," s'exclama-t-il en rougissant à nouveau. "Mais tu ne te souviens de rien ?" » demanda-t-il, rassemblant son courage pour répondre à la question.

Je secouai la tête et parut inquiet et perplexe.

"Ça ne te dérange pas que je pose cette question ?"

"Pas du tout. Bien sûr , je veux trouver quelque chose qui réveillera ma mémoire."

" Herr Hoffnung a dit quelque chose à propos de votre refus de faire la guerre et du fait que vous rejoigniez les services secrets ; et Rosa en était juste folle. Elle déteste l'idée ; mais là, je ne pense pas qu'elle s'en souciera autant. si... » Il s'arrêta net, quelque peu confus.

"Et si quoi ? Fini, mon cher."

« Je ne pense pas que je ferais mieux de te le dire. Pour une raison parce que tu es... » et il s'arrêta de nouveau.

"Parce que j'ai perdu la mémoire, tu veux dire ?"

"Je ne sais pas. Elle est terriblement drôle parfois, mais je le pensais vraiment. J'allais dire : tu ne me trahiras pas si je te le dis ?"

"Bien sûr que non. N'allons-nous pas être les meilleurs amis du monde ?"

"Eh bien, c'est un arrangement pourri de lier deux enfants pour qu'ils se marient, comme vous deux, juste à cause de l'argent."

J'ai ri. "En tout cas, je ne suis plus vraiment un enfant maintenant, Hans."

"Plutôt pas ; et ce qu'elle pensera quand elle te verra , je ne sais pas."

Cela laissa entrevoir la vérité et je tirai. "Tu veux dire qu'elle n'aime pas beaucoup l'arrangement familial ?" Son visage me disait que c'était une cible, mais il hésitait à le reconnaître. "Quand un homme est dans mon état, il est tout à fait décent que ses vrais amis lui expliquent les choses, Hans," dis-je comme un petit coup d'éperon.

"J'ose dire que c'est beaucoup de mensonges maintenant que je t'ai vu."

Je suis tombé là-dessus, bien sûr. "Tu veux dire que ta sœur a entendu des choses qui l'ont dressée contre moi ?"

Il acquiesca. " Que tu as tout le temps fait semblant d'être à l'étranger et que tu as ensuite dû t'enfuir - oh, je ne sais pas exactement ce que c'était, mais c'était suffisant pour Rosa. Elle a toujours une vision différente des choses, de le reste d'entre nous."

Plutôt bonne audition. Cela semblait offrir un moyen de rompre les fiançailles. « Elle veut mettre fin à nos relations, tu veux dire ?

"Je n'en suis pas sûr, mais je sais ce que je pense. Elle ne viendrait pas à la gare ce soir pour une raison, et puis, eh bien, si j'étais fiancé à une fille , je ne l'aurais pas ainsi. épaisse avec un homme comme elle l'est avec Oscar Feldmann. Il est toujours là. Mais ne soufflez pas un mot de ce que je vous ai dit à ce sujet.

— Non, mon cher ; je vous en suis trop reconnaissant. Est-il donc dans l'armée ?

"Pas lui, mais il devrait l'être;" et comme cela l'a renvoyé à l'armée, j'ai écouté pendant une minute ou deux et j'ai bâillé, et il a compris l'allusion et est parti, promettant de me voir à la première heure le matin.

Tout allait bien jusqu'à présent, et comme j'étais vraiment très fatigué, j'ai remis ma réflexion au lendemain et je me suis endormi. Le matin, j'ai passé en revue toute la situation dans mon esprit et j'en suis venu à la conclusion que, pour le moment du moins, il n'y avait qu'une seule difficulté à négocier : que la fille ne me reconnaisse pas.

La description que Hans en faisait était tout sauf séduisante. Elle était « autoritaire » ; encline à s'opposer aux autres et à gérer les choses seule ; elle avait déjà des préjugés contre moi en tant que Lassen, et était probablement prête à saisir n'importe quelle excuse pour rompre les fiançailles.

Cela suggérait une pensée très inquiétante. Si elle avait entendu dire que Lassen et moi étions les seuls passagers de cabine du *Burgen* , que j'étais le seul survivant, que mon identité était mise en doute et que j'avais perdu la mémoire, il était clair qu'elle n'avait qu'à refuser de me reconnaître, pour se libérer de l'enchevêtrement matrimonial. Évidemment, cela doit être reporté si possible.

Compte tenu de ce que sa mère avait dit à propos de la partie supérieure de mon visage ressemblant le plus à celle de Lassen, le moment semblait venu d'inventer un méchant mal de visage, afin que je puisse m'envelopper la bouche et le menton lors de notre première rencontre ; et le souvenir des épaules plutôt pincées et de la silhouette voûtée de Lassen suggérait l'opportunité d'être au lit lors de sa première inspection.

Ainsi, lorsque Hans est venu me voir le matin, il m'a trouvé souffrant d'un grave mal de dents, avec un bandage enroulé autour de mon visage et les fenêtres soigneusement fermées. C'était un homme de bonne humeur, il était sincèrement désolé et, après avoir dit que Rosa avait vraiment hâte de me voir, même si elle faisait semblant de ne pas l'être, il est parti me rendre compte.

Le rapport de Hans évoquait la mère, pleine de sympathie et de sollicitude, et des questions sur le petit-déjeuner et une suggestion selon laquelle je ferais mieux de m'arrêter au lit. J'ai accepté et elle m'a dit que Rosa viendrait probablement me voir dans la matinée. Environ une heure plus tard, tous trois arrivèrent ensemble, et j'augure bien du fait que Rosa portait une tasse de thé.

Elle ressemblait plus à Hans qu'à sa mère ; charnue, brune et ronde, plus belle et plus fine, avec de beaux yeux presque noirs, et un certain air de maîtrise qui se manifestait dans ses manières vives et sa portance. Elle était visiblement très curieuse de me voir.

Elle s'approcha du lit en toute hâte, les yeux fixés sur moi avec insistance, et ses sourcils sombres, plutôt épais, recourbés et rapprochés.

— Alors tu es enfin là, Johann, si tu es Johann, bien sûr, dit-elle en dressant une petite table et en y mettant le thé.

J'ai rencontré son regard avec un sourire pâle, je me suis retourné pour qu'elle ait une bonne vue de la majeure partie de mon visage qui était visible et j'ai tendu la main. "Rosa", murmurai-je en attendant d'observer le résultat de son examen minutieux.

"Mère a dit que tu étais trop malade pour prendre un petit-déjeuner, mais je savais que ce n'était pas le cas, alors je t'ai apporté une tasse de thé", a-t-elle dit, réussissant à suggérer qu'elle l'avait apporté moins parce que je pourrais l'aimer, que parce que le d'autres avaient déclaré que je ne devrais pas.

"Merci, Rosa, je vais savourer."

"Voilà. Tu vois, j'avais raison, maman", dit-elle, et j'ai vu que j'avais marqué. "Es-tu vraiment si mauvais, Johann ? Tu as toujours été lâche en supportant la douleur, tu sais."

« Rosa ! » protesta la mère.

"C'est vrai, maman. S'il se cognait le petit orteil , il pensait toujours qu'il faudrait lui couper tout le pied. Et qui a entendu parler d'un homme qui voulait rester au lit à cause d'un mal de dents ?"

De mieux en mieux, ça. Involontairement, j'avais évidemment tissé un lien important dans l'identification ; puis quelque chose de mieux vint encore, en réponse à une autre protestation de la mère.

"C'est absurde, maman, c'est exactement ce qu'il ferait", s'est-elle exclamée brusquement, puis elle s'est tournée vers moi. " Mère pense que tu es terriblement modifié, mais je ne le vois pas. Bien sûr, je n'ai pas encore beaucoup vu ton visage ; mais elle accepte toujours ces étranges fantaisies. Ne peux-tu pas enlever cette chose de ton visage ? "

"Je pense que je vais boire la tasse de thé", répondis-je, et j'abaissai un peu le bandage et portai la tasse à mes lèvres.

À mon grand étonnement, elle éclata de rire et frappa dans ses mains. "Comme tu es stupide, maman. Pourquoi la chose est aussi simple que claire. Il s'est fait arracher les dents, et cela explique la différence dont tu as fait tant d'histoires. Elles ressortaient comme ça;" et elle a mis ses doigts devant sa propre bouche pour illustrer. "Tu ne te souviens pas que nous avons remarqué la même chose lorsque Mme Hopping l'a fait faire ? Cela t'a rendu tout à fait passable, Johann", a-t-elle déclaré.

"C'est ça, Johann ?" demanda la mère en souriant.

"Est-ce que c'est très visible ?" Ai-je demandé, échappant juste au piège d'admettre que je me souvenais de quelque chose à ce sujet. Rosa rit et acquiesça. L'épreuve était terminée et le point dangereux passé ; et peu après elle me dit qu'elle voulait me parler seule et me demanda de faire un effort pour me lever.

J'ai fait l'effort, j'ai ri tout en me nettoyant les dents en pensant qu'elles auraient dû être confondues avec des fausses et je suis descendu et j'ai trouvé Rosa qui m'attendait avec impatience.

"J'aurais dû penser que tu pourrais mettre ces horribles vêtements en deux fois moins de temps, Johann, mais tu as toujours été lent à t'habiller", plaisanta-t-elle; et j'étais tout à fait content d'être pucé pendant un certain temps jusqu'à ce qu'elle soit prête à discuter de nos propres affaires.

"Est-ce vrai que tu as complètement perdu la mémoire ?" » demanda-t-elle comme Hans l'avait fait.

"Les médecins de Rotterdam ont dit que je devrais le récupérer. Mais j'ai bien peur de ne même pas avoir dû vous connaître."

"Tu ne te souviens de rien de mes lettres ?" J'ai secoué ma tête. « Ni le vôtre non plus ? Un autre mouvement de tête. "Eh bien, tu veux toujours que je t'épouse ?"

"Je ne sais pas. Tu es très jolie, Rosa."

"Pour l'amour du ciel, ne commencez pas à me faire des compliments stupides. Je les déteste. Hans prend bien garde, je n'oublierai pas que mon visage n'est pas ma fortune; et dès qu'un homme commence à parler de mon apparence, je sais qu'il est Je pense à mon argent. Du moins la plupart d'entre eux", a-t-elle nuancé après une pause.

J'ai compris la qualification. "Alors il y a une exception ?"

Elle rougit légèrement et était un peu confuse. "Oui, il y en a", répondit-elle après une pause. "Vous devrez le savoir un jour, alors autant le savoir maintenant;" et elle secoua la tête avec défi. "Je crois qu'il faut aller droit au but, Johann ; et la question est de savoir si tu es toujours dans le même esprit que lorsque tu m'as envoyé cette photo idiote, il y a trois mois - cette bêtise ne te ressemble pas un peu - et si vous l'êtes, nous ferions mieux d'affronter les choses tout de suite.

"Qu'est-ce que j'ai dis?" Ai-je demandé en fronçant les sourcils.

" Que tu avais l'intention de m'obliger à ces stupides fiançailles. Mais tu ne peux pas faire cela, aussi fort que tu le veuilles. Il est vrai qu'en vertu de cette stupide volonté, les fiançailles ne peuvent être rompues avant que j'aie vingt-cinq ans, à moins que tu ne le fasses. " fais-le, mais n'oublie pas que je reçois la moitié de l'argent même si je ne t'épouse pas.

"Est-ce que c'est le testament ? Cela semble idiot, comme tu le dis."

"Oh, je sais que tu crois que tu as le fouet ."

"En effet, je n'en sais rien." C'était vraiment délicieux de pouvoir dire la simple vérité.

Elle fronça les sourcils avec impatience. "C'est ce que tu penses alors," déclara-t-elle plutôt sèchement. J'ai secoué ma tête. Ce que je me demandais en réalité, c'était de savoir si, puisque Lassen se trouvait au fond de la mer du Nord, je devrais me faire une amie en faisant ce qu'elle voulait. "Eh bien, de toute façon, je veux que vous vous dépêchiez, que vous réfléchissiez à tout cela et que vous me fassiez savoir le résultat le plus tôt possible. Je déteste le suspense et les choses ne peuvent pas continuer comme elles sont", a-t-elle poursuivi avec véhémence.

Je n'avais pas de réponse prête et, avec un haussement d'épaules, elle passa à un autre sujet. "Est-ce vrai que tu es devenu espion ?"

— Hoffnung semblait suggérer quelque chose de semblable hier.

Elle secoua la tête et retroussa les lèvres. "Si j'étais un homme , je préférerais être balayeur de rue ; mais je ne suis pas surpris que *vous* aimiez ça. Ce sont ces choses en vous qui sont si naturelles. Vos nouvelles dents ont peut-être modifié votre apparence, mais bien sûr, elles n'ont pas changé." ça n'a pas changé ta nature.

Je n'ai pas pu retenir un sourire ; les choses se déroulaient si bien : et avant que je réponde, la porte s'ouvrit doucement et la plus belle enfant que j'aie jamais vue entra. C'était une jeune fille aux cheveux dorés, aux traits délicats, d'environ onze ans – la réplique en miniature de la comtesse … avec de grands yeux bleu marine qui se fixaient timidement sur moi alors qu'elle hésitait à la porte.

"Qu'est-ce qu'il y a, Lottchen ?" s'écria vivement Rosa. "Entrez et ne restez pas à jouer avec la poignée de porte de cette façon stupide. Voici le cousin Johann, et vous n'avez pas besoin de le regarder comme s'il allait vous manger."

Mon cœur s'est immédiatement tourné vers l'enfant. "Comment vas-tu, Lottchen ?" J'ai dit; et elle s'est approchée, a mis sa petite main dans la mienne et l'a laissée là, tout en levant son joli visage pour qu'il soit embrassé, puis elle s'est blottie contre moi avec confiance.

Rosa rit. "C'est une nouveauté pour Lottchen , je peux vous le dire ; elle déteste les hommes en règle générale."

"Tu ne me détesteras pas, Lottchen , n'est-ce pas ?" Dis-je en lissant ses merveilleux cheveux. Elle secoua la tête et me sourit, puis posa son visage contre mon épaule.

"Ne t'inquiète pas Johann. Il a un gros mal au visage."

"Oh, je suis désolé. Est-ce que je te fais du mal ?" et les grands yeux bleus étaient pleins de sympathie, tout comme ceux de sa mère la nuit précédente.

"Pas du tout, ma chérie."

"Eh bien, tu dois t'enfuir maintenant, mon enfant, tu verras beaucoup de Johann. Qu'est-ce que tu veux ?"

"Mlle Caldicott m'a envoyé voir si vous venez avec nous comme d'habitude."

Le nom a semblé me frapper au visage, et un cri aigu de stupéfaction s'est fait entendre avant que je puisse le vérifier. Heureusement que Rosa m'avait rappelé mon mal de visage oublié, et j'ai inventé un violent paroxysme de douleur, j'ai sorti mon mouchoir et j'y ai caché mon visage pour dissimuler ma confusion.

Était-il possible que Nessa et moi soyons dans la même maison, ou avais-je perdu la raison ?

CHAPITRE IV

NESSA

Il me fallut un certain temps avant de me remettre de cette petite attaque et de me sentir à la hauteur de la tâche de reprendre la conversation avec Rosa. Si la Miss Caldicott dont l'enfant avait parlé était bien Nessa – et il était difficile d'imaginer qu'il y aurait deux filles de ce nom enfermées à Berlin en même temps – c'était simplement la plus grande chance que j'aie jamais eue de ma vie. .

En effet, toute la chance semblait être au rendez-vous ; mais je devrais faire attention à la façon dont je jouais les magnifiques cartes que le destin m'avait mises en main. Il me faut certainement Rosa à mes côtés ; et cela pourrait probablement être fait en la libérant de ses fiançailles. Cependant, cela ne pouvait pas être fait immédiatement ; pas avant d'avoir fait semblant de prendre le temps de réfléchir.

Je dois aussi découvrir les relations entre Rosa et Nessa ; et il faudra, si possible, se débrouiller pour que personne ne soit présent lorsque Nessa et moi nous sommes rencontrés pour la première fois. Ce n'est probablement pas le travail le plus facile ; bien que ma position particulière dans la maison puisse me permettre de trouver un moyen. Le risque était, bien sûr, que Nessa, dans son étonnement, révèle tout.

"C'était un spasme aigu et ce n'était pas une erreur", dis-je en baissant enfin le mouchoir.

"Etait-ce réel, ou juste une imposture pour nous faire avoir pitié de toi ?" demanda Rosa avec méfiance. "Tu as toujours été doué pour faire semblant, tu sais."

"Vraiment ? Eh bien, je vais mieux, donc ça n'a pas beaucoup d'importance."

"Est-ce que Lottchen t'a fait du mal, alors ? Elle a tendance à être maladroite."

"C'est une plutôt jolie enfant et elle n'a pas l'air maladroite."

"C'est la petite chose la plus chère au monde, mais il ne faut pas en faire trop. Tout le monde la gâte parce qu'elle est si jolie et a l'air si fragile. Elle n'est pas vraiment délicate et peut être une fin de folie. , et est tout à fait capable de prendre sa propre part. Elle veut aller à l'école, et elle l'aurait fait avant s'il n'y avait pas eu la guerre et Nessa étant ici comme gouvernante. Vous n'avez jamais rien vu de tel qu'elle aime Nessa."

Je n'ai pas été surpris en train de faire une sieste cette fois. "Nessa ? Et qui est Nessa ?" Ai-je demandé avec un froncement de sourcils perplexe.

"Nessa Caldicott, une Anglaise qui——"

"Une Anglaise ici, dans cette maison, à une telle heure !" M'écriai-je, perdu d'étonnement.

"Oui, bien sûr; dans cette maison; et à telle heure", répéta-t-elle en imitant mes manières. "Avez-vous des objections ?"

"Bien sûr que non, mais…" et j'ai fait un geste pour suggérer quoi que ce soit.

« Je voulais te parler d'elle. C'est la seule raison pour laquelle je n'étais pas vraiment désolé d'apprendre que tu étais dans les services secrets ; puis elle m'a raconté qu'elle et Nessa étaient allées à l'école ensemble et que, lorsqu'elle avait découvert que Nessa avait dû quitter ses amis et ne pouvait pas obtenir la permission de retourner en Angleterre, elle l'avait ramenée à la maison en tant que gouvernante de Lottchen . " Elle avait de terribles ennuis, bien sûr, et sa mère détestait l'idée qu'elle vienne chez nous ; mais j'ai fait ce que je voulais. C'était il y a environ deux mois, et depuis, nous faisons tout ce que nous pouvons pour qu'elle soit renvoyée chez elle. ".

Cela a fait grimper Rosa de plusieurs centaines de pour cent. à mon avis. « Je pense que c'était terriblement gentil de votre part ; mais pourquoi ne peut-elle pas rentrer chez elle ?

La question semblait la troubler considérablement. « Si je vous raconte tout cela, nous aiderez-vous ?

"Je ne pense pas pouvoir faire quoi que ce soit, mais je vais essayer."

" Vous pourrez peut-être découvrir la vérité ; et cela nous aidera, car nous devrions savoir comment nous mettre au travail. Mais je crois que je le sais, et je crois que tout est la faute d'un homme qui la harcèle sans cesse. Il est une horrible bête, nommée comte von Erstein ;" et elle m'a dit qu'il était un juif riche qui avait une grande influence auprès du gouvernement ; il avait essayé et essayait encore de faire dénoncer Nessa comme espionne et de l'envoyer dans l'un des camps de concentration ; il l'a poursuivie partout et a envoyé des espions pour la surveiller ; avait répandu toutes sortes de mensonges à son sujet ; et il intriguait contre elle de toutes les manières possibles pour ses propres fins infâmes.

Mon sang bouillait en écoutant tout cela, mais j'ai dû étouffer suffisamment ma rage pour assumer une dose d'indignation conventionnelle, conforme au caractère de Lassen. "Une vilaine histoire", marmonnai-je.

"Cela ne semble pas vous avoir beaucoup excité", répondit-elle, les yeux brillant d'indignation. "J'aurais dû penser que cela aurait fait couler le sang de n'importe quel homme ordinaire. Cela me donne l'impression que je pourrais le tuer, mais je ne suis qu'une femme."

Il était clair que mes manières étaient assez lassenly , alors je l'ai laissé passer. "Je suis curieux de voir l'homme."

" S'il avait ses mérites, on le verrait en prison ; mais il est probablement avec Nessa et Lottchen maintenant. Il traîne toujours près de la maison à cette heure-là, quand ils se promènent. C'était le sens de la venue de l'enfant. En général, je les accompagne. Vous sentez-vous assez bien pour venir voir ?"

Après une petite hésitation factice, j'ai accepté, et elle est partie se préparer, me laissant capable d'évacuer seul une partie de ma rage. C'était en vérité une vilaine histoire et, pire encore, elle menaçait de rendre très difficile l'évasion de Nessa. C'était sans doute abominablement stupide de ma part, mais jusqu'à ce moment je n'avais jamais réfléchi aux moyens pratiques de la faire sortir de Berlin.

Je m'étais précipité avec l'idée de découvrir la vérité sur elle afin de soulager l'anxiété de sa mère, et quelque part dans un coin de ma tête se trouvait l'idée que l'ami de Jimmy à l'ambassade américaine m'aiderait à faire le reste.

Mais cela serait frappé à la tête si cette bête juive avait suffisamment d'influence auprès de son gouvernement pour lui barrer la route. Et qu'il ait eu une influence considérable, l'histoire de Rosa ne laissait aucun doute. Elle ne pouvait certainement pas s'enfuir ouvertement, sans autorisation des autorités, sans passeport et tout le reste ; et il semblait y avoir mille chances contre une pour que de telles choses se produisent.

Mais cela n'a pas épuisé les ressources de la civilisation, comme aiment à le dire les hommes politiques ; et au pire, nous pourrions essayer d'en faire un coup ensemble, sans papiers s'il le faut, mais de préférence avec quelques-uns sous de faux noms. En ce qui me concernait, j'étais prêt à parcourir à pied jusqu'à la frontière ; mais cela ne conviendrait pas à Nessa.

En tout cas, nous devons la sortir de Berlin et l'éloigner de cette persécution de von Erstein . Nessa pouvait bavarder en allemand aussi librement que moi ; et une fois éloignés de la capitale, munis de beaucoup d'argent comme je l'étais heureusement, nous pouvions tenter notre chance et nous fier au destin.

"Vous m'avez fait me sentir terriblement étrange à propos de ce type", dis-je à Rosa alors que nous quittions la maison. "Je suppose que cela signifie que je suis en colère. Je sens que j'aimerais donner un coup de pied à cette brute."

"Je suis heureux de l'entendre ; mais donner des coups de pied ne suffira pas. Ce que vous devez faire, c'est trouver un moyen d'éloigner Nessa."

Je secouai la tête, dubitatif. « Comment ces choses sont-elles gérées ?

" Il faut qu'elle ait un permis de voyager, ce sera déjà assez difficile : et pour passer la frontière, il faut bien sûr avoir un passeport. C'est là que le comte arrête tout. Il a fait croire au pouvoir qu'elle était une espionne et veut s'enfuir pour transporter ses informations en Angleterre. Nous avons failli en obtenir une, mais au dernier moment, tout le plan a échoué.

"Est-ce que tante Olga a aidé, alors ?" Ai-je demandé, hésitant comment parler de la comtesse .

"Non, ma mère ne le ferait pas. C'était... c'était un de mes amis, Herr Feldmann, si vous voulez savoir", dit-elle avec une légère teinte de couleur , hésitant sur le nom et riant gênée alors que je baissais les yeux. vers elle et nos regards se sont croisés.

"Il me semble que votre Anglaise a de la chance d'avoir trouvé des amis aussi fidèles, Rosa," dis-je aussi sincèrement que je le ressentais. "Et entre nous, nous devrions être capables de déjouer ce von Erstein ."

"Je me demande si tu penses ça," répondit-elle avec un regard inquisiteur.

"Je pense que vous constaterez que c'est le cas. On m'a dit à Rotterdam que j'avais frôlé la mort; et que ce soit ça ou autre chose, je ne semble pas avoir aucune des méchancetés que vous m'associez. Je suis tout à fait sérieux. Peut-être ai-je oublié le reste avec ma mémoire.

"J'espère que c'est le cas, Johann, et il y a certainement un regard sincère dans tes yeux comme il n'y en avait jamais eu auparavant. Ah ! Les voilà", s'interrompit-elle en désignant un peu plus loin ; et j'ai vu Nessa et l'enfant venir vers nous, avec l'homme qui les accompagnait.

Nous avions tourné dans le Thiergarten et nous trouvions actuellement dans l'un des plus grands trottoirs ; C'est l'endroit où Nessa emmenait habituellement Lottchen , m'a dit Rosa : et je les voyais bien avant qu'ils nous voient. Nessa a eu l'enfant entre elle et von Erstein , et j'ai été profondément préoccupé de remarquer à quel point elle avait l'air épuisée, troublée et tourmentée.

L'homme lui parlait par-dessus la tête de Lottchen et ne semblait avoir d'yeux pour personne ni pour rien sauf elle. Il avait environ quarante ans, pensais-je ; le type juif au visage vermeil, rasé de près, de visage carré, aux pommettes assez hautes, au nez très peu juif, aux yeux petits, avec des poches de sensualité dessous, une bajoue un peu lourde, avec des petits bourrelets de chair sous le menton et sur son cou épais. Pas du tout un homme méchant et très élégant, vêtu de vêtements parfaitement coupés qui ne cachaient cependant pas sa tendance à la bedonnante. Un client laid à communiquer, tel fut mon verdict.

J'étais plus que gêné par le fait que Nessa me rencontre pour la première fois en sa présence, car il était extrêmement probable qu'elle exprimerait son étonnement d'une manière qui pourrait éveiller ses soupçons, alors je suis sorti bien en vue pendant qu'ils étaient encore un peu loin, espérant la préparer.

Mais il n'y eut aucun problème de ce genre. Lottchen nous aperçut le premier et, s'éloignant, se précipita vers moi. Je m'arrêtai donc avec elle, et Rosa passa aux deux autres ; et à ma grande satisfaction, elle a tenu von Erstein en conversation pendant que Nessa, heureuse sans aucun doute du soulagement, venait vers nous.

Cela n'aurait pas pu arriver plus heureusement. Juste avant qu'elle nous atteigne , j'ai réussi à placer l'enfant de manière à ce qu'elle ne puisse pas voir Nessa, puis je me suis retourné et j'ai levé mon chapeau, lui donnant ainsi une vue claire de mes traits.

"Toi!" s'écria-t-elle en sursautant et en devenant blanche comme la mort et en tremblant si violemment que je crus un instant qu'elle allait s'évanouir. Mais j'ai fait ce qu'un regard pouvait faire pour la mettre en garde et je me suis tourné vers l'enfant.

"Tu dois me présenter, Lottchen ."

"Voici mon nouveau cousin Johann", dit-elle un peu timidement. Et ce léger intermède a donné à Nessa le temps de se ressaisir suffisamment pour me rendre ma révérence.

C'était un salut très formel, et le regard dans ses yeux et l' affaissement instinctif de sa bouche expressive évoquaient bien plus l'indignation que le plaisir de me voir. Il s'agissait plutôt de mépris ou de dégoût ; mais au moment où les autres arrivèrent, elle avait entièrement repris son sang-froid.

Ma présentation à von Erstein a suivi, et il a fait preuve d'une certaine cordialité en faisant ma connaissance, ce qui m'a intrigué pour le moment. Mais je n'ai pas longtemps douté. Ma première impression inquiète fut qu'il soupçonnait l'usurpation d'identité, ce qui ressortait du sourire rusé avec lequel il me regardait.

Comme nous devions croiser le fer, il me fallait examiner cela immédiatement ; et lorsque Nessa s'est retranchée solidement entre les deux sœurs et qu'il s'est montré disposé à rester avec moi, j'ai été heureux de cette opportunité.

Il ouvrit le bal en parlant de ma perte de mémoire, et je m'aperçus bientôt que j'avais tort de soupçonner mon imposture. Il manifesta une grande sympathie pour mon malheur, laissant entendre qu'il pourrait après tout avoir ses compensations. "Beaucoup d'entre nous ont des souvenirs que nous serions heureux de perdre, Herr Lassen", ajouta-t-il en riant, mais sur un ton qui me rappela ce que Hans avait dit à propos de mon passé.

"Je serais heureux de retrouver le mien, bon ou mauvais," répondis-je avec un rire aussi simple que le sien.

"Peut-être. On ne sait jamais", rétorqua-t-il d'un ton significatif. Puis il s'est tourné vers la famille von Rebling . " Des gens très charmants ; charmants ; mais malheureusement , il y a une petite mouche dans l'ambre. Vous le savez, bien sûr ? " et il fit un signe de tête en direction de Nessa.

"Je ne suis arrivé que tard hier soir. Qu'est-ce qu'il y a ?"

" C'est mille fois dommage ; mais nous vivons une époque où personne ne peut se permettre de courir des risques, même avec les motivations les plus élevées. Je sais, bien sûr, que les motivations de Miss von Rebling sont des plus élevées ; mais nous devons penser impérialement ; surtout en ce qui concerne ce fléau d'espions. Vous êtes d'accord avec cela, bien sûr ?

" Naturellement ; mais comment cela s'applique-t-il ici ? "

Il s'arrêta, roulant des yeux vers moi avec un hochement de tête significatif. "Pourquoi pensez-vous que cette jeune Anglaise, Miss Caldicott, trouve si désirable d'être une pensionnaire de leur maison ?"

"Rosa m'a dit qu'elle était la gouvernante de Lottchen ."

Il posa son index sur le côté de son nez, fit un clin d'œil et acquiesça. « En apparence… oui ; mais en réalité… hein ?

"Tu veux dire que c'est une espionne ?" J'ai pleuré, choqué à juste titre.

Il hocha la tête avec insistance. "Oui; et je compte sur votre aide en la matière. On vous a peut-être dit que je m'intéresse beaucoup aux milieux qui me permettraient de vous être d'une aide considérable; et j'aimerais bien que nous deux devraient être de grands amis. Mon influence est telle que vous pouvez compter sur votre réussite dans le service que vous souhaitez rejoindre. Très élevée.

" Je ne risque pas de me disputer avec quelqu'un qui puisse m'aider de cette manière, bien sûr ; mais vous voyez qu'il y a un peu d'achoppement à l'heure actuelle jusqu'à ce que je puisse surmonter cette infernale perte de mémoire. "

"Oh, ça va bientôt s'arranger."

— C'est ce que tous les médecins de Rotterdam me l'ont dit ; mais jusqu'à présent... » Et je m'interrompis d'un mouvement de mains.

"Je pense que je peux aussi vous aider à ce sujet. Bien sûr , lorsque vous avez été informé de votre venue ici, j'ai fait à votre sujet toutes les demandes de renseignements qui m'étaient ouvertes, et le résultat m'a donné la certitude que vous souhaiteriez être amical avec moi. ;" et il m'a regardé d'une manière qui ne m'a laissé aucun doute quant à sa sinistre signification. Il pensait qu'il m'avait en son pouvoir.

"Je serai extrêmement intéressé d'apprendre ce que vous avez entendu. Pour autant que je sache, je suis peut-être né il y a environ une semaine, et c'est une sensation diabolique et désagréable."

Il m'a favorisé avec un autre regard. "Ah, tu es bien plus âgé que ça," dit-il d'un ton significatif. "Je crois pouvoir te convaincre si tu viens discuter avec moi. Voici mon adresse", me tendant sa carte.

« Je viendrai certainement », dis-je volontiers. "Vous avez énormément éveillé ma curiosité. Quelle heure et quel jour ?"

"Viens déjeuner avec moi demain. Dans la matinée, tu seras recherché dans l' Amtstrasse ; baron von Gratzen , tu sais. Venez me voir de sa part. Je peux vous ouvrir les yeux sur une chose ou deux ; et je' Je me trompe complètement si nous ne parvenons pas à nous comprendre complètement. Je parviendrai à rafraîchir votre mémoire perdue, Lassen, et peut-être à en trouver la véritable raison.

"Les gens de Rotterdam ont dit que c'était un choc", répondis-je comme si je ne l'avais pas compris.

"Ah, les médecins ne savent pas tout, mon ami", répondit-il sèchement. "Mais je dois descendre. A demain donc. N'oublie pas;" et il accéléra après les autres, serra la main, tapota la joue de Lottchen , au grand dégoût de celle-ci, et s'en alla.

Un garçon agréable, très. De toute évidence, il croit fermement aux méthodes du poing américain ; J'avais l'intention de les utiliser pour me forcer à l'aider dans son infâme stratagème contre Nessa, et j'avais découvert quelque chose sur mon passé qui me mettrait au pas. C'était son idéal d'amitié. Certainement un garçon très agréable !

C'était aussi une offre généreuse de son influence. Me considérant comme une canaille aussi grande que lui, il était prêt à trahir son pays en me poussant à gravir les échelons de la promotion si seulement je voulais l'aider dans sa canaille. Un fervent patriote aussi. Allemagne über à tous ! mais von Erstein d'abord !

J'étais certainement curieux de savoir ce qu'il avait découvert ; mais mes spéculations furent interrompues par Lottchen , qui revint vers moi, me prit la main et me fit bavarder avec elle jusqu'à ce que nous arrivions à la maison.

Tout allait bien, car cela évitait à Nessa d'avoir à discuter de futilités avec moi en présence de Rosa, cela lui donnait l'occasion de s'habituer à ma présence à Berlin et de se ressaisir de l'inévitable tromperie que cela impliquait.

Comment elle me traiterait, je ne pouvais pas le deviner ; mais je n'étais absolument pas préparé à l'attitude qu'elle avait adoptée. Elle s'est précipitée dans la maison dès que nous y sommes arrivés et a disparu. Nous nous sommes rencontrés au dîner de midi ; mais elle refusa catégoriquement de jeter même un regard dans ma direction.

Rosa fit plus d'une tentative pour l'engager dans une conversation avec moi ; mais tous ses efforts furent déjoués par Nessa prétendant devoir prêter attention à Lottchen , qui était assis à côté d'elle. En fait, elle m'a ignoré aussi complètement que si je n'avais pas été présent et a saisi la première occasion pour quitter la pièce.

J'avais cherché n'importe quel traitement plutôt que celui-là ; et je me sentais plus qu'un peu agacé et lésé. Ce n'était pas un pique-nique anodin, cette escapade à Berlin ; et j'ai pensé qu'elle aurait pu en tenir compte.

Mais il y avait bien plus qu'une simple pique. Si elle voulait maintenir cette attitude, comment pourrais-je parvenir à un accord avec elle ?

Autant reprendre mes vols, si cela était possible. C'est en soi une proposition assez rigide, comme l'aurait dit Jimmy.

CHAPITRE V

À PROPOS DES ESPIONS

Le traitement que Nessa m'a réservé a à la fois offensé et affligé la comtesse , et Rosa a essayé de détourner son attention de cela en l'engageant dans une discussion sur les arrangements de l'après-midi. Il parut que la comtesse passait toujours une heure ou deux ce jour-là avec un très vieil ami invalide ; Rosa elle-même avait des fiançailles ; Hans devait assister à une conférence quelconque en rapport avec ses études militaires ; et Nessa emmenait généralement Lottchen faire un tour en voiture.

Je ne voulais pas entendre parler de modifications à mon égard, déclarant que je serais heureux de pouvoir me procurer des vêtements décents.

"Alors il y aura une maison vide", déclara Rosa alors que nous nous levions de table.

Il y avait deux servantes — une femme âgée, nommée Gretchen, et Marie, une plus jeune — dans la pièce pendant la discussion ; un fait important à la lumière des événements ultérieurs.

Quelques lettres arrivèrent pour la comtesse et Rosa ; et lorsque celle-ci emmena la sienne au salon, Rosa me retint dans la bibliothèque pour parler de la conduite de Nessa. "Je ne comprends pas, Johann", dit-elle avec irritation.

"Est-ce que ça compte beaucoup ?" Ai-je demandé avec un haussement d'épaules.

" Bien sûr que oui. Comment vas-tu l'aider si elle continue cette attitude ridicule ? Je n'ai aucune patience avec elle. "

"Oh, je l'ai fait. Elle est au courant de nos fiançailles, bien sûr, et étant fidèle à toi, elle me considère comme un ennemi."

"Mais elle savait que vous veniez et était très impatiente de vous voir, et a même promis d'essayer de vous ramener à la raison."

« Lui avez-vous dit que j'étais prêt à l'aider ; si je peux, bien sûr ?

"Non, mais je vais aller lui dire maintenant, et lui dire aussi que si elle ne veut pas mettre maman en colère, elle ferait mieux de prendre les choses différemment."

"Peut-être que si je pouvais avoir une conversation tranquille avec elle, cela pourrait faire l'affaire", suggérai-je avec désinvolture.

"Alors il ne faut pas perdre de temps. Pourquoi pas cet après-midi ? Je peux emmener Lottchen avec moi, et si tu viens, cela pourrait être réglé facilement. Et quand je reviendrai, nous pourrons en discuter tous les trois. ensemble."

J'acceptai d'emblée et nous entrâmes dans le salon où sa mère lisait encore ses lettres. Rosa jeta un rapide coup d'œil aux siennes, les enferma dans un petit bureau et se précipita vers Nessa.

La comtesse se tenait près d'un très beau cabinet dont elle avait ouvert un tiroir et m'appela près d'elle. "Viens ici, Johann, je veux que tu me voies ranger ces lettres", dit-elle à mon grand étonnement, et, attirant mon attention sur la propreté avec laquelle ses lettres et ses papiers étaient rangés, elle me demanda de me rappeler précisément où elle les avait mis. qui venait d'arriver, et de s'assurer que le tiroir était bien verrouillé. "Je veux avoir un témoin", a-t-elle ajouté.

me parla du comportement de Nessa , me disant à quel point cela l'avait attristée et surprise.

"Ce n'est vraiment pas de la moindre conséquence", lui ai-je assuré.

"Mais j'en ai très peur, Johann, et je suis très troublé. C'est une des raisons pour lesquelles je souhaitais que tu fasses cela tout à l'heure. J'ai toujours été contre qu'elle vienne à la maison, mais Rosa voulait qu'elle vienne ;" et puis, peu à peu, la raison est apparue.

Elle avait peur que l'histoire de von Erstein soit vraie, que Nessa soit en réalité une espionne. Quelqu'un avait la clé de son tiroir dans le placard ; elle avait trouvé ses papiers dérangés plus d'une fois ; elle gardait de l'argent au même endroit, mais rien n'avait jamais été pris, de sorte que cela ne pouvait pas être l'ouvrage d'un voleur ; elle croyait que le bureau de Rosa avait également été trafiqué ; et comme les domestiques étaient au-dessus de tout soupçon, il semblait n'y avoir qu'une seule conclusion.

La chère petite dame en était plus affligée que fâchée. « Je suis vraiment désolé pour Nessa, Johann, mais nous ne pouvons pas avoir d'espion dans la maison ; pourtant je ne sais pas comment me débarrasser d'elle. Mais je n'ouvrirai plus ce tiroir tant que tu ne seras pas avec elle. moi, et alors nous saurons tous les deux que je ne me trompe pas. En attendant, ne dis rien à Rosa ni à personne .

Nous montâmes ensemble, et elle me donnait l'adresse du tailleur de Hans et comment je devais le trouver, lorsque la vieille servante Gretchen passa devant nous. Rosa attendait habillée pour sortir et m'a dit qu'elle avait parlé à Nessa, qui viendrait me rejoindre au salon après que les autres aient quitté la maison.

"Elle me laisse perplexe, Johann. Elle a juste sauté sur votre offre de l'aider à s'enfuir, aussi après sa conduite tout à l'heure ! Mais elle semble avoir pris une violente aversion pour vous et a même déclaré qu'elle ne s'arrêterait pas de la même manière. maison avec toi," dit-elle d'un ton consterné.

Je l'ai fait passer par un sourire et une remarque banale sur l'incohérence féminine, et je suis descendu attendre Nessa. Il y avait un salon au fond du salon, une sorte de grand jardin d'hiver confortable, avec beaucoup de grandes plantes, des tapis, des fauteuils, etc., et je m'y asseyais pour réfléchir à l'emplacement. Je n'ai pas fumé; un fait heureux au vu des choses.

Cela m'inquiétait excessivement que Nessa soit considérée comme une espionne, et je m'interrogeais sur l'explication de ce que la comtesse m'avait dit lorsque j'entendis la porte d'entrée se fermer. Cela signifiait qu'ils avaient quitté la maison et que Nessa allait bientôt descendre.

Mais elle ne revint pas avant un certain temps, et bientôt j'entendis un mouvement dans la grande pièce, le léger clic d'une clé qu'on tournait, puis d'un tiroir qu'on ouvrait avec précaution.

La conclusion était évidente. L'espion était au travail, croyant que j'étais allé chez le tailleur et comptant régler le problème sur Nessa, au cas où sa petite opération serait découverte. Je me levai donc sans bruit et, à l'abri de quelques plantes, fis un petit travail d'espionnage pour mon propre compte.

C'était bien sûr l'un des domestiques ; mais je ne pus d'abord apercevoir son visage. Elle était au bureau de Rosa, lisant une lettre, probablement une de celles qui lui étaient parvenues juste avant. Cela ne prit pas plus d'une minute, et elle ouvrit ensuite le tiroir du cabinet de la comtesse , en sortit quelques lettres, y jeta un rapide coup d'œil, les rejeta négligemment, referma le tiroir et se tourna pour quitter la pièce.

Je la vis alors clairement, car elle sortit par une porte qui se trouvait à mon extrémité de la pièce, près du grand poêle dans le coin. C'était Gretchen.

Il n'aurait jamais été possible d'avoir une écoute indiscrète lorsque Nessa et moi étions ensemble, et, ne voulant pas faire savoir à la femme qu'elle avait été vue, je me suis glissé jusqu'à la porte que nous utilisions tous, je l'ai ouverte bruyamment, je l'ai fermée avec fracas, et se mit à siffler.

Cela a eu des résultats immédiats. J'entendis la porte du poêle s'ouvrir au fond, quelques bûches furent jetées dedans, et aussitôt après Gretchen sortit en s'excusant de m'avoir dérangé.

"C'est mon travail de m'occuper des poêles, monsieur", expliqua-t-elle avec un sourire narquois. "Et la porte de nos quartiers est verrouillée."

"Très bien, Gretchen. Il fait froid, n'est-ce pas ?"

« Il fait froid le soir, monsieur, et mes ordres sont de veiller à ce que les poêles fonctionnent bien. Elle était un peu inquiète ; et après qu'elle fut partie un moment, j'ai jeté un coup d'œil à la cachette.

C'était un passage avec des placards de chaque côté, et comme la porte de l'autre bout était fermée, elle avait été obligée de revenir par la pièce lorsqu'elle m'avait entendu. Il y avait un verrou de mon côté de la porte et j'ai tiré dessus pour l'empêcher de revenir écouter pendant que Nessa et moi étions ensemble.

Je ne suis resté qu'une minute ou deux sur place, mais quand je suis parti, j'ai trouvé Nessa déjà dans le salon. Elle m'avait apparemment surpris en train de jouer à l'espion, et son regard ne laissait aucun doute sur son opinion.

J'ai ri. Je ne pouvais vraiment pas m'en empêcher. C'était une interprétation tellement absurde de la situation que son absurdité ridicule m'a séduit. Bien sûr, mon rire ajoutait à son indignation et aussi à la gêne de la rencontre.

"Vous exercez votre nouveau métier, je vois. Cela semble éveiller votre sens de l'humour ", dit-elle glacialement.

"Cela vous éveillerait probablement aussi si vous compreniez tout", rétorquai-je, n'appréciant pas du tout sa prompte condamnation.

"Je ne vois rien de particulièrement humoristique à ce que vous vous faufiliez dans la maison de mes amis et que vous espionniez ses trous et ses coins."

"Peut-être pas, mais j'avais une bonne raison", dis-je brièvement, un peu secoué par son ricanement.

" Sans doute ; mais je n'ai aucune curiosité sur un tel sujet. Rosa m'a incité à vous voir, alors je... " Elle en arriva jusqu'au même niveau, d'un ton tranchant, se mettant évidemment une grande retenue ; mais elle ne pouvait pas continuer. Ses yeux s'enflammèrent soudain, ses joues rougirent, et, élevant la voix dans son indignation, elle s'écria : « Comment oses-tu venir... »

J'ai dû arrêter cela, cependant, car le vieil indiscret aurait pu la suivre jusqu'à la pièce et être sur une perceuse à trou de serrure. « Je suis très heureux de vous rencontrer, Miss Caldicott », l'interrompis-je en allemand assez fort pour être entendu dehors, et j'ajoutai à voix basse en anglais : « Il n'est pas prudent de parler aussi fort que vous l'avez fait. la porte;" et j'ai ouvert la voie au conservatoire.

Elle m'a regardé comme si j'étais un fou dangereux, mais après un moment de pause, elle m'a suivi. "Dites ce que vous voulez maintenant, mais baissez le ton", dis-je en baissant le mien.

Elle hésita, mais répondit à l'avertissement et reprit son ancien ton glacial. « Ce que je veux savoir, c'est pourquoi tu oses venir ici sous un faux nom, en tant que faux amant de mon ami, et m'humilier de cette façon. Si tu dois être un espion, n'as-tu pas assez de décence pour éviter de me noircir ? en faisant de moi un partenaire dans une bassesse aussi perfide ?

J'ai croisé son regard furieux pendant une seconde, réalisant que c'était la raison de sa conduite envers moi ; et c'était tout ce que je pouvais faire pour m'empêcher de sourire de son injustice, même si cela m'agaçait considérablement.

"C'est plutôt un jugement approximatif", répondis-je en haussant les épaules, "et vos manières ne l'améliorent pas beaucoup ; mais comme personne d'autre ne peut vous entendre maintenant, cela ne me dérange pas tellement. Je peux expliquer..."

"Expliquer!" » interrompit-elle avec mépris.

"Oui, explique. C'est ce que j'ai dit. Si tu as compris——"

"Je comprends ce qui se passe, trop bien", a-t-elle encore lancé.

Je ne pouvais vraiment pas m'empêcher de sourire à nouveau, à la fois à ses paroles et à sa colère éclatante. " Il faut que je sourie ou que je me fâche comme vous l'avez fait ; et il vaut mieux sourire. "

C'était comme de l'essence sur le feu. " Exactement ce que j'attendrais de vous : ne voir qu'une plaisanterie dans mon indignation. "

"Je ne ris pas de ton indignation, mais de ton erreur. Tu as toujours été prêt à faire le pire de tout ce que je fais."

"Qu'as-tu déjà fait qui valait la peine d'être fait ?"

"Pas grand-chose, je l'avoue."

"Si vous étiez comme les autres hommes, vous feriez ce qu'ils font : vous battre."

"Peut-être que je devrais le faire ; mais nous ne pouvons pas tous être des soldats."

Sa lèvre s'est courbée. "Les hommes le peuvent ; mais même vous n'avez pas besoin de tomber si bas au point d'être un espion !"

"Continuez. Je n'ai pas honte de ce que je fais ; et si vous me laissez vous expliquer..."

Elle m'arrêta encore d'un geste impatient. "Je n'ai besoin d'aucune explication, merci. N'êtes-vous pas ici en tant que Johann Lassen ?"

"Oui."

"Faire semblant d'être fiancé à Rosa von Rebling ?"

"Oui."

"Et faire semblant d'avoir perdu la mémoire ?"

"Oui."

"N'avez-vous pas tous deux menti et menti pour être admis dans cette maison ?"

"Je devais le faire, bien sûr."

« Vous vous condamnez donc de votre propre bouche ? »

"Apparemment."

"N'essayez-vous pas de trouver un emploi dans les services secrets ici ?"

« Ça a l'air noir, n'est-ce pas ?

"Regards!" et elle inspira longuement et profondément et répéta le mot. "Mais vous n'imaginez pas un seul instant que j'y participerai !"

"Tu l'es déjà, d'ailleurs."

"Tu quitteras cette maison tout de suite, tu n'y remettras plus les pieds, et je trouverai le moyen de faire connaître à Rosa le tour honteux que tu as joué."

"Et si je refuse ?"

"Je vais vous dénoncer aussi sûrement que je m'appelle Nessa Caldicott."

"Tu sais quel serait le résultat pour moi ?"

"Je ne sais pas et je ne m'en soucie pas."

"Alors je vais vous le dire. Je devrais certainement être emprisonné et très probablement fusillé."

Elle hésita quelque peu. "Il vous est facile de l'éviter en faisant ce que je vous dis : quitter la maison."

"C'est hors de question."

« Voulez-vous que je vous permette de continuer à vous imposer à la fille qui a été mon amie à une époque où j'étais absolument impuissant ? N'auriez-vous pas honte de moi si je consentais à une telle trahison ? voyez quelle vile dégradation ce serait, et que je me haïrais aussi bien que vous si j'y consentais ?

"Non. Oui. Oui. J'aimerais que tu poses une question à la fois."

« Vous attendez-vous à ce que je sourie devant une désinvolture aussi insupportable ? »

"Non. Mais ce n'était pas du tout de la désinvolture. J'ai répondu à vos questions dans l'ordre. Vous semblez penser que j'aime être obligé de tromper Miss von Rebling ."

"Comment peux-tu parler d'avoir été contraint de le faire ?"

"Parce que c'est la vérité."

"Ta version de la vérité, tu veux dire ?"

" Exactement. Ma version de la vérité, même si vous ne la croirez pas. J'y ai été contraint contre mon gré par une série de coïncidences qu'il m'a été impossible d'éviter ; et, en fait, je ne le suis pas. nuire le moins du monde à Miss von Rebling .

"Ne lui as-tu pas fait croire que tu pourrais rompre les fiançailles ?"

"J'y ai réfléchi."

"N'appelles-tu pas ça lui faire du mal ?"

"Non."

"Comment peux-tu dire ça ? Que se passera-t-il quand le véritable homme arrivera ?"

"Même pas alors."

» Elle fit un geste incrédule. "C'est impossible", s'écrie-t-elle. "En tout cas, j'insiste pour qu'elle en soit informée."

Je me suis arrêté pour réfléchir un peu. Je connaissais si bien Nessa que je pouvais tout à fait comprendre son humeur. Sa première colère féroce s'était dissipée, stoppée, j'en étais sûr, par ma déclaration des conséquences si la vérité était dite. Elle ne se doutait pas de la raison pour laquelle j'étais à Berlin, croyant évidemment que j'étais venu comme espion, et savait mieux que moi quelle serait ma fin si j'étais dénoncé ; et ses paroles m'avaient trop profondément blessé pour me permettre de lui dire alors la vérité : que j'étais venu uniquement pour elle.

En même temps , je pouvais très bien comprendre à quel point elle répugnait à devenir partenaire, comme elle l'avait dit, et son impatience à ce que je quitte la maison. C'était un virage délicat, mais je pensais pouvoir trouver un moyen de le contourner.

"Je ferai ce que vous suggérez", dis-je longuement.

"S'en aller?"

"Non. Dites-le à Miss von Rebling ."

Cela l'a immédiatement alarmée. "Mais vous ? Qu'avez-vous dit sur le risque ?" » protesta-t-elle.

"Oh, tant pis pour moi. Tu as dit que tu ne pourrais pas le supporter; et, bien sûr, rien n'a d'importance comparé à ça. J'aurais dû prendre soin de tout lui dire dès que j'aurais fait ce que je venais faire. ".

"Qu'est-ce que c'est?"

"Ta mère est très inquiète pour toi, et quand elle a su que je venais ici, elle a naturellement voulu que je découvre des choses."

"Mais ils ont sûrement eu mes lettres ?"

"Pas une ligne depuis quelque temps après Noël."

"Tu veux dire ça, Jack ? Oh, pauvre mère ! J'écris régulièrement chaque semaine. Quand Julia Wassermann est morte, son père, qui déteste les Anglais et me détestait parce que je suis Anglais, m'a chassé de la maison. Je Sans Rosa, j'aurais dû aller dans un de ces horribles camps de concentration. C'est pourquoi je ne supporte pas l'idée de la tromper, mais... je... je ne veux pas vous causer d'ennuis. Nous ... nous ne pouvons pas lui dire. Nous - nous ne devons pas. Vous pouvez partir, n'est-ce pas ? et elle se mordit la lèvre avec une perplexité et une détresse désespérées.

"Je vais lui dire, Nessa," dis-je.

"Mais je ne le souhaite pas, Jack. Je ne le souhaite vraiment pas. Je ne pensais pas toutes les choses horribles que je viens de dire ; je—je suis désolé. J'ai juste été distrait."

"Ne vous inquiétez pas. Il ne m'arrivera probablement rien de bien terrible; et je suis tout à fait d'accord qu'elle devrait connaître la vérité."

Elle m'a regardé avec étonnement. "Comme tu es différent, Jack. Qu'est-ce qui t'a changé à ce point ? Tu es si calme et si—si ferme. Tu n'es plus le même. . Je l'ai vu au moment où je suis entré dans la pièce.

"Tu ne l'as pas montré. Tu m'as attaqué de la même manière, tu sais," dis-je avec un sourire. "Tu m'as toujours considéré comme un pourri."

"Veux-tu dire que tu as pris le risque de venir ici simplement à cause de... de ce que ta mère t'a dit à mon sujet."

"C'est peu probable, n'est-ce pas ?"

"Ça n'aurait pas été le cas à un moment donné, mais... Tu ne dois rien dire à Rosa. Tu ne dois pas, vraiment. Tu ne le feras pas, Jack, n'est-ce pas ?" et elle posa sa main sur mon bras d'un air suppliant.

"Je le dois, Nessa."

"Non, non. Je ne serai pas la cause———"

Et puis, au moment où elle s'accrochait à mon bras et me pressait, elle s'éloigna en poussant un cri de consternation.

Je me suis retourné pour trouver Rosa debout sur le pas de la porte, nous regardant avec les yeux écarquillés avec étonnement.

CHAPITRE VI

On dit à Rosa

Si j'aurais dû céder à Nessa et me laisser persuader de ne pas dire la vérité à Rosa, je ne peux pas le dire – elle a toujours eu une grande influence sur moi – mais après avoir été surpris de cette façon, il n'était plus possible d'hésiter. . Nessa aurait été compromise et je m'en doutais.

J'ai donc agi promptement. J'ai traversé la pièce et fermé la porte avec précaution, les deux filles me regardant avec une curiosité impatiente.

"S'il vous plaît, venez au conservatoire, Miss von Rebling ", dis-je doucement en anglais, qu'elle parlait assez couramment. "J'ai quelque chose de la plus haute importance à vous dire. Et nous ferions mieux de parler en anglais et pas trop fort, s'il vous plaît."

Elle me regarda, désespérément perplexe face à mes paroles et à mes manières ; mais après un moment d'hésitation, elle entra dans la véranda, où Nessa se tenait debout, tremblante et agitée, près des plantes, elle attacha son bras au sien et l'embrassa.

"Je vais remettre ma vie entre tes mains. Je ne suis pas Johann Lassen. Je suis un Anglais et je m'appelle Jack Lancaster. Nessa et moi sommes de vieux amis, et nous discutions de la question de vous dire quand vous êtes entré, " Dis-je d'un ton lent et délibéré.

Elle était littéralement stupéfaite et ne pouvait pas comprendre tout de suite tout ce que mes paroles signifiaient. Elle se tourna vers Nessa comme pour lui demander confirmation. « Nessa ! s'exclama-t-elle, beaucoup trop fort pour être en sécurité.

"Laissez-moi vous dire pourquoi il est nécessaire de ne pas parler fort. Vous avez un espion dans la maison : la servante que je vous ai entendu appeler Gretchen ;" et j'ai décrit ce dont j'avais été témoin. "Cela expliquera sans aucun doute pourquoi les lettres de Nessa ne sont jamais parvenues en Angleterre et probablement d'autres choses."

Le visage de Rosa étant incapable d'exprimer plus d'étonnement qu'elle ne l'avait déjà montré, elle leva simplement faiblement les mains, suggérant que toute cette affaire dépassait sa compréhension. Mais c'était une fille pratique et pondérée, et elle retrouva bientôt la maîtrise d'elle-même.

"Voulez-vous dire que vous avez retrouvé la mémoire ?" elle a demandé.

J'ai secoué ma tête. "Je ne l'ai jamais perdu."

Elle fronça les sourcils d'un air menaçant et son expression indiquait de la suspicion. "Alors pourquoi es-tu à Berlin ?"

De toute évidence , elle me considérait comme un espion anglais et il n'y avait rien d'autre à faire que de lui dire la raison complète de ma présence, même si je n'avais pas souhaité le faire savoir à Nessa. "Je vais tout te dire, mais tu ferais mieux de t'asseoir car cela prendra du temps."

Elle s'assit et attira Nessa à ses côtés, lui prenant la main et la tenant tout le temps que je parlais. "Je suis officier dans l'armée anglaise et j'étais chez moi en congé lorsque j'ai entendu parler pour la première fois de Nessa ;" et je leur ai raconté tout ce que Mme Caldicott avait dit, et j'ai décrit les deux communications particulières qui étaient parvenues en Angleterre. Puis toute l'histoire : Mon premier plan ; L'intervention de Jimmy ; comment j'avais pris sa place au dernier moment ; l'explosion du *Burgen* ; le fait que j'aie été confondu avec Lassen ; ma fausse perte de mémoire ; comment j'avais été incapable de m'éloigner de Hoffnung et comment ses soupçons m'avaient forcé à continuer l'usurpation d'identité.

Nessa était terriblement affligée d'apprendre l'anxiété et le chagrin de sa mère ; Rosa pleura de sympathie et elles écoutèrent toutes deux toute l'histoire avec une attention soutenue.

« Vous verrez maintenant, concluai-je, ce que je voulais dire en disant que je mets ma vie entre vos mains. Si l'on sait que je suis un officier anglais, on ne fera qu'interpréter ma présence ici : je suis un officier anglais. un espion, et je serai bien sûr fusillé. Nous ferions de même de notre côté si l'un de vos officiers était trouvé en Angleterre dans des circonstances similaires. Je vous donne cependant ma parole que mon seul objectif est de ramener Nessa chez elle. ».

Rosa avait l'air très grave et plutôt effrayée. "Tu connais les conséquences si j'essaie de te protéger ?"

J'ai hoché la tête. "Je peux comprendre qu'ils seraient très sérieux si cela était découvert."

Ensuite, nous sommes tous restés silencieux pendant un long moment, plusieurs minutes, et Nessa tremblait comme une feuille de tremble. Rosa rompit enfin le silence.

"Où est mon cousin ?"

"Il a coulé dans le *Burgen* . Il ne fait aucun doute que je suis le seul survivant. Il était en dessous au moment de l'explosion, et même aucun des hommes sur le pont n'a été sauvé."

"Mais s'il ne s'était pas noyé et s'il devait venir ici ?"

"Ta mère et Hans, tout le monde croit que je suis ton cousin, et pas le moindre soupçon que tu saches que la vérité puisse jamais être révélée, à moins bien sûr que tu ne l'admettes."

Cela a eu tout l'effet que j'avais espéré et elle a hoché la tête avec compréhension. "Et que veux-tu que je fasse ?" » demanda-t-elle après une autre pause.

"Laisser les choses rester telles quelles jusqu'à ce que nous puissions faire partir Nessa ; mais c'est à vous entièrement de décider."

Elle secoua la tête. "Je... je n'arrive pas à me décider maintenant. Je dois avoir le temps de réfléchir. Je n'ai jamais été aussi perplexe ni aussi étonné de ma vie."

"Rosa chérie !" » fit appel Nessa.

"Ce n'est pas à nous de régler, Nessa", dis-je; puis un autre long silence suivit.

« Si j'attends jusqu'à demain, disons, utiliserez-vous le temps pour vous échapper, M. Lancaster ? » demanda alors Rosa.

"C'est impossible, Miss von Rebling ", répondis-je sans compromis. "Je suis venu pour éloigner Nessa, et cela ne peut pas être fait à temps."

Cela lui fit sourire : le premier depuis son arrivée. Elle devina comment la terre s'étendait sur moi et jeta un coup d'œil à Nessa, qui rougit légèrement. Je crois que ce petit rougissement a eu plus d'effet qu'autre chose. Elle avait dans son caractère le côté habituel du romantisme allemand, et la situation la séduisait fortement.

«J'aurais aimé oser», murmura-t-elle; et j'ai commencé à espérer.

J'ai donné à la nouvelle idée une minute pour germer, puis j'ai commencé à la nourrir en suggérant comment minimiser les risques. "Laissez-moi vous dire ce que j'ai en tête. Je ne resterai pas dans la maison, et dès demain j'irai dans des chambres ou dans un hôtel."

"Mais maman ?" » protesta-t-elle nerveusement.

"Je lui parlerai de ma découverte sur Gretchen et qu'étant donné mes liens avec les services secrets, il est essentiel pour moi d'être absolument en sécurité contre quoi que ce soit de ce genre." Elle hocha la tête en signe d'approbation.

"Je serai alors trop occupé officiellement pour venir ici beaucoup, et cela vous soulagera de tous les désagréments d'une tromperie ouverte avec elle et avec les autres." Elle hocha de nouveau la tête.

"La prochaine chose sera d'obtenir les papiers nécessaires pour que Nessa et moi partions. Avez-vous des amis en Hollande ?"

» commença-t-elle plutôt nerveusement. "Oui, plusieurs anciens amis d'école; mais———" Elle fit une pause et fit un geste.

"Mon idée est que vous inventiez un désir soudain d'aller vers eux, que vous disiez que l'un d'eux est mourant ou très malade, ou quelque chose comme ça. Vous ne pourriez pas très bien voyager seul à un moment pareil, et donc Hans vous accompagnerait naturellement. ... Il serait assez simple pour vous deux d'obtenir des permis de voyage, des passeports, etc., et... "

"Mais je devrais être immédiatement interrogée et... Oh, cela ne suffirait jamais", l'interrompit-elle en secouant vigoureusement la tête.

J'ai souri d'un ton rassurant. " J'y ai pensé, crois-moi. Le matin où tu devais partir, après avoir obtenu tes billets, quelque chose se produirait qui rendrait impossible ton départ. Nessa ou moi allions alors récupérer les billets et tout, et elle et je les utiliserais. Vous ne découvririez la perte que lorsque nous aurions eu le temps de passer la frontière, et pourrions alors donner des informations sur leur perte; et dès que nous serions en sécurité en Hollande, je vous écrirais une lettre expliquant tout ".

Cela atténua considérablement son malaise. "C'est possible", a-t-elle admis.

"Une telle lettre de ma part, avouant mon imposture et tout, vous libérerait du moindre soupçon que vous ayez participé d'une manière ou d'une autre au projet, et, bien sûr, comme Nessa et moi serions en sécurité, je pouvait faire ces aveux en toute impunité."

Elle s'assit, les sourcils noirs froncés, examinant le projet très attentivement, et après un long silence demanda : « Combien de temps pensez-vous que cela prendrait ?

"Seulement le temps nécessaire pour obtenir les passeports, etc."

Mais elle secoua la tête. "Il y a une difficulté... Hans. Il ne pourrait pas s'enfuir, même s'il était prêt à y aller ; ce dont j'en doute."

"Pouvez-vous penser à quelqu'un d'autre ?"

Elle hésita, me regardant d'abord puis Nessa. "Tu te souviens des deux sœurs Apeldoorn, Nessa ?"

"Oui, très bien, chérie."

« Ce sont les cousins de Herr Feldmann », dit Rosa : et alors j'ai su ce qui allait arriver. "L'un d'eux va se marier et veut que j'aille au mariage. J'aurais dû y aller si nous n'avions pas entendu parler tout à l'heure de mon cousin

Johann. Herr Feldmann et sa sœur y vont, et j'aurais dû y aller. Je suis parti avec eux, mais sa sœur est malade, ajouta-t-elle en cherchant comment je prenais cela.

"Cela ouvrirait certainement la voie aux diplômes nécessaires, mais comment pourrais-je obtenir son permis ?"

"Je ne peux penser à rien d'autre", a déclaré Rosa alors que je ne répondais pas. "Mais je pense que Herr Feldmann m'aiderait si je le lui demandais", a-t-elle ajouté.

"Tu veux dire que tu lui dirais tout ?" Ai-je demandé, n'appréciant pas du tout la suggestion.

"Ce serait nécessaire, n'est-ce pas ?"

"Je préférerais essayer de penser à un autre plan", répondis-je, et je me mis à chercher une alternative ; mais en vain, elle se leva et se promena dans le salon.

Lorsqu'elle nous eut quittés, Nessa remua avec inquiétude, me jeta un ou deux regards puis me tendit la main. "Je suis... je suis désolée, Jack," murmura-t-elle.

"Très bien, ne vous inquiétez pas;" et j'ai juste pressé ses doigts tremblants.

"Mais te parler comme je l'ai fait - toutes les choses brutales que j'ai dites. J'ai tellement - tellement honte."

"Pas besoin. Pas le moins du monde. Vous ne pouviez pas le savoir ; et vous m'avez surpris en train de fouiller dans cet endroit. Si vous n'aviez pas tiré un peu, cela n'aurait pas été naturel."

"Mais après avoir couru tous ces risques simplement pour moi, tu as dû me prendre pour une bête ordinaire, Jack."

"Le fait est que l'inquiétude de ta mère m'a énervé, et comme je savais que je pouvais entrer dans ce pays bestial sans aucun risque, bien sûr, je suis venu. C'est tout."

Elle n'aimait pas vraiment ça, mais je voulais lui faire croire que c'était plus pour le bien de sa mère que pour le sien.

"Pauvre mère !" murmura-t-elle et resta silencieuse pendant un moment. "Alors tu as rejoint l'armée ?" était sa prochaine question.

"Je suis dans le Flying Corps, et ton maître ne m'a rien dit sur toi de peur que cela m'énerve."

"Alors j'ai quelque chose à voir avec ta venue ?" » demanda-t-elle, avec un éclair dans ses beaux yeux.

"Je ne pouvais pas vraiment rassurer votre mère à Londres, n'est-ce pas ? Elle était contre, mais je lui ai expliqué qu'il n'y avait vraiment aucun risque. Bien sûr, il n'y en aurait pas eu si le bateau à vapeur n'avait pas explosé et ceci Les affaires de Lassen se sont déroulées ainsi. »

"Mais c'est moi qui t'ai obligé à le dire à Rosa ?"

"Et probablement la meilleure chose que nous aurions pu faire si..." et je fis un geste vers Rosa, qui arpentait toujours la pièce avec une perplexité troublée.

J'ai fait tout mon possible pour faire croire à Nessa que j'avais pris cette position à la légère ; mais en réalité j'étais presque désespérément anxieux, et chaque instant d'indécision de Rosa ajoutait à la tension inquiétante du suspense. Si elle s'opposait à nous, je ne voyais rien d'autre qu'une pagaille de problèmes à venir ; et j'étais tout à fait conscient de l'ampleur du danger qui pesait sur elle dans son esprit discipliné en Allemagne. Ils ont tous une peur mortelle des autorités ; et il était impossible de nier que, si elle était découverte, cela pourrait signifier la perspective d'un séjour en prison.

"Tu n'as pas encore dit que tu me pardonnais, Jack," dit Nessa à présent.

"Simplement parce qu'il n'y a rien à pardonner. J'aurais probablement dû faire ce que tu as fait," répondis-je avec un sourire.

"Tu veux dire que tout ce que j'aurais pu faire t'aurait fait me prendre pour un espion, alors ? Je t'ai pris pour un espion," dit-elle tristement.

"La seule différence est que je n'étais peut-être pas aussi impatient et que j'étais prêt à écouter vos explications. Mais ne nous inquiétons pas de cela. Réfléchissons à la manière dont nous allons nous en sortir. "

"Je pense que Rosa va nous aider."

"Mais cet homme, Feldmann ?"

"Ne vous inquiétez pas pour lui. Il l'adore, et dès qu'il saura que sa cousine s'est noyée et que la voie sera libre pour lui, il sera prêt à... enfin, à faire tout ce qu'elle voudra."

"C'est une bonne ouïe, de toute façon, mais j'aimerais qu'elle ait l'air vif et qu'elle prenne une décision."

Nessa rit doucement. "Tu ne comprends pas les filles, Jack. Sa décision était prise avant de nous laisser ensemble. Elle est l'une des âmes les plus généreuses au monde."

Mais Rosa ne semblait pas pressée de revenir vers nous, et avant qu'elle puisse nous faire part de sa décision, l'occasion passa, car Hans entra avec un homme dont Nessa me murmura qu'il s'agissait de Feldmann lui-même.

Rosa me l'a présenté comme sa cousine. Cela m'a amené à spéculer si c'était une indication de son intention ou simplement un signe qu'elle n'avait pas encore décidé quoi faire, et je m'en inquiétais en lui rendant son salut raide et plutôt discourtois, quand Hoffnung la suivit.

Après quelques mots de conversation générale, Hoffnung m'attira à l'écart, et j'eus une preuve significative de la connaissance intime de von Erstein des affaires officielles. Il m'avait intrigué plus tôt dans la journée en me disant que je devais interroger un baron von Gratzen le lendemain matin, et Hoffnung m'apporta maintenant le billet fixant le rendez-vous à onze heures.

"Comment va la mémoire, Lassen ?"

"C'est à peu près la même chose", dis-je en haussant les épaules. Il avait visiblement abandonné tous ses anciens soupçons, j'étais heureux de le constater.

« Vous trouverez le vieux Gratz, comme nous l'appelons, un type convenable ; mais j'ai peur qu'il doive vous dire ce qui ne vous plaira pas beaucoup.

"Signification?"

"Eh bien, un homme sans mémoire n'est pas d'une grande utilité pour les services secrets, même s'il peut l'être à d'autres égards."

Je n'ai pas aimé son ton. "Mais je me souviens de tout ce qui s'est passé depuis le *Burgen* ."

Cela ne l'a cependant pas attiré. Il a juste ri. " Je ne dois pas l'anticiper, bien sûr ; mais je vais vous donner un conseil. Soyez à son bureau à l'heure ; il ne déteste rien tant que le manque de ponctualité. "

Sur ce, nous rejoignîmes les autres, et encore une fois la conversation porta sur des sujets qui ne m'intéressaient pas. J'ai étudié Feldmann attentivement. C'était un bel homme ; blond, aux yeux bleus, plutôt rond et faible ; mais il avait un sourire très agréable que je voyais souvent, car il souriait chaque fois qu'il regardait Rosa. Mais pas une seule fois il ne m'a adressé la parole ; et son aversion et son hostilité étaient évidentes à chaque fois qu'il regardait dans ma direction.

Ce n'était certainement pas l'homme à qui j'aurais choisi de faire confiance ; mais les mendiants ne peuvent pas choisir, et je devais me contenter du fait que Rosa et Nessa elle-même étaient prêtes à se porter garantes de lui.

Hoffnung ne resta pas longtemps, et quand il fut parti, Rosa me rappela que j'étais allée chez le tailleur , et comme je quittais la chambre, elle dit à Nessa : « Tu pourrais le montrer à Johann maintenant, ma chérie.

"Rosa m'a demandé de vous montrer le portrait de votre mère, Herr Lassen, car elle espère que cela pourra peut-être vous aider à vous souvenir de certaines choses."

"S'il te plaît, fais-le", répondis-je avec empressement, son regard me disant que ce n'était qu'une excuse ; et nous sommes allés à la bibliothèque ensemble.

« Tout va bien pour Rosa, » murmura-t-elle alors ; "mais seulement si Herr Feldmann est informé et accepte. Je dois y retourner et lui dire ce que vous dites."

"Es-tu bien sûr de lui ?"

"Oui, tout à fait , compte tenu du changement de circonstances. Rosa aussi."

"Continuez, alors ; et s'il y a quelque chose qui ne va pas, prévenez-moi dès mon retour ;" et je partis, sans laisser Nessa voir à quel point cela m'inquiétait d'avoir ce suspense infernal qui me tournait au cou comme une meule.

CHAPITRE VII

BARON VON GRATZEN

J'étais très curieux de voir Berlin en temps de guerre ; mais comme je n'écris pas une chronique de la lutte, mes impressions n'ont pas besoin d'être travaillées , sauf dans la mesure où elles m'ont touché personnellement.

La lutte durait depuis environ dix-huit mois lorsque j'arrivai dans la capitale et, à un point près, les choses étaient à peu près telles que je les avais connues. Il y avait peut-être plus de soldats dans les environs ; il semblait y avoir autant d'activité que d'habitude, et il y avait certainement une confiance universelle que le résultat serait une victoire glorieuse.

La seule véritable surprise que j'ai eue, c'est lorsque je suis tombé sur une foule inhabituellement démonstrative criant qu'elle manquait de nourriture. Il s'agissait principalement de femmes, bruyantes et vociférantes. Mais ce n'est pas tant la foule qui m'a impressionné, ni la polémique qu'ils ont déclenchée, que le fait que la police n'est pas intervenue. D'après mon expérience, une foule pourrait s'attendre à un très court traitement de la part de la police de Berlin.

J'en ai parlé lorsque j'étais chez le tailleur - où, entre-temps, j'ai réussi à me procurer un costume très bien ajusté et d'autres choses dont j'avais besoin - et il m'en a expliqué la raison. Il n'y avait pas vraiment de pénurie de nourriture, a-t-il déclaré, mais beaucoup de grognements concernant la distribution ; et la police avait reçu l'ordre de ne pas recourir à des mesures drastiques.

"Il faudra cependant y mettre un terme, sinon les problèmes vont s'aggraver. Il y a déjà eu des bris de vitres. Imaginez, des bris de vitres dans notre belle ville bien organisée !" s'écria-t-il comme si c'était de l'impiété et du sacrilège.

"Très choquant", ai-je accepté gravement.

"Si cela n'est pas réprimé d'une main de fer, il ne sera pas sécuritaire pour une personne bien habillée de se trouver dans les rues. Hier encore, ma propre femme et ma fille ont été pratiquement mutilées dans l' Untergasse . Mais les Anglais le feront. payer pour ça!"

J'ai coupé court à ce sujet en parlant de l'affaire en cours ; il n'était pas prudent de parler de la guerre, et je me gardais de lui donner l'occasion d'y revenir avant de quitter la boutique.

Sur le chemin du retour vers la maison des von Rebling , dans la Karlstrasse , je ne pensais à rien d'autre qu'aux nouvelles que j'allais entendre et à ce que je devrais faire si le projet que j'avais proposé était refusé. Je ne voyais rien d'autre à faire que de filer presque immédiatement, d'emmener Nessa avec moi et de faire confiance à notre intelligence et à notre chance pour nous enfuir.

Ce n'est pas un travail plein d'espoir, au mieux, et au pire, impliquant une infinité de risques et de dangers pour nous deux. Je connaissais trop bien mon Allemagne pour ne pas en avoir une douloureuse conscience ; et cette connaissance m'a mis profondément mal à l'aise. Mais j'ai une tendance optimiste en moi et je suis généralement chanceux, alors j'ai reporté l'examen des désagréables jusqu'à ce qu'il faille les affronter sérieusement.

Je n'avais cependant pas à m'inquiéter, car j'ai trouvé que tout tournait aussi doucement qu'un moteur bien huilé lorsque j'arrivais à la maison. Je l'ai su instantanément à la manière dont Feldmann m'a accueilli.

Au lieu des regards maussades et colériques précédents, il était tout sourire, me serra cordialement la main, faillit tomber sur mon cou, et j'avais un peu peur qu'il finisse par m'embrasser. Rosa et Nessa étaient à peu près dans la même humeur hilarante et auraient pu organiser les détails d'un mariage plutôt qu'une petite conspiration contre le gouvernement.

Ils avaient tout préparé et séché, et mon plan rudimentaire a été salué comme s'il s'agissait d'un élément de la stratégie la plus merveilleuse du monde.

"Oscar nous aidera autant qu'il peut", dit Rosa, rougissant un peu en utilisant son prénom . " et il peut obtenir les passeports et tout sans aucun problème. Il a déjà le sien et suggère que nous en aurons également un pour Hans. J'ai vu Hans, et il a consenti à partir s'il peut obtenir la permission. Il ne le fait pas. Je ne pense pas qu'il puisse le faire, mais il convient que nous ferions mieux d'en obtenir un au cas où. Ce sera pour vous.

« N'y aura-t-il pas une sorte de description de lui dessus ? J'ai demandé.

"Je peux arranger ça", a déclaré Feldmann. "Heureusement, c'est dans mon département. Cela fera l'affaire pour vous et, bien sûr, il ne le verra jamais."

"Je m'occuperai de tout", dit Rosa. "Et Oscar dit qu'il peut tout terminer en trois jours au plus tard, peut-être en deux."

Il y avait beaucoup d'Oscar qui ferait ceci et Oscar pourrait faire cela, dans tout cela ; mais tout me parut aussi bon que le meilleur, et je fus bientôt d'aussi bonne humeur que les autres. Il fut convenu que nous prendrions l'express du matin, qui nous permettrait de traverser la frontière à temps pour que je puisse laisser Rosa se confesser le lendemain.

« Oscar » m'a encore tordu la main en me séparant, comme si j'étais son ami le plus cher ; il déclara qu'il ne faisait pas partie des haineux anglais ; qu'il pensait que j'avais agi magnifiquement en risquant autant pour sauver Nessa ; et qu'il espérait que nous serions de grands amis après cette abominable guerre.

Mon prochain geste fut de me préparer à quitter la maison le lendemain et, au souper, j'annonçai ma détermination. La comtesse s'y opposa vivement, mais ensuite je l'accompagnai seul au salon et lui donnai mes raisons « officielles ».

"Je veux que tu ouvres le tiroir de ton armoire, tante; mais avant de le faire, je vais te dire que tu découvriras que quelqu'un y est allé———"

« Nessa ? » interrompit-elle avec enthousiasme.

"Je vous le dirai dans un instant. Vous avez tout à fait raison, il y a quelqu'un dans la maison qui joue à l'espion et, bien sûr, vous comprendrez que si je dois rejoindre les services secrets, c'est un C'est absolument impossible pour moi de rester ici avec quelqu'un comme ça dans la maison.

"Ils doivent le quitter immédiatement, Johann."

"Nous en discuterons directement. Vous constaterez que les lettres que vous avez si soigneusement rangées ici sont simplement jetées n'importe comment afin de suggérer que celui qui l'a fait a été surpris et a dû agir en toute hâte."

Elle déverrouilla alors le tiroir avec des doigts tremblants et là se trouvaient les lettres comme je le lui avais dit. "Nessa quittera la maison demain, Johann", s'écria-t-elle aussitôt.

"Mais ce n'était pas du tout Miss Caldicott, tante ; c'était Gretchen ;" et j'ai décrit ce dont j'avais été témoin et j'ai continué en lui conseillant de ne pas prêter attention du tout à l'affaire. "Vous savez maintenant de qui il s'agit et pouvez être sur vos gardes, en gardant les papiers qui n'ont aucune importance ici et en mettant les autres dans un endroit plus sûr."

"Mais avoir une telle personne à la maison, Johann !"

" Elle ne peut plus faire de mal maintenant ; et vous devez vous en souvenir. Vous ne savez pas qui l'a mise ici ni pour quelle raison. Cela pourrait faire beaucoup plus de mal que de bien si vous deviez déranger à ce sujet. Ce sont C'est peut-être une époque curieuse, et le fait que vous ayez une Anglaise à la maison en est peut-être la raison. En envoyant Gretchen vaquer à ses affaires , vous ne pouvez faire placer ici que quelqu'un d' autre, ou bien l'un des autres domestiques soudoyés ou forcés de prendre sa place

; " et j'ai insisté sur ce point jusqu'à ce que je la persuade d'adopter la suggestion.

J'avais une forte objection à adopter cette ligne. J'étais sûr que Gretchen était la créature de von Erstein , et que si elle restait dans la maison, nous pourrions la trouver très utile pour le dissuader en lui permettant de découvrir de fausses informations en cas de problème.

Pendant la nuit, j'ai réfléchi attentivement à notre complot. Ça avait l'air bien ; vraiment très bien; peut-être trop bien, et j'ai finalement décidé de me préparer à un éventuel contretemps au cas où l'inattendu se produirait.

Je n'en voyais aucun nulle part ; mais on ne peut jamais s'attendre à une poche d'air, comme je le savais bien ; j'ai donc décidé de ne pas être pris au dépourvu. Si quelque chose se passait mal pendant le voyage, il était prévu que nous pourrions peut-être éviter les ennuis et nous enfuir, si nous disposions de bons déguisements. J'ai travaillé sur cette idée et j'ai pensé à plusieurs autres éléments qui seraient probablement utiles.

J'ai adopté l'idée de me transformer en mécanicien aéronautique et de faire de Nessa ma jeune assistante. Il n'y avait pas grand-chose que je ne connaissais pas sur les machines volantes – à l'exception des Zeppelins, bien sûr ; afin que je puisse bien tenir mon rôle et que je puisse facilement coacher "mon assistant" suffisamment bien pour réussir.

Il faudrait éviter le système bestial allemand qui oblige chaque ouvrier à emporter avec lui sa fiche d'enregistrement ; mais si nous ne parvenons pas à obtenir des choses de ce genre, nous devons bluffer – les avoir perdus ou quelque chose comme ça – et faire confiance à mes compétences avec les outils nécessaires pour nous aider à nous en sortir.

Je suis parti assez tôt le matin à la recherche de chambres et j'ai presque immédiatement trouvé un endroit qui répondait comme un gant à mes besoins. C'était un petit appartement meublé sur la Falkenplatz ; juste quelques chambres avec une salle de bains à l'arrière dont la fenêtre donnait sur l'escalier de secours ; une issue de secours qui pourrait s'avérer précieuse en cas de besoin.

Mais il y a eu un problème lorsque j'ai dit que j'accepterais cette place. On me demanda les inévitables papiers pour satisfaire la police ; et bien sûr, je n'en avais pas. Mon explication fut écoutée poliment, mais sans effet ; alors j'ai dit que je les obtiendrais, j'ai payé une caution et je suis parti acheter quelques-uns des petits objets auxquels j'avais pensé pendant la nuit.

Ensuite, j'ai eu un petit pot. Je sortais d'un magasin au moment où passait un grand soldat aux cheveux gris en uniforme qui me regardait avec désinvolture. Le regard fut suivi d'un sursaut de surprise, son regard devint attentif et intéressé, et il s'arrêta comme pour parler. Naturellement, je n'y prêtai pas attention et continuai mon chemin ; mais quelques secondes après, il me dépassa, s'arrêta quelques mètres plus loin pour regarder dans une vitrine, et comme je le rattrapais, il se tourna pour me lancer un regard très vif et pénétrant.

Bien sûr, il y avait beaucoup de gens en Allemagne qui me connaissaient bien et j'avais écarté le risque de me heurter à certains d'entre eux. Mais je ne parvenais pas à le situer, et je ne fus pas du tout soulagé lorsqu'il parut incertain et s'en alla sans m'adresser la parole.

Ce fut un incident inquiétant qui me fit comprendre l'opportunité de rester autant que possible à l'intérieur pendant les jours où je devais rester à Berlin. Mais l'affaire ne s'est pas arrêtée là.

Me rappelant le conseil d'Hoffnung de respecter à l'heure mon rendez-vous avec le baron von Gratzen , j'arrivai un peu avant l'heure et, à onze heures précises, je fus conduit dans son bureau. On devine mon étonnement lorsqu'il se révéla être l'étranger que je venais de rencontrer.

Je pense que son étonnement était encore plus grand que le mien, alors qu'il regardait le bordereau sur lequel son subordonné avait écrit mon nom et celui de moi.

"Alors vous êtes Herr Lassen ?" » demanda-t-il avec perplexité.

Je m'inclinai et lui tendis la lettre qu'il m'avait envoyée. "Vous m'avez envoyé chercher, monsieur."

Il m'a fait signe de m'asseoir sur une chaise et s'est assis perdu dans ses pensées pendant si longtemps que j'ai commencé à me demander ce qui allait arriver.

"Vous venez d'Angleterre, n'est-ce pas ?"

"Je le crois, monsieur."

"Et vous êtes l'homme sans mémoire, hein ? Très extraordinaire ; très extraordinaire en effet. Cas le plus remarquable. Et pourquoi êtes-vous venu à Berlin ?"

"Herr Hoffnung m'a amené. J'ai compris qu'il avait reçu des instructions pour le faire."

"Parlez-moi de vos expériences là-bas."

J'avais l'air aussi vide qu'un mur et secouai la tête.

" Vous vous souvenez sûrement de quelque chose. Laissez-moi vous rafraîchir la mémoire. Je connais bien le pays, vous comprenez. Étiez-vous à

Londres ? " Après un autre regard vide de ma part, il sortit un papier, le parcourut d'un coup d'œil et m'interrogea sur un certain nombre de lieux et de sujets qu'il contenait ; à tout cela, je répondis soit par un regard vide, soit par un hochement de tête.

L'examen dura un temps considérable, et bientôt il me poussa une feuille de papier et un stylo, me disant d'écrire mon nom. Je m'attendais à un tel test et j'ai saisi maladroitement la plume et, avec une difficulté apparente infinie, j'ai écrit le nom « Johann Lassen » en grandes majuscules tentaculaires.

Il m'a observé comme un lynx au travail, a pris le papier, l'a scanné attentivement et m'a demandé : « C'est le mieux que tu puisses faire ?

"Je peux lire les grosses lettres, monsieur", répondis-je, et j'imaginai qu'il devait retenir un sourire.

Ensuite , il a plié le papier qu'il lisait et m'en a montré une phrase. Une phrase très évasive que j'ai remarquée. "Vous reconnaissez l'écriture ?" Encore plus de hochement de tête de ma part. "Tu devrais, tu sais ; c'est ta propre écriture ;" et il rangea le document et resta assis à réfléchir.

J'aurais donné quelque chose pour pouvoir lire dans ses pensées à ce moment-là, surtout lorsqu'il s'était suffisamment réveillé pour me favoriser de quelques regards aiguisés. Je n'ai pas pu résister à l'idée désagréable qu'il soupçonnait quelque chose ; mais il ne montra aucun signe manifeste de suspicion, et ses manières étaient moins officielles qu'amicales. Au bout d'un moment , quelque chose dans son esprit lui fit froncer les sourcils.

"Laissez-moi être clair. Vous avez explosé dans le *Burgen* , vous vous êtes retrouvé dans un hôpital de Rotterdam sans papiers d'identité sur vous, à l'exception d'une carte, vous ne vous souveniez de rien de ce qui s'était passé et êtes arrivé à Berlin avec Herr Hoffnung . Vous savez qu'il n'y avait qu'un seul autre passager masculin sur le paquebot, un certain M. Lamb, au sujet duquel nous avons des raisons d'être curieux. Maintenant, êtes-vous sûr que vous n'êtes pas cet homme ?

"Je ne sais pas, monsieur. Je ne suis sûr de rien, sauf de ce qui s'est passé depuis que je suis à Rotterdam."

"Eh bien, quand vous êtes arrivé ici, la comtesse von Rebling vous a reconnu comme son neveu. Étiez-vous à Göttingen ?" » demanda-t-il si brusquement que je n'échappai au piège que de justesse.

"Je le crois, monsieur."

"Alors, bien sûr, il y aura beaucoup de gens pour vous identifier."

"Naturellement, monsieur," parvins-je à répondre, même si un frisson de consternation fit frémir ma colonne vertébrale au sourire significatif qui accompagnait ces mots.

"Nous savons, bien sûr, qu'aucune personne du nom de Lamb n'a jamais été là", dit-il en s'arrêtant à nouveau, comme pour me donner le temps d'absorber tout ce que cela pourrait suggérer.

"Parles-tu anglais?" fut la question suivante, posée avec un accent parfait dans ma propre langue.

"Bien sûr," répondis-je, avec ce que je voulais être un ton très correct. Mais cela n'a pas semblé l'impressionner autant que j'aurais pu le souhaiter ; et après m'avoir regardé avec curiosité pendant un moment ou deux, il se leva, prit un volume des *Innocents à l'étranger de Mark Twain* et l'ouvrit devant moi, me demandant d'essayer d'en lire un passage.

Je l'ai regardé sérieusement et j'y ai abandonné parce que c'était désespéré.

Mais il était trop nombreux pour moi. "Eh bien, je vais te le lire et je te demanderai de le répéter après moi." Et il l'a lu et j'ai dû répéter les mots dans la langue américaine que je pouvais. "Merci," dit-il en fermant le livre et en le rangeant. Et puis une autre longue pause suivit.

Je me suis souvenu des paroles troublantes de Hoffnung : le baron aurait quelque chose à me dire qui ne me plairait peut-être pas. Il avait certainement réussi à le faire, et je commençais à être abominablement troublé par la suite des choses lorsqu'il recommença.

"Et donc tu souhaites rejoindre nos Services Secrets ?" » demanda-t-il avec un brusque changement de sujet qui m'inquiétait.

"Herr Hoffnung me l'a dit, mais..." et j'ai souri d'un air absent.

" Croyez-vous qu'un homme sans mémoire nous serait d'une grande utilité ? "

"Je crains que non, monsieur, mais à vrai dire, je n'en ai aucune envie. Les médecins de Rotterdam m'ont dit que je devrais retrouver ma mémoire à temps, et que si je pouvais me reposer et simplement être absolument calme pendant un moment, c'est tout ce que je souhaite.

Il hocha la tête, sans méchanceté, puis se tourna soudain vers moi avec le regard le plus aigu que j'aie jamais vu dans les yeux d'un homme et demanda : « Êtes-vous sûr de vouloir dire cela ?

"Absolument, monsieur, sur mon honneur ", croisant son regard fixement.

Il les tint un moment avec la même attention, comme s'il voulait lire mes pensées les plus intimes, puis hocha la tête et se laissa tomber sur son siège. "Je peux comprendre cela et te croire. Je suis heureux de l'entendre."

Ce qu'il voulait dire, je ne pouvais pas le dire, mais je me sentais soulagé parce que je semblais avoir augmenté son opinion, pour une raison impossible à deviner. Quelques minutes s'écoulèrent avant que l'on en dise davantage, le silence le plus long jamais vu. Le fait qu'il avait manifestement passé en revue tout ce qui s'était passé montrait son prochain mouvement.

"Je suis extrêmement intéressé par votre cas, et tout aussi intensément perplexe quant à tout cela. Personnellement, je partage votre point de vue : le mieux serait de vous donner le temps de voir si le souvenir revient. Mais c'est plutôt un point pour le médecins que pour moi. Vous avez fait un travail très précieux pour nous en Angleterre et, si les autres choses se passent bien, il ne fait aucun doute que vous pourriez faire davantage du même genre. Mais nous sommes dans des moments où nous ne pouvons pas faire tout ce que nous pourrions faire. " Les choses sont trop pénibles. A part cette perte de mémoire, vous semblez être tout à fait normal - encore des médecins ; et vous feriez mieux de les voir tout de suite ; " et il sonna à sa table. "Si vous les dépassez et, d'après votre apparence, je n'ai aucun doute que vous y parviendrez, vous irez bien sûr au Front."

Je retins mon souffle, mais il ne vit pas ma consternation, car il s'était levé en parlant et était sorti, laissant son secrétaire, nommé von Welten , rester avec moi.

CHAPITRE VIII

VON ERSTEIN

Le baron von Gratzen fut absent quelques minutes ; et ce furent pour moi des minutes extrêmement désagréables. Au début , je ne voyais rien d'autre que l'échec et mat de tous mes plans. Il ne faisait aucun doute que les médecins me considéreraient apte au service sur le terrain ; et comme l'Allemagne voulait avoir le plus d'hommes possible sur la ligne de combat, j'étais sûr d'être renvoyé sans délai.

Mais alors je n'avais besoin que d'un délai de quelques jours – les papiers seraient alors prêts – et il était encore possible qu'il se produise quelque chose qui me donnerait juste le temps de partir. Mais c'était un sacré gâchis ; et il me fallut beaucoup d'efforts pour me ressaisir lorsque le baron revint et m'emmena lui-même chez les médecins.

Ils étaient au courant de l'affaire et tous les trois étaient aussi profondément intéressés par moi que les autres à Rotterdam. L'un d'eux était un spécialiste de ces cas-là et c'est lui qui a fait la première partie de l'examen, celui de ma mémoire. Il me posait d'innombrables questions sur toutes sortes de sujets, s'efforçant par tous les moyens imaginables de me faire admettre que je me souvenais de quelque chose ; mais je n'eus pas beaucoup de difficulté à lui répondre. Il semblait insister le plus sur tout ce qui s'était passé immédiatement avant l'explosion du *Burgen* ; et il en était encore là lorsque le baron revint vers nous, écouta ses dernières questions et suggestions, puis le fit sortir de la pièce.

L'examen physique a suivi. Je me suis déshabillé et quelques minutes ont suffi pour les satisfaire sur ma forme physique. J'étais, bien sûr, en pleine forme et dur comme des ongles.

"Vous devez avoir suivi une formation militaire", dit l'un d'eux.

"Pour autant que je sache, cela ne peut pas être le cas. Je comprends que je voyage à travers le monde depuis longtemps."

"J'en suis sûr", fut le verdict positif. "Chaque muscle raconte l'histoire trop clairement pour que quiconque puisse se tromper. Restez là-bas; je veux regarder votre dos;" et il me plaça près du mur, et recula lui-même un peu.

"Non, peut-être pas", a-t-il murmuré, et alors que je riais de son erreur, il m'a soudainement crié en anglais : "'Shun !" avec une brusquerie militaire. Instinctivement, étant pour l'instant assez au dépourvu, je rapprochai mes talons et me redressai. Il rit, et j'aurais pu me maudire pour être un idiot d'avoir trahi le spectacle.

Le médecin qui m'avait piégé ne pouvait contenir sa joie. "Je savais que je ne pouvais pas me tromper. Tu peux mettre tes vêtements", m'a-t-il dit en se frottant joyeusement les mains, et après un autre rire à son collègue, il s'est dépêché de rapporter le résultat de son expérience.

J'étais en colère de m'être ridiculisé à ce point alors que tout allait si bien. Le jeu était fini, bien sûr, et il n'y avait plus qu'à faire face à la musique. Il s'agissait désormais de savoir si je devais être envoyé au front ou mis en prison, et il n'était pas nécessaire d'avoir un Salomon pour comprendre que les chances étaient fortement en faveur de cette dernière solution.

Le baron et les deux médecins revinrent au bout de cinq minutes environ, et l'homme qui m'avait éliminé racontait en riant au spécialiste.

« Je ne peux pas imaginer comment cela vous a échappé, Gorlitz, » dit-il en entrant ; et le spécialiste avait l'air aussi heureux que moi.

"Essaye encore," grogna-t-il dans un demi-murmure.

"Il est peut-être prêt cette fois", fut la réponse à voix basse, mais pas assez basse pour m'empêcher de l'entendre. Je n'arrivais pas à comprendre les choses pour le moment ; mais quand, après quelques questions décousues, le médecin fit semblant de prendre quelques mesures et me tourna de nouveau le dos, je savais ce qui allait arriver et j'ai pensé que je ferais moi-même une petite pantomime.

Ils parlèrent ensemble à voix basse, et au milieu de leur conversation, le médecin cria « Shun ! » à moi une fois de plus. J'ai commencé, j'ai hésité, puis je me suis mis au garde-à-vous, mais pas aussi intelligemment qu'avant.

"Tournez-vous", a appelé le spécialiste. "Maintenant, traversez la pièce." J'ai obéi et j'étais à mi-chemin lorsque le médecin a crié « Halte ! » Je me suis arrêté instantanément.

"Voilà", s'exclama le docteur. Le spécialiste hocha la tête, me dit de m'asseoir et me posa toutes sortes de questions sur l'armée, semblant plutôt satisfait que autrement lorsque je n'y répondais pas.

Un long pow-wow s'ensuivit entre les trois médecins et se transforma en une querelle assez chaude pour savoir si le fait que j'avais obéi au mot d'ordre était vraiment une récurrence de la mémoire ou non, lorsque le baron intervint et que je fus renvoyé dans sa chambre avec son subordonné. .

« Vous leur avez posé un problème difficile, Herr Lassen », me dit-il en me rejoignant au bout d'une dizaine de minutes ; "et m'en a donné un aussi. Mais cela ne fera aucun mal de reporter la décision à votre sujet de quelques jours, en tout cas. Vous ne savez pas comment vous avez appris à connaître les mots d'ordre anglais ?"

J'ai fait semblant de réfléchir profondément. « Puis-je avoir été dans l'armée là-bas ? Ai-je demandé en le regardant d'un air vide.

Il sourit puis acquiesça. "Oui, vous êtes un déserteur. Votre rapport dit que vous l'avez rejoint pour obtenir certaines informations."

"C'est très étrange, monsieur."

"Très," répondit-il un peu sèchement. " Cela rend les choses un peu difficiles en ce qui concerne une suggestion du Dr Gorlitz ; c'est le spécialiste mental, vous savez. Il pense qu'il n'est pas improbable que si vous étiez de nouveau placé dans l'environnement précédant immédiatement le choc qui vous a privé de votre mémoire, ", cela faciliterait grandement son rétablissement. Peut-être votre seule chance d'y parvenir. Mais vous ne voudriez peut-être pas courir un tel risque. Vous devez comprendre que je souhaite vous aider de toutes les manières possibles", ajouta-t-il gentiment.

"Je vous suis très reconnaissant, monsieur. Bien sûr, ce serait un risque, mais mon plus grand souhait est de retrouver la mémoire."

"Est-ce que ça veut dire que tu aimerais retourner en Angleterre ?"

J'avais du mal à en croire mes oreilles et j'essayais de cacher mon immense plaisir sous le couvert d'une considération renfrognée. "Le risque ne me ferait pas peur, monsieur."

" Très bien. Je vais voir. C'est à peu près tout ce que nous pouvons faire aujourd'hui ; mais il y a une chose que je dois vous dire. Il y a quelqu'un à Berlin qui vous connaît et déclare que votre perte de mémoire est un problème. " simple prétexte , et que vous l'avez assumé à cause d'une affaire extrêmement sinistre dans laquelle vous étiez impliqué il y a un an ou deux.

Je pourrais en sourire sincèrement. "Peux-tu me dire son nom ?"

Il s'arrêta un moment. "Il n'y aura aucun mal si vous le gardez pour vous ; je ne crois pas à l'histoire, mais je connais trop bien l'homme. C'est le comte von Erstein ."

"C'est un scélérat, je le sais ; mais c'est peut-être la vérité, bien sûr."

— Nous n'en discuterons pas, dit le baron en se levant. "Je vous ai seulement dit de vous mettre sur vos gardes en raison du véritable intérêt que je porte à vous ;" et sur ce, il me serra la main et me renvoya, quand je me souvins de ma difficulté du matin au sujet des papiers d'identité. Je lui ai expliqué et il a fait venir von Welten et lui a demandé de faire le nécessaire.

J'ai quitté les lieux en me sentant à peu près comme n'importe qui qui s'est frotté le dos contre une porte de prison et qui, au moindre grincement, s'est échappé en se retrouvant du mauvais côté des barreaux. Toute cette affaire m'a dérouté. Connaissant si bien les méthodes habituelles du officialisme allemand, le traitement réservé au baron était incompréhensible ; et me creuser les idées comme je le ferais, je ne parvenais pas à trouver un indice pour l'expliquer.

Et puis, la chance ! En fait , il sera renvoyé en Angleterre avec des informations d'identification officielles ! J'aurais pu crier de joie ! Mais comme l' heure du déjeuner avec von Erstein était déjà passée , je me précipitai vers la Falkenplatz , m'assurai du petit appartement, puis l'appelai en taxi à l'adresse de von Erstein .

Quel pourri cette brute était, pensai-je en pensant à l' histoire qu'il avait déjà racontée à mon sujet. Il avait l'intention de rendre les choses plus chaudes pour moi et sans erreur, et n'avait pas perdu de temps pour se mettre au travail. Et quelle brique le vieux comte de m'avoir donné cet avertissement. Si j'avais dû m'arrêter à Berlin, j'aurais peut-être pris au sérieux l'inimitié de von Erstein ; mais dans l'état actuel des choses, je pouvais me permettre de me moquer de lui, car quelques jours tout au plus nous verraient Nessa et moi quitter le pays, si seulement la chance tenait.

J'arrivai si tard dans la Gallenstrasse , où von Erstein avait son somptueux appartement, qu'il avait déjà commencé à déjeuner. "Je t'avais abandonné, Lassen", dit-il en entrant. "Je pensais que quelque chose aurait pu arriver au vieux Gratz pour vous retenir. C'est un vieil oiseau duveteux. Asseyez-vous là, d'accord. Tout va bien ?"

"Pourquoi ça ne devrait pas l'être ?" Je savais ce qu'il voulait dire.

Il a éteint la question et nous n'avons parlé de rien de particulier jusqu'à la fin du déjeuner, sauf que de temps en temps il lançait une question qui aurait pu m'engager si je n'avais pas été sur mes gardes. Mais j'avais tellement travaillé ce matin-là que le rôle que je jouais était devenu pour ainsi dire jusqu'à mes os.

"Maintenant, nous pouvons discuter à notre aise", dit-il alors que nous nous installions dans des fauteuils. "Est-ce toujours votre habitude de fumer une cigarette avant un cigare ?" » a-t-il demandé en souriant alors qu'il tenait la boîte vers moi.

"C'était donc une de mes habitudes ?" J'ai contré, refusant le petit piège.

"Très bien, vous le faites très bien. Vous devriez être sur scène, ma parole, vous devriez le faire", dit-il avec un regard plus large. "Mais maintenant, passons aux choses sérieuses. Comment en sommes-nous tous les deux ? "

"À propos de quoi?"

"Ne plaisante pas de cette façon. Tu vois ce que je veux dire."

"Je le ferai quand tu me le diras."

"Veux-tu m'avoir pour ami ou autre chose ?"

"Je vous l'ai dit hier, je n'étais pas susceptible de me disputer avec quelqu'un qui a une telle influence que vous."

" Et je vous ai dit que ce serait une mauvaise journée pour vous si nous nous disputions ; et nous nous disputerons si vous essayez de tourner autour du pot, comme vous le faites maintenant. Je crois au langage franc ; et vous mieux vaut garder cela à l'esprit, non seulement maintenant mais toujours. »

"Alors laisse-moi avoir une conversation franche maintenant."

"Vous le ferez", sortant son cigare et enlevant les cendres. "Je n'ai qu'à prononcer un mot ou deux et je peux vous écarter de mon chemin aussi facilement que j'ai enlevé ces cendres. Attention à ça aussi."

J'ai ri. "Vous avez une manière agréable avec vous, von Erstein ."

"Je me fiche du plaisir ou du désagrément. Quand je veux une chose, je l'ai. Et ce que je veux maintenant, c'est cette Anglaise chez les von Reblings ", et tu ferais mieux de faire attention à ne pas entrer dans mon manière à ce sujet. "

« Dans quelle mesure suis-je susceptible de vous gêner ? »

"Parce que tu es un parent des von Rebling , mon ami, et que tu vas épouser la belle Rosa, dont, d'ailleurs, je peux te le dire en tant que vieille, tu en trouveras une poignée. Mais elle aime la jeune Anglaise et j'essaierai de vous influencer, et si je la connais, comme je la connais certainement, elle réussira, si je ne l'arrête pas.

"Arrête ça ? Comment ?"

vous montrant de quel côté votre pain a le beurre. Maintenant regardez ici. J'en sais beaucoup sur vous; assez pour gâcher votre argumentation avec les von Reblings et mettre fin à vos fiançailles et vous perdre la pièce sur laquelle vous" " Je compte. Toute cette histoire de perte de mémoire n'est que... " et il agita son cigare en l'air pour souligner ce qu'il voulait dire.

"Qu'est ce que tu sais de moi?"

"Oh, ne tente pas ce jeu idiot avec moi."

"Mais je devrais être extrêmement intéressé par l'histoire. J'ai hâte de tout savoir sur moi-même", persistai-je, voyant à quel point cette phrase le provoquait.

"Où es-tu allé depuis Göttingen, mon jeune ami ?" » demanda-t-il avec un signe de tête significatif, comme si la question allait me dérouter.

"Comment diable puis-je le savoir ?"

"Vous êtes allé à Hanovre. Vous le savez parfaitement."

"Est-ce que je l'ai fait ? Et est-ce que je l'ai fait ? Tu me fais régulièrement mélanger, tu sais." J'étais ravi de voir qu'il perdait rapidement son sang-froid.

"Vous l'avez fait. Et quand vous étiez là-bas, vous aviez un ami qui se faisait appeler Gossen ; mais qui était en réalité un Français, nommé Gaudet. Ne dites pas que vous ne vous en souvenez pas, car ce serait un mensonge", a-t-il grondé.

"C'est un vilain mot, von Erstein ."

"Et tout cela n'était qu'une vilaine affaire. C'était un espion et il voulait des secrets ; vous avez réussi à les découvrir, et on vous a soudainement découvert en possession d'une grosse somme d'argent. Comment l'avez-vous obtenue ?"

"Honnêtement, j'espère," répondis-je avec une désinvolture intentionnelle.

"Comment avez-vous obtenu l'information ? Et comment avez-vous obtenu l'information aussi ? C'est la question ; et si vous n'y répondez pas, je peux le faire. Mais vous feriez mieux de ne pas me forcer à ouvrir les lèvres."

"Je commence à être terriblement intéressé. C'est comme une histoire, n'est-ce pas ?" et j'ai ri.

"Tu ferais mieux de rire tant que tu le peux", a-t-il frappé en jurant méchamment.

" Bien sûr, vous voulez dire que j'ai vendu l'information au Français et que c'est pour cela que j'ai eu cet argent soudain."

« Non seulement je le pense, mais je peux le prouver. Prouvez-le, comprenez-vous cela ?

Je lui fis un autre sourire et secouai la tête. "Quelqu'un vous a tiré la jambe, von Erstein . Tout cela est tout simplement ridicule."

"Ce n'est pas bon, Lassen. Je t'ai ici ;" et il tendit la main et la serra. "Ici ! Et aucune bêtise sur la perte de mémoire ne vous aidera à vous en sortir."

"Je dois donc être un voyou infernal, alors."

"C'est la chose la plus vraie que vous ayez dite depuis votre arrivée. C'est exactement ce que vous êtes ; et les von Rebling devraient le savoir."

"Vous ne m'avez pas encore dit comment j'ai obtenu ces précieuses informations. J'aimerais le savoir."

"Si vous laissez votre souvenir perdu se réveiller une seconde, juste assez longtemps pour vous souvenir du nom d'Anna Hilden, vous saurez tout sans un mot de ma part." Son ton ricanant et suggestif montrait clairement que c'était l'un de ses atouts, et il fixa ses yeux sur moi, guettant attentivement l'effet.

"Mais ma mémoire ne m'obligera pas à me réveiller, tu vois. Y avait-elle quelque chose à voir avec ça ?"

"Au diable, avec toute votre prétendue innocence ! Vous savez qu'elle l'a fait, et que vous l'avez incitée à extirper l'homme qu'elle devait épouser, si vous n'étiez pas venu sur la route ; tout comme vous essayez maintenant. avec moi," cria-t-il en me lançant un regard menaçant. "Mais tu as affaire à un homme cette fois, pas à une femme, et au mauvais genre d'homme aussi."

J'ai laissé tomber le ton plaisantin et j'ai répondu sérieusement. " Bien sûr, tout ce que vous dites est peut-être la vérité de l'Évangile, mais je vous donne ma parole que je n'ai pas le moindre souvenir de tout ce que vous avez mentionné."

Il rit avec mépris. "C'est un mensonge", grogna-t-il avec un juron.

J'en ai eu plus qu'assez et je me suis levé. "Si ce n'était pas chez toi, je te ferais avaler ce mot ; et la prochaine fois que nous nous rencontrerons, où que ce soit, je le ferai", lui ai-je dit.

Il a semblé comprendre que je le pensais vraiment, et un changement est apparu sur son visage. "Je vais retirer ça," marmonna-t-il. "Asseyez-vous à nouveau."

Je ne me suis pas assis, mais je me suis arrêté. Soit il était aussi lâche qu'une telle brute pouvait l'être et je lui avais fait peur, soit une pensée l'avait frappé qui expliquait ce changement.

Il laissa tomber son cigare ; j'ai fait un travail difficile pour le trouver, le jeter et en allumer un autre ; et il était facile de deviner que tout cela était pour gagner du temps. Puis il resta assis à réfléchir, tripotant nerveusement une bague très singulière qu'il portait à son majeur. Il m'a vu le regarder et, sans doute pour avoir un peu plus de temps pour réfléchir, il en a parlé.

"Vous regardez ça", dit-il en levant la main. J'ai hoché la tête, il l'a retiré et me l'a tendu. "C'est une bague puzzle que j'ai récupérée en Chine", a-t-il expliqué, montrant qu'il s'agissait en réalité d'une petite chaîne d'anneaux qui s'emboîtent très ingénieusement pour former un seul anneau.

Je l'ai examiné et, toujours pour gagner du temps, il m'a dit d'essayer de le reconstituer. J'ai essayé et j'ai échoué, et quand il a réfléchi à son problème, il l'a repris et m'a montré le montage.

"Je suis désolé de m'être mis en colère tout à l'heure, Lassen," dit-il sur un ton très différent de son ancien ton en colère. "C'est toujours un jeu de dupes. Mais je croyais vraiment que vous faisiez honte à votre mémoire. Ce que je vous ai dit à propos de l'affaire de Hanovre est cependant tout à fait vrai, et le fait que vous ne vous en souveniez pas ne ferait pas un atome. de différence avec notre peuple. Mais maintenant, qu'en est-il de la jeune Anglaise ?

J'ai hésité une seconde puis j'ai repris ma place. "Je suis prêt à vous écouter", dis-je; et il ne pouvait pas cacher la satisfaction de son gros visage révélateur. Il pensait bien sûr qu'il m'avait fait peur.

"Qu'est-ce que tu vas faire d'elle ?" » était sa prochaine question.

"Ce que *tu* veux faire, c'est l'essentiel, mec."

"C'est une espionne et elle devrait être internée."

"Et pourquoi es-tu si enthousiaste à ce sujet ? Tu as dit il y a peu que tu la voulais ; en quoi l'internement va-t-il t'aider là-bas ?"

" Elle serait envoyée à Krustadt et le commandant... Peu importe, vous pouvez me laisser le reste. Vous n'en saurez rien. "

Je ne pouvais pas me faire confiance pour parler pendant un moment, j'étais tellement furieux du caractère suggestif des paroles et des manières de la brute moqueuse. Mais il y avait probablement encore plus à apprendre, alors j'ai réprimé ma rage et je me suis finalement forcé à hocher la tête et à sourire de manière significative. "Et mon rôle ?" J'ai demandé.

"Deux choses, les deux assez faciles. Le vieux Gratz a mis des bâtons dans les roues jusqu'à présent, maudis-le, et comme tu es dans la maison, tu peux lui dire que tu sais que j'ai raison, c'est une espionne et tu peux donner lui des preuves."

"Preuves?" Répétai-je en sursaut.

" J'ai bien dit preuves, n'est-ce pas ? Je vais te donner des papiers et tu pourras lui en planter un ou deux et lui donner le reste en lui disant que tu les as trouvés dans sa chambre ou ailleurs. Il sera obligé de ordonnez une recherche alors, et cela fera l'affaire.

"C'est foutu!" m'exclamai-je en sursautant et en me tordant les doigts comme si je les avais brûlés avec mon cigare.

"Tiens, prends-en un autre", dit-il, et le temps que je l'allume, je me retrouvais en main.

"Mais si elle était prise en flagrant délit de cette façon, elle pourrait être abattue, et cela ne vous aiderait pas beaucoup."

"Laissez-moi faire ça," répondit-il avec une grimace et un clin d'œil. « La question est : vas-tu m'aider ?

"Je n'aime pas ça, von Erstein , et c'est la vérité", dis-je.

"Je ne te l'ai pas demandé."

"Et si je t'aide ?"

Il porta son gros doigt à ses lèvres. "Maman, à propos de cette affaire à Hanovre."

"Et si je ne le fais pas ?"

Il fit une pause, plissant les yeux vers moi. "Je pense que tu le feras."

J'ai fait semblant d'examiner la proposition. "Mais pourquoi se donner autant de mal pour l'avoir ? Si tu veux l'épouser, pourquoi ne pas lui demander ?"

Cela toucha son sens de l'humour teutonique et il éclata d'un rire bruyant et visiblement sincère. "Pourquoi n'as-tu pas épousé Anna Hilden ? Parce que tu pourrais l'avoir sans, n'est-ce pas ? Pareil ici, bien sûr."

"Alors voilà," dis-je après une pause. « Vous pensez que vous savez que j'ai joué le traître dans cette affaire de Hanovre d'une manière qui m'expose à être fusillé ; mais que vous êtes prêt à faire taire cette histoire si je contribue à mettre Miss Caldicott entre vos mains. il?"

"Dis-le comme tu veux," grogna-t-il, n'appréciant pas cette simple déclaration. "Mais tu ferais mieux de suivre la ligne, mon ami, et tout de suite. Maintenant, qu'est-ce que tu vas faire ?"

"Je vais suivre la ligne, von Erstein ."

Il en riant. "Je pensais que tu verrais la sagesse", ricana-t-il.

" Pas tout à fait comme vous le pensez, cependant. Ce que je vais faire, c'est (et je m'arrêtai) vous donner quarante-huit heures pour quitter Berlin ; et si je vous trouve ici à ce moment-là, non seulement dites aux von Rebling tout votre foutu projet, mais je le dirai également au baron von Gratz. Et je suis extrêmement heureux que vous ayez mis cette carte entre mes mains.

CHAPITRE IX

UNE ÉMEUTE DU PAIN

Il serait difficile pour quiconque de paraître plus absolument abasourdi que von Erstein lorsque je lançai mon ultimatum et que je me levai.

Que je lui avais fait peur, ses joues blanches comme de la craie le montraient sans équivoque, tandis que le frémissement de ses lèvres, ses mains serrées et la lumière féroce de ses petits yeux cochons témoignaient de sa rage. Il s'est levé instantanément pour m'empêcher de partir.

"N'y allez pas, Lassen, en tout cas de cette façon. Parlons-en", a-t-il crié . "La chose peut s'expliquer et nous pouvons parvenir à un accord."

"Vous salaud!" J'ai grogné. "Écartez-vous ou j'oublierai que je suis dans votre chambre et je vous imposerai les mains."

Il essaya de ne pas grimacer, mais il était trop méchant. "Écoutez, je ne vais pas prononcer un mot sur cette affaire de Hanovre. Je le jure", a-t-il dit alors que je me dirigeais vers la porte.

"Tu l'as déjà fait, hypocrite menteur. Tu le sais, et moi aussi . J'en ai entendu parler, et je l'entendrai si tu en dis davantage. Et par le Ciel, si tu oses dire une autre syllabe sur ça, je vais... enfin, je ne m'en mêlerai pas après, c'est tout" ; et je l'ai laissé juger par lui-même de ce que je ferais.

Je devais aller. J'aurais dû mutiler la brute si je m'étais arrêté. J'étais fou de fureur ; et je suis parti, incapable pour le moment de penser à autre chose que sa lâcheté dégoûtante et sa bestialité. Je ne suis pas un saint et je ne prétends pas en être un ; mais le plan infernal de cette brute pour mettre Nessa en son pouvoir était plus que ce que la chair et le sang pouvaient supporter. Je crois, en tout cas je l'espère, que j'aurais dû me sentir aussi chaud si une autre fille avait été concernée.

J'ai parcouru les rues sans faire attention à où j'allais, et ce n'est que lorsqu'une partie de ma fureur s'est calmée que j'ai commencé à réfléchir aux mesures que je devais prendre. J'étais heureux d'avoir perdu mon sang-froid et d'être parti pour lui ; mais au bout d'un moment, j'ai commencé à me rendre compte que j'avais commis une grave erreur. Il me suffisait de gagner quelques jours de retard ; et cela aurait été bien plus diplomatique si j'avais semblé suivre ses plans et trouver juste quelques excuses pour expliquer toute inaction.

Mais on ne peut pas toujours se soucier de la diplomatie ; et de toute façon, le mendiant avait complètement peur. Il serait probablement tout aussi soucieux de lancer une nouvelle offensive que moi de décider quoi faire ensuite ; et quoi qu'il arrive, je n'allais pas regretter de m'être laissé aller. Ce que je regrettais, c'est de ne pas avoir pu "y aller" avec mes mains au lieu de me contenter de mots.

Mais il ne suffirait pas simplement de me tourner les pouces ; et au bout d'un moment, je me suis dit que le mieux serait d'avoir une autre entrevue avec le vieux Gratz et de lui raconter toute la jolie histoire. Si cela ne faisait aucun bien, cela ne ferait aucun mal, et cela le préparerait certainement à tout autre plan de von Erstein visant à prouver que Nessa était une espionne.

À ce moment-là, quelqu'un m'a tapé sur l'épaule. "Bonjour, cousin Johann, que fais-tu dans cet endroit isolé ?"

C'était Hans. "Si on en arrive à ça, que fais-tu, jeune homme ?"

"Il y a une fête dans l' Untergasse , et je l'ai observé. Beaucoup de femmes se disputent à propos de la nourriture, ou quelque chose comme ça. Il semblait qu'il faisait chaud, alors j'ai pensé qu'il était temps de rentrer à la maison."

"Allons voir ça," dis-je directement. J'avais entendu des rumeurs en Angleterre sur les émeutes du pain et j'aimais plutôt l'idée d'en assister moi-même, et je me souvenais de ce que le tailleur en avait dit.

L'endroit était à portée de main ; et bien sûr , il y avait une foule nombreuse et bruyante aussi. Pas mal de quelques centaines de femmes avec une poignée d'hommes, et autant de bruit que lors d'un combat de factions irlandaises. Nous sommes restés une minute ou deux au coin de la rue lorsque Hans a aperçu un ami et m'a demandé de l'attendre et s'est enfui.

J'ai observé que même s'il y avait des policiers dans les parages, le tailleur avait raison de dire qu'ils ne prenaient pas les mesures habituelles pour arrêter la dispute ; et je remarquai aussi que la foule devenait de plus en plus nombreuse et se dirigeait vers moi.

Puis il y a eu un bruit de verre brisé, accompagné de grands cris de la part des femmes rassemblées autour de l'endroit où s'était produit le fracas, et j'ai descendu la rue assez loin pour constater qu'une boulangerie avait été forcée.

La police est alors intervenue ; mais il était trop tard et ils étaient trop peu nombreux. De plus, la foule avait goûté du sang, ou plutôt senti de la nourriture ; et peu de temps après, il y eut un autre fracas ; cette fois un magasin de provisions. On avait laissé la foule devenir incontrôlable ; et j'ai vu des policiers s'enfuir, probablement pour appeler d'autres hommes.

À ce moment-là, je me trouvais sur la route et j'ai dû m'écarter pour éviter une voiture découverte qui arrivait en trombe dans la rue en direction de la foule. Une vieille dame et une jeune fille étaient dans la voiture et, alors qu'elles me dépassaient, cette dernière se leva et cria avec enthousiasme au chauffeur de s'arrêter.

Si ce n'était pas un Allemand, il n'aurait jamais été assez stupide pour tenter de sortir dans la rue ; mais je suppose qu'on lui avait dit de prendre cette voie, et son instinct d'obéissance servile aux ordres fit le reste. Le résultat fut celui que chacun aurait pu prévoir.

Il était trop tard pour faire demi-tour, et sa seule chance de s'en sortir était de se précipiter dans la foule et de faire confiance à la chance pour se frayer un chemin. En fait, il s'arrêta au bord même de la foule ; et en moins de temps qu'il n'en faut pour le raconter, la voiture fut le centre d'une foule de viragos affamés et hurlants pour qui la vue de gens riches dans une voiture coûteuse était comme un bon repas servi devant une bande de bêtes sauvages affamées.

Pire encore, quelques voyous qui étaient restés en retrait ont commencé à se diriger vers la voiture dont les occupants appelaient la police. Ils auraient tout aussi bien pu crier pour la lune ; et chaque cri était accueilli par des quolibets et des cris de colère de la part des femmes alentour. Les problèmes ne tardèrent pas à s'aggraver.

Une femme, plus téméraire que les autres, poussa un cri pour les faire sortir tous deux de la voiture, et sauta elle-même sur la marche, attrapa le chauffeur, qui semblait paralysé par la peur, le tira de son siège, et la foule se bouscula, le piqua et Je l'ai menotté jusqu'à ce qu'il se perde dans la foule. Alors quelqu'un a ouvert la portière de la voiture et a arraché la robe de la jeune fille, qui s'est mise à crier.

C'en était trop ; alors j'ai bousculé et bousculé pour passer à travers, j'ai écarté la femme qui avait tenté d'attraper la jeune fille et j'ai exhorté les deux dames affolées à sortir. Ils hésitèrent cependant, et un sale voyou armé d'un long gourdin ferré m'aboya des injures pour un Junker et me lança un coup vicieux à la tête. J'ai réussi à l'esquiver et je lui ai donné un coup en retour sur la bouche, ce qui l'a fait reculer et m'a permis de lui arracher son bâton.

Fort de cela, j'ai rapidement dégagé un espace autour de la voiture et j'ai de nouveau exhorté les deux occupants effrayés à la quitter. La jeune fille sauta aussitôt et dut aider sa mère, tandis que je tenais la foule à distance, puis menai une sorte d'arrière-garde en miniature.

Mais nous n'avions aucune chance de nous échapper. La mère était à moitié invalide et ne pouvait se déplacer que très lentement, tandis que les femmes autour, furieuses d'être repoussées par leur proie et conduites par la brute que j'avais frappée et quelques-uns de ses amis arrivés entre-temps, se précipitaient autour de nous comme beaucoup de diables sont devenus fous.

Cependant, nous atteignîmes le trottoir et, comme j'apercevais une porte plus profonde, je changeai de tactique et me dirigeai vers elle, traitant assez durement certains de ceux qui se trouvaient sur le chemin. Nous avons réussi à gagner la porte, et j'ai poussé mes deux charges en sécurité momentanée derrière moi et j'ai dit à la jeune fille de continuer à frapper à la porte jusqu'à ce que quelqu'un l'ouvre, pendant que j'essayais de retenir la foule.

Ce n'était pas un pique-nique ; mais je comptais pouvoir contenir la précipitation pendant environ une minute jusqu'à ce que quelqu'un vienne répondre aux coups de la jeune fille. Il était en notre faveur que le combat que nous avions déjà livré avait rendu certains parmi ceux qui étaient devant la foule un peu réticents à s'approcher trop près ; et comme la porte était très étroite et que le bâton que j'avais capturé était long, je le plaçai en travers du dehors, formant ainsi une barrière utile, et je pus le maintenir en position en me tenant en arrière à bout de bras, et ainsi presque hors de portée. portée des mains et des pieds de ceux qui se trouvent devant.

Cependant, à ma grande consternation, aucune tentative n'a été faite pour nous laisser entrer dans la maison, bien que la jeune fille ait continué à frapper incessamment. La foule s'est vite mise à cela et les choses ont commencé à devenir laides. La vieille dame, morte de peur et malade, était sur le point de s'effondrer ; la fille, presque également paniquée et alarmée par l'état de sa mère, cessa de frapper à la porte et se pencha sur elle ; la foule devenait de plus en plus furieuse à chaque instant ; ceux de l'arrière ont commencé à pousser ceux de devant vers l'avant, la brute que j'avais frappée en premier est arrivée avec le reste, et j'ai reçu des claques et des coups de pied assez chauds.

Mais la petite barrière du bâton évitait le pire, et comme chaque seconde était d'une importance vitale, puisque l'aide pouvait venir d'un renfort de police, j'ai accepté l' épuisant et j'ai tenu bon.

Quelques minutes encore plus précieuses furent ainsi gagnées lorsqu'un autre des hommes, un sale petit mendiant aux cheveux roux, plus méfiant que les autres, tomba sur le point faible de ma défense : ma prise sur le bâton. Il a d'abord essayé ses poings sur mes mains, et constatant que cela ne servait à rien, il a sorti un couteau de poche et m'a piqué avec.

J'ai lâché la main droite et je l'ai laissé tomber d'une tape sur le nez, ce qui a fait couler le sang à flot et lui a donné autre chose à penser. Mais ses deux compagnons avaient vu sa petite esquive et s'apprêtaient à la flatter par l'imitation, aussi dus-je adopter une autre tactique.

J'étais plutôt imprudent à ce moment-là et je n'étais pas d'humeur à me laisser manipuler par une bande de brutaux allemands ; j'ai donc changé la barrière en arme offensive ; il faisait une belle sorte de brochet avec son extrémité ferrée ; et je l'ai utilisé sans scrupule ni pitié. Je l'ai frappé au visage de l'homme qui m'avait frappé le premier, puis dans la poitrine de celui qui était à côté de lui, et enfin j'en ai abattu un troisième avec une fissure au crâne.

Cela représentait tous les hommes et enlevait une grande partie de l'appétit de la foule pour plus. Ils ont reculé d'un pas ou deux et je me suis placé devant l'arche, j'ai balancé le gourdin au-dessus de ma tête et j'ai juré que j'arrêterais la première personne, homme ou femme, qui avancerait d'un seul pied.

Personne aux premiers rangs ne semblait pressé d'accepter l'invitation ; mais encore une fois , ceux qui se trouvaient à l'arrière, qui n'étaient pas au courant de ce qui se passait, commencèrent à se pousser en avant, et peu à peu ceux qui étaient devant furent poussés en avant contre leur gré et malgré leurs efforts pour résister à la pression.

Le résultat était clair. Bien sûr, je ne pouvais pas briser toutes les têtes en vue, et je ne savais plus quoi faire, lorsqu'une pensée vraiment heureuse me vint à l'esprit. J'avais beaucoup de petite monnaie dans ma poche, je l'ai sorti et je l'ai envoyé partout dans la rue.

"Si c'est de l'argent que vous voulez, le voilà", criai-je de toutes mes forces pulmonaires, et j'en envoyai un deuxième lot après le premier.

C'était un projet vraiment magnifique. J'ai crié assez fort pour que presque tout le monde puisse l'entendre, et le flash des pièces a fait le reste ; la pression autour de l'entrée de notre abri fut instantanément relâchée, et les rangées du premier et du dernier rang se rejoignirent dans une effroyable bousculade au milieu de la route, là où j'avais pris soin de cacher l'argent. Je n'ai jamais vu une mêlée plus belle de ma vie.

"Nous pouvons y aller", ai-je appelé au couple derrière moi, voyant que le trottoir était suffisamment dégagé pour que nous puissions nous éloigner. Mais la femme aînée était tombée et était incapable de faire le moindre effort.

"Avez-vous un peu d'argent?" J'ai demandé à la fille. "Les miens sont tous partis."

Elle tâta ses propres poches et le sac à main au bras de sa mère et donna tout ce qu'elle pouvait trouver.

C'était suffisant pour occuper la foule pendant encore une minute ou deux, et je suis sorti, et juste au moment où les gens s'éloignaient du premier détour de la bousculade, j'ai crié qu'il y avait plus à venir, et j'ai jeté le tout. diffusé parmi les têtes qui se retournent, en prenant soin de l'éviter le plus loin possible dans la rue. Il y a eu une ruée instantanée.

Je me suis glissé dans l'embrasure de la porte, j'ai ramassé la vieille dame et je me suis précipité vers elle, en disant à la jeune fille d'apporter le bâton avec elle et de rester près des maisons, qui à ce moment-là étaient toutes fermées et barrées.

Nous avons réussi à avancer quelques mètres vers le coin de la rue lorsque deux des hommes qui nous avaient causé des ennuis nous ont aperçus et, pensant que je n'étais plus armé, se sont précipités à notre poursuite, appelant beaucoup d'autres à nous suivre.

Ils nous rattrapèrent bientôt, et il n'y avait plus qu'à livrer un nouveau combat, cette fois sans l'aide amicale d'une porte. J'ai posé mon fardeau sur le trottoir, j'ai pris le bâton des mains de la jeune fille et je me suis tourné vers les arrivants . Dès l'instant où ils virent que j'étais toujours armé, ils s'arrêtèrent surpris et hésitèrent. J'ai immédiatement saisi le moment de leur consternation et je suis allé droit sur eux, j'ai matraqué le plus proche et je me dirigeais vers le suivant lorsque j'ai entendu un cri derrière moi, suggérant une attaque par derrière.

Je me tournai pour le rencontrer et, à mon grand soulagement, vis Hans debout à côté des deux dames. "Allez, Hans", ai-je appelé, et il était à mes côtés en un tournemain. Nous avons eu quelques secousses pendant quelques secondes au cours desquelles il s'est joint comme une brique, puis le soulagement est arrivé. Nous entendîmes le bruit des chevaux et le tintement des accessoires, et l'instant d'après une petite troupe de cavalerie tourna au coin de la rue, et nous leur laissâmes le reste de la procédure. Ils dispersèrent bientôt la foule, qui s'enfuit dans toutes les directions sauf la nôtre, et la rue fut rapidement dégagée, laissant la voiture comme seul élément visible au premier plan.

Comme le chauffeur n'était pas visible et que la vieille dame ne pouvait pas marcher, je lui ai renvoyé Hans et suis allé voir si la voiture avait été très endommagée. Cela s'était certainement produit pendant les guerres ; dépouillé de tout, jusqu'aux coussins, mais le moteur allait bien, alors je l'ai démarré, je suis monté dedans et j'ai reculé jusqu'à l'endroit où se trouvaient les dames.

Puis je me suis soudain rendu compte à quel point je me faisais un connard de laisser quelqu'un voyez que je savais quelque chose sur les voitures ; mais il était trop tard pour faire semblant maintenant, et je me consolai en pensant qu'il n'était pas nécessaire de faire savoir aux gens qui j'étais.

Mais là, je comptais sans Hans. La mère était suffisamment rétablie pour se lever et lui parlait lorsque je les rejoignis, tandis que Hans et la fille se jetaient des yeux de mouton d'une manière qui racontait des histoires. Ils étaient évidemment de vieux amis, et un peu plus ; et je n'ai donc pas été surpris lorsque la mère m'a connu sous le nom de Lassen, le cousin de Hans.

Elle était terriblement douce et reconnaissante et les larmes tremblaient dans ses yeux alors qu'elle me remerciait, me tenant la main dans les siennes, déclarant qu'elle et sa fille me devaient la vie, et en insistant tellement sur l'affaire que je devais le faire. participez en lui suggérant qu'elle ferait mieux de rentrer à la maison le plus tôt possible.

"Mais comment?" s'exclama-t-elle désespérément. "Où est Wilhelm ?"

Mais Wilhelm, évidemment le chauffeur, n'était visible nulle part ; et il n'y avait rien d'autre à faire que de me porter volontaire pour conduire la voiture moi-même.

Pendant tout ce temps, mon ami Hans avait profité de l'occasion avec sa fille, qui m'avait également remercié chaleureusement lorsque j'avais aidé sa mère à monter dans la voiture.

"Où dois-je conduire ?" Ai-je demandé en prenant le volant.

"Hans connaît le chemin", suggéra la fille, avec un léger soupçon de confusion alors qu'elle hasardait cette suggestion. Il sourit.

« Viens donc, Hans, » dis-je ; et il est intervenu et m'a dit où aller et quel chemin prendre.

"Plutôt un gentil petit enfant", dis-je tout à coup en l'ébrouant ; la fille avait environ seize ans, je suppose, car ses cheveux étaient encore détachés. Mais il n'était pas d'accord avec ce discours.

"Enfant ! Elle n'a qu'un an de moins que moi", s'est-il exclamé avec indignation.

"Alors c'est comme ça que souffle le vent, hein ?"

"J'aurais souhaité au Ciel que je monte plus tôt; mais je dis que tu t'en es battu, cousin. Nita m'a tout raconté. Elle dit qu'ils auraient été mis en pièces s'il n'y avait pas eu ça. pour toi. Tu es un mendiant chanceux!"

"Je n'apprécie pas trop ce genre de chance, Hans, je peux te le dire."

"J'aurais seulement souhaité que ce soit le mien", déclara-t-il avec regret.

"Tu t'en es bien sorti comme quand tu es venu ; et bien sûr , elle t'a vu. Plutôt un joli nom : Nita."

Il sourit gêné et rougit . "Mais sa mère ne l'a pas fait ; si elle l'avait fait, cela pourrait changer son opinion et..." Il n'a pas fini la phrase et s'est exclamé : "Mais je dis, tu sais conduire une voiture !"

Mais cela ne me convenait pas, alors je suis retourné chez la jolie Nita. "La mère est contre tout ça, hein ?"

"Seulement pour la bête raison que nous sommes trop jeunes. Et je serai officier dans un mois ou deux; mais la baronne est comme Rosa en cela, elle ne comprend pas quand un gars est grand."

"Tout ira bien quand tu seras dans l'armée depuis un an ou deux", dis-je pour le consoler.

"Un an ou deux", s'exclama-t-il avec une certaine consternation.

"Eh bien, si elle ne t'attend pas aussi longtemps, elle ne vaut pas la peine de s'en soucier, Hans."

Mais il n'était pas d'humeur à bénéficier d'une quelconque consolation philosophique. "Mais elle le fera ; elle l'a dit cent fois. Il n'y a aucun doute sur elle ; mais il y a autre chose ; quelqu'un d'autre plutôt."

"Et lequel es-tu ? Numéro un ou numéro deux ?"

"Oh, je ne veux pas dire avec elle ; mais le vieux Gratz a quelqu'un d'autre."

"Et qu'est-ce qu'il a à voir avec ça ?"

"Johann ! Vu qu'il est son père, il a tout à voir avec ça, bien sûr."

C'était quelque chose comme un pot en toute vérité. Il était à peu près la dernière âme à Berlin qui devait savoir que j'avais retrouvé la mémoire au point de pouvoir conduire la voiture. "Voulez-vous dire que cette vieille dame est la femme du baron von Gratzen ?"

" Bien sûr qu'elle l'est. Je pensais que tu le savais."

CHAPITRE X

COMPLICATIONS

Le fait que ce soient la femme et la fille du baron von Gratzen que j'avais réussi à arracher aux griffes de la foule était surprenant et pourrait avoir des conséquences vitales. Mais il était difficile de décider si cela m'aiderait ou me ferait du mal.

La première impression a été que c'était une malchance. De toute évidence, Lassen était bien trop lâche pour avoir affronté la foule ; et ce seul fait était dangereux car il tendait à accentuer la différence entre nous. L'entretien avec le baron avait révélé suffisamment de choses pour montrer qu'il soupçonnait déjà que je n'étais pas Lassen ; et cette affaire pourrait mettre le point final à ses soupçons. En outre, ma manipulation de la voiture pourrait être acceptée comme une preuve supplémentaire de l'usurpation d'identité.

Il y avait bien sûr un autre côté. C'était sa femme et son enfant qui avaient été sauvés ; et s'il n'avait pas une pierre à la place d'un cœur, il éprouverait forcément une certaine gratitude. Mais cela suffirait-il à étouffer ses soupçons ?

Le fonctionnaire allemand est généralement un individu à deux natures : montrant un côté dans sa vie privée et l'autre dans son bureau. Ses manières avec moi ce matin-là avaient été assez amicales ; mais c'était après que ses soupçons eurent été apaisés et qu'il m'avait considéré comme étant Lassen. Quel serait l'effet lorsque ses soupçons seraient à nouveau éveillés, il était impossible de le dire.

S'il était comme beaucoup de ceux que j'avais connus autrefois, il serait tout à fait capable de professer et même de ressentir la plus profonde gratitude en privé et à la maison, et la minute suivante, à son bureau, regrettant, les larmes aux yeux, que son le devoir l'a obligé à m'envoyer en prison . C'est là le pire de la sentimentalité germanique. C'est un peu comme l'aiguille d'une boussole dans un orage électrique ; on ne sait jamais où il pointera ensuite.

Quand nous arrivâmes à la maison, rien ne satisfit la baronne si ce n'était que j'entre pour que son mari ait l'occasion de me remercier ; et nous sommes entrés. Ce fut un soulagement de constater qu'il n'était pas à la maison ; mais elle n'apprit mon départ que lorsqu'elle fut convaincue que je n'étais pas gravement blessé et qu'elle voulut envoyer immédiatement chercher un médecin pour m'examiner.

La discussion aboutit, comme d'habitude, à un compromis et Hans m'emmena aux toilettes. Il n'y avait rien que l'eau, le savon et une brosse à linge ne puissent réparer. J'étais très sale; J'avais un ou deux bleus, quelques égratignures sur le visage et une coupure à la main à l'endroit où l'un des hommes l'avait frappé pour me faire lâcher le bâton.

Le dernier avait l'air le plus mauvais, à cause des gouttes ou deux de sang qui étalaient tout autour ; mais cela ne signifiait rien, et j'avais vraiment de la chance de m'en être tiré à si bon compte.

Pendant que j'effaçais les traces de la ferraille, Hans m'en dit beaucoup plus sur Nita et la situation dans la maison von Gratzen , ainsi que sur ses impressions sur le père de Nita.

"Je pense que c'est un ours ordinaire, vous savez. Il l'est pour moi ; mais il ne m'aime pas plus que moi, pire que de chance," dit-il tristement.

"Pensez-vous que la meilleure façon de vous faire aimer de quelqu'un est de commencer par ne pas l'aimer ?"

" Ce n'est pas moi qui ai commencé ; mais il a toujours un air renfrogné quand il me trouve ici, me parle comme si j'étais un enfant de dix ans et m'appelle " Hansikin ". Cela me rend régulièrement malade, je peux vous le dire. Bien sûr , il est terriblement décent envers sa femme et Nita, et ils l'adorent tous les deux ; et lui aussi. Mais il essaie toujours de se moquer de moi ; et c'est un vieil homme tellement astucieux. mendiant que je n'ai jamais eu la chance de marquer contre lui. Je crois qu'il est le plus gros imbécile que n'importe qui à Berlin. Et je ne suis pas le seul à le penser aussi.

"Ce que vous avez fait aujourd'hui devrait changer son opinion, Hans."

"C'est juste ma malchance. Je suis arrivé trop tard pour faire quoi que ce soit, et même le peu que j'ai fait, la baronne ne pouvait pas le voir."

"Mais Nita l'a vu."

"Et il se souciera beaucoup de ce qu'elle dit. Il se contentera de sourire et de dire que j'étais un bon garçon, ou quelque chose du genre, et d'oublier ça."

"Nous verrons cela. Il saura qu'aucun garçon ne peut envoyer un adulte tête baissée dans le caniveau comme vous l'avez fait."

"Ai-je?" il a pleuré avec enthousiasme.

La vérité était que non ; mais il semblait y avoir une chance de lui rendre un bon service, alors je décris un petit incident fictif de ce genre, lui disant qu'il était trop excité en ce moment pour se souvenir de quoi que ce soit.

"C'était le tournant de tout le spectacle, Hans, car si le mendiant n'avait pas été abattu à ce moment précis, ils nous auraient amenés à un certificat."

"Tu penses que Nita l'a vu ?" » cria-t-il d'un air enfantin.

"Comment le pouvait-elle, alors que sa mère était allongée, évanouie, sur le trottoir ? Elle voulait que tous ses yeux soient pour elle."

"Juste ma chance!" s'exclama-t-il avec un hochement de tête inconsolable alors que nous descendions les escaliers.

Nita et sa mère avaient également profité de ce temps pour réparer, et toutes deux semblaient s'être remises du choc. J'ai dû subir davantage de cérémonies de remerciement. Seule la prétention d'un engagement urgent me fit échapper d'une invitation des plus pressantes à rester souper pour être encore remercié par le baron ; et j'ai dû endiguer le torrent de gratitude en mettant le rôle de Hans en action.

"C'est terriblement gentil de votre part de m'accorder tout le mérite, ma chère madame, mais vous négligez le rôle de mon cousin, et vous lui devez tout autant. Je crains qu'il n'y ait eu une histoire bien différente à raconter, s'il n'était pas arrivé à ce moment-là.

« Je ne le savais pas », s'exclama-t-elle très surprise ; et j'ai vu Hans et Nita, qui se blottissaient l'un contre l'autre dans un coin, dresser l'oreille.

"Je ne veux pas le faire rougir", répondis-je en baissant la voix et répétai la fable que je lui avais racontée dans la salle de bain, en la agrémentant d'une ou deux touches plus ou moins artistiques.

"Je n'ai pas vu tout ça."

" Malheureusement, pour le moment, vous n'avez pu remarquer quoi que ce soit, j'en ai bien peur. "

"Nita ne m'en a pas parlé non plus."

"Elle ne pouvait avoir d'yeux ou de pensées pour personne d'autre que toi à ce moment-là. C'est tout à fait naturel, bien sûr."

"Alors j'ai fait une injustice à ce garçon, Herr Lassen."

"Garçon!" répétai-je en sursaut. « Aucun garçon n'aurait pu faire ce qu'il a fait, et aucun homme n'aurait pu se comporter avec plus de courage ; » avec un accent particulier sur « l'homme ».

Cela a bien fonctionné. Au bout d'un moment, elle l'appela, lui répéta l'essentiel de l'histoire et lui montra sa gratitude d'une manière qui le fit rougir comme une fille. Puis elle l'embrassa et déclara, au grand plaisir et à l'étonnement de tous deux : « C'est un baiser d'adieu à ce garçon, Hans. Je ne penserai plus jamais à vous comme tel après cela ; le baron non plus, j'en suis sûr. ... Vous devez vous arrêter pour souper et entendre ce qu'il en pense.

Il était tellement bouleversé par tout cela qu'il pouvait à peine balbutier son acceptation de l'invitation, et quand je partais , il est venu à la porte et n'a pas pu me dire assez pour me remercier. Il avait une idée très floue de tout ce qu'il avait réellement fait, et il n'était pas surprenant que, étant allemand, il soit prêt à accepter l'histoire comme un évangile et plutôt à se vanter de ses propres prouesses.

pas moins un jeune honnête, et son petit air fanfaron inoffensif était très intelligible. "Je dis, cousine," ajouta-t-il en ouvrant la porte, "J'aimerais que tu me fasses une faveur et que tu le dises à Rosa. Elle le croira si tu le dis."

" Bien sûr que je le ferai. Je prends la Karlstrasse en route", promis-je volontiers. Je voulais savoir s'il y avait des nouvelles sur les progrès de notre « conspiration ». L'affaire de l'après-midi n'était pas que du miel, car il y avait la question de son effet sur le baron ; et plus tôt je tournerais le dos à Berlin, mieux ce serait.

C'était le travail de la vieille Gretchen de s'occuper de la porte d'entrée, et lorsqu'elle a répondu à ma sonnerie, elle m'a dit qu'il n'y avait personne à la maison et que Rosa m'avait laissé un colis. Un coup d'œil montra que l'emballage en papier était déchiré et que le paquet avait été posé maladroitement, comme à la hâte, par des doigts maladroits. Gretchen était visiblement curieuse d'en connaître le contenu.

Je l'ai donc ouvert en sa présence, car il ne pouvait y avoir aucun mal à ce qu'elle y jette un deuxième coup d'oeil, et j'ai trouvé à l'intérieur un étui à cartes pittoresque, avec quelques cartes imprimées, "Johann Lassen", et une ligne disant qu'elle pensait que je devraient les comprendre et les trouver utiles. C'était plutôt soigné de sa part, et cela visait clairement à garantir qu'elle avait l'intention de garder notre secret.

Elle est arrivée peu de temps après et je l'en ai remerciée. Elle était heureuse d'avoir réussi à exprimer clairement son intention ; mais elle ne fut pas si contente lorsqu'elle apprit que la vieille Gretchen avait jeté un coup d'œil au porte-cartes. Elle n'était pas non plus ravie du récit des événements de l'après-midi dans l' Untergasse . Elle avait effectivement l'air très grave à ce sujet.

"Je ne vais pas dire que j'en suis contente, Johann", a-t-elle déclaré. Nous avions convenu qu'il serait préférable pour nous d'utiliser les prénoms même lorsque nous sommes seuls. "Il faut y réfléchir."

"Votre raison?"

"Von Gratzen . Vous l'avez vu ce matin, n'est-ce pas ?"

J'ai hoché la tête et lui ai fait un très bref rapport de ce qui s'était passé et du fait qu'il avait été plutôt amical.

Elle secoua la tête. « Il vous faudra être extrêmement prudent avec lui. Il sait, aussi bien que moi, que mon cousin est un lâche et qu'aucun homme dans tout Berlin ne serait moins enclin à faire ce que vous avez fait cet après-midi ; Je l'ai fait, en fait. Le baron est un homme que je n'ai jamais pu comprendre. Personne ne le peut. Il fait les choses les plus extraordinaires; il est horriblement vif et astucieux; chimérique à un moment et abominablement dur à un autre; bien que, à en juger par ses manières, vous auriez je pense qu'il ne ferait pas de mal à une mouche.

"Eh bien, espérons qu'il montrera son côté chimérique à ce sujet, car il est trop tard pour changer les choses ;" et nous en discutions encore lorsque Feldmann arriva et elle lui demanda avec impatience des nouvelles.

"Il y a un problème, je suis désolé de le dire. À propos de Hans," rapporta-t-il avec un air inquiet. "Son permis de voyager a été refusé. Ils ne le libéreront pas de sa formation, même avant vingt-quatre heures. J'ai fait tout ce que j'ai pu, je te l'assure, Rosa."

"Et pour l'autre ?"

" Oh, tout va bien, bien sûr. C'est une simple question de forme ; et ce sera prêt demain, je pense. Mais l'un ne sert pas à grand-chose sans l'autre. "

"Johann pourrait utiliser le tien, Oscar", suggéra Rosa.

"En aucun cas", protestai-je. "Herr Feldmann pourrait se retrouver dans une situation sans fin."

"Ce n'est pas ça, Lassen. Je suis si connu sur toute la ligne que ce serait sans espoir. Tu serais repéré dans un instant. Sinon, je courrais le risque comme un coup de feu; je sais ce que ressent Rosa. à ce sujet."

"Que pouvons-nous faire?" s'exclama-t-elle en se tournant vers moi.

" Profitez-en. Nessa doit partir sans moi, si je ne peux pas descendre ; et il n'y a aucune chance que cela se produise demain. Les journaux auront-ils une date précise pour le voyage ? "

"J'ai donné la date dont nous étions convenus, mais j'ose dire que je pourrais la modifier pour nous laisser une marge d'un jour ou deux, peut-être une semaine ; mais alors ce mariage est l'excuse ; et bien sûr, cette date ne peut pas être modifiée. ... Mais je pourrais très bien accompagner Miss Caldicott en Hollande.

" Quoi, avec un faux passeport ! C'est terriblement gentil de votre part de lui proposer, mais je suis sûr qu'elle n'en entendrait pas parler une seconde. Non, il faut essayer dans l'autre sens. "

"Qu'est ce que c'est?" Il a demandé.

Il secoua la tête d'un air menaçant à la mention de von Gratzen . "Je sais beaucoup de choses sur lui et je ne compterais pas un pfennig sur un quelconque espoir de ce côté-là", a-t-il déclaré avec insistance. « Je ne dis pas qu'il ne fera rien, remarquez, parce qu'on ne sait jamais ce qu'il fera ensuite. C'est l'un des hommes les plus intelligents et les plus compétents du pays ; nous l'admettons tous ; mais… » et il fit un geste. et haussa les épaules.

"Non fiable?" Il acquiesca. "D'une manière sournoise et sans scrupules, tu veux dire ?"

"Oh mon Dieu, non, pas du tout", dit-il vigoureusement. "Individuel. C'est le meilleur mot. S'il pense qu'une chose doit être faite, il le fait, que ce soit selon les règles officielles ou non. Ce n'est pas allemand. Il n'est pas minutieux, tel que nous comprenons ce mot."

Il ne restait plus qu'un autre plan : Nessa et moi nous enfuirions sous un déguisement quelconque, et à une suggestion hésitante concernant de faux papiers, Feldmann éclata de rire.

"Vous comprendrez facilement que lorsqu'un peuple est soumis à autant de règles et de règlements que nous le sommes, beaucoup d'hommes mettent leur intelligence au travail pour les briser. Les fausses cartes d'identité sont aussi courantes que les fausses pièces de monnaie, et si vous saviez où aller , quelques marks en achèteraient un, ou un authentique d'ailleurs", a-t-il déclaré ; mais il ne fit aucune offre pour les obtenir, et il valait mieux alors ne pas pousser les choses plus loin.

Je suis parti peu de temps après. L'impossibilité d'obtenir le permis de Hans et tout ce qui s'était passé autour de von Gratzen rendait la situation de plus en plus difficile et compliquée. L'homme semblait être une énigme même pour ceux qui étaient en contact constant avec lui, et il était donc ridicule d'imaginer que quiconque ne l'avait vu qu'une seule fois puisse le comprendre. Un examen attentif et minutieux de son entretien n'a apporté aucune lumière sur la question. Il avait été extrêmement gentil et amical ; mais il y avait eu un moment de contraste saisissant. Ce regard perçant de sa part ; si aigu, si intense et si perçant qu'il semblait presque le transformer en un homme différent ; et cela pourrait très bien être accepté comme le seul instant au cours duquel le masque avait pu tomber.

Le matin, il y a eu un autre incident. Une brève convocation officielle m'est arrivée à son bureau à midi. Ceci, après le travail de la veille dans l'

Untergasse ! Il aurait pu au moins avoir la décence d'écrire une note privée ;
et, bien entendu, cela augmentait mon inquiétude.

Et puis, s'il vous plaît, il s'est avéré qu'il avait nommé cette heure car
c'était l'heure à laquelle il rentrait chez lui pour déjeuner et souhaitait
m'emmener avec lui ! Comment juger un tel homme ?

Je lui ai présenté la note, avec un mot indiquant que je pensais que
c'était pour des raisons officielles, et il en a ri, disant qu'il avait simplement
dit à sa secrétaire de me demander de l'appeler.

Il ne pouvait pas se lasser de moi ; n'arrêtait pas de me parler en disant
"Mon garçon" et "Mon cher garçon" ; m'a étouffé de protestations de
gratitude; et j'ai couronné le tout en me demandant de faire de sa maison ma
maison pendant que j'étais à Berlin.

Cela ne m'a pas du tout séduit. " Ne serait-il pas très odieux, monsieur,
si j'allais chez vous alors que je viens tout juste de quitter chez ma tante ? "

« J'ai bien envie d'utiliser mon pouvoir officiel pour vous contraindre,
mon garçon, » répondit-il en riant ; mais la femme t'en parlera. En tout cas,
tu devras nous promettre de nous faire voir le plus possible.

C'était facile à promettre ; et après quelques instants nous sommes
sortis ensemble.

S'il n'était pas sincère, alors il était l'un des meilleurs acteurs du monde,
sur scène ou en dehors.

Quel était-il ?

Je n'ai trouvé aucune réponse à la question. Pourtant, tout en dépendait
probablement : le sort de Nessa, ma liberté, et peut-être même ma vie.

CHAPITRE XI

LE PROBLEME DE VON GRATZEN

Dès que nous fûmes dans la rue, von Gratzen attacha son bras au mien. « Cela ne vous fera pas de mal d'être vu en public avec moi », dit-il en plaisantant ; et même dans cette remarque à moitié plaisante, il réussit à transmettre un sens subtil.

"Je peux comprendre cela, monsieur."

"Et maintenant, je veux tout savoir de cette affaire d'hier."

"J'imagine que vous avez déjà entendu ce qu'il y a à dire."

" Bien sûr , j'ai eu l'histoire de ma femme et de Nita, mais je veux la vôtre. J'aurai peut-être besoin de votre déclaration à des fins officielles, voyez-vous. "

"Je préférerais ne rien faire d'officiel", répondis-je. Une comparution en tant que témoin dans une procédure policière était impensable.

"Ne vous inquiétez pas, je vais arranger les choses. Mais cette affaire est de loin la plus grave que nous ayons eue, et je veux tous les faits disponibles. C'est tout."

Il a écouté ma description de la scène ; il m'interrogea particulièrement sur les hommes qui s'y trouvaient, me demandant si je pouvais les reconnaître ; et j'ai carrément ri de l'histoire de la ruée pour l'argent.

"C'était un coup de génie, mon garçon ; un génie positif", a-t-il déclaré en me demandant combien j'avais gaspillé. Une touche très allemande. Je m'attendais à ce qu'il me propose de me rembourser ; mais il m'a épargné cela et m'a laissé continuer l'histoire. Quand j'en suis arrivé à la dernière partie, j'ai profité de la part de Hans, déclarant que sans lui, le résultat aurait été très grave et qu'il avait agi comme l'homme courageux qu'il était.

Cela a fait une impression ; mais il n'a pas manifesté autant d'intérêt que dans les autres parties.

"Tu as oublié une chose, n'est-ce pas, mon garçon ? Quelque chose qui m'a extrêmement plu et m'a fait réfléchir. Je veux dire à propos de ta capacité à conduire la voiture. Nita dit que tu as non seulement conduit comme un expert, mais que tu étais capable de remettre le moteur en ordre."

Nita aurait mieux fait de tenir sa langue, pensai-je. "J'ai été terriblement perplexe moi-même par la suite," répondis-je, me sentant vraiment mal à l'aise.

"Tu n'as rien eu à voir avec les voitures depuis que tu es arrivé, n'est-ce pas ?"

" Rien, bien sûr. C'est ce qui m'inquiétait. Je me suis juste approché comme si c'était la chose la plus naturelle au monde – je n'avais pas besoin de toucher au moteur, cependant – et je suis monté et j'ai conduit. "

" Vous voyez ce que cela signifie, bien sûr. Eh bien, que c'était une réapparition instinctive d'un souvenir. C'était très heureux. "

Mais c'était une question d'opinion ; mais lorsque nous arrivâmes à la maison, on n'en parla plus.

Au déjeuner, on ne parla que de la ferraille. Ils en étaient remplis et parcouraient le terrain encore et encore jusqu'à ce qu'on ait pu penser que j'avais gagné la Croix de Fer par quelque acte remarquable de bravoure et de ressources les plus vaillantes.

C'était le côté sentimental, et, au début, lorsque le baron et moi étions ensuite seuls à fumer dans son sanctuaire, il devint encore plus embarrassant et flatteur. "Il ne sert à rien que vous essayiez de minimiser cette affaire, mon cher garçon. Sans vous, Dieu seul sait ce qui serait arrivé à ma femme et à Nita. Je n'ai aucun doute que cela aurait tué la femme. Elle n'est pas forte, elle a été très malade, et elle commence à peine à se relever. Ce qui est merveilleux, c'est qu'elle ne s'est pas effondrée comme elle est."

J'ai essayé de protester, mais il ne m'a pas écouté.

"Je vous le dis, mon sang se glace quand je pense à ce que ces diables auraient fait s'ils s'étaient emparés d'elle. Je connais ce genre de Berlinois; ils lui auraient arraché les vêtements de son dos, l'auraient mutilée et battue sans pitié. Et ce n'est que le fait heureux que vous ayez été présent et que vous ayez agi avec tant de courage qui l'a sauvée. Je ne l'oublierai jamais ; jamais ; et s'il y a quelque chose que je puisse faire un jour pour prouver que je pense ce que je dis, je saisirai l'occasion avec les deux mains."

"Vous êtes très gentil, monsieur."

" Ne parlez pas ainsi de gentillesse. Je serais une brute ingrate si je ne le pensais pas. Vous pouvez juger de ce que je ressens quand je vous dis que si mon fils avait vécu, je l'aurais comme vous ; " et il y avait de l'humidité dans ses yeux alors qu'il tendait la main et tordait la mienne impulsivement.

Il semblait impossible d'en douter. Il est resté assis à me regarder fixement pendant un moment, puis m'a surpris. Il se pencha en avant et fixa les miens. "Je veux te poser une question. Es-tu sûr de ne m'avoir jamais vu auparavant ?"

L'avertissement de Rosa traversa mes pensées. Cela pourrait être un piège ; alors je lui rendis son regard avec la même fermeté et secouai la tête. "Je ne m'en souviens pas, monsieur."

"Essayez de réfléchir. Faites de votre mieux. Revenez sur les années où vous étiez un garçon."

Bien sûr, j'ai « essayé » et, bien sûr, j'ai également échoué.

Il se laissa tomber sur sa chaise avec un soupir qui semblait respirer l'essence d'un regret sincère, et après un moment il dit avec presque autant de sérieux :

"Tu sais tout ce que je t'ai dit ; tu le crois, tu crois que je suis vraiment un ami pour toi ?"

"Bien sûr, monsieur. Personne ne pourrait parler comme vous l'avez fait autrement", répondis-je en souriant. C'était une drôle de question.

« Alors, en y croyant, y a-t-il quelque chose que vous voudriez me dire ?

Qu'est-ce que ça voulait dire ? J'ai étouffé mes doutes sous un autre sourire, puis j'ai hoché la tête. "Il y a une chose, monsieur." Son visage s'éclaira et il était à l'instant plein d'attente et d'intérêt.

"Il s'agit de l'homme dont vous avez parlé hier : le comte von Erstein ."

Son regard changea directement. Toute la lumière et l'empressement s'éteignirent et il remit son cigare à ses lèvres. "Oh, à propos de lui, n'est-ce pas ? Eh bien ?" » demanda-t-il, comme si le sujet ne l'intéressait pas du tout.

Mais il écoutait attentivement le récit de l'entretien avec von Erstein , me regardant curieusement chaque fois que le nom de Nessa était mentionné, et semblait suffisamment intéressé pour poser quelques questions à son sujet.

"Une vilaine histoire, mon garçon, très vilaine ; même si je ne suis pas très surpris, connaissant cet homme. Mais pourquoi me l'as-tu raconté ?"

"Parce que je souhaite que tu sois prêt s'il essaie toujours de réaliser son plan infernal."

Il a souri. "Et parce que tu es naturellement indigné, hein ?"

"Je le suis. Pour le bien de mon cousin. Les deux sont de très vieux amis."

"Je vois. Alors ce n'est pas pour le bien de la fille ?"

Pourquoi diable voulait-il en venir ? Son attitude me faisait tout le temps deviner. "En partie pour elle, bien sûr. Ce genre de bestialité me rend toujours fou."

"Je peux comprendre cela, mon garçon, et je suis heureux de l'entendre. Exactement ce que je dois attendre de toi. Est-elle jolie ?"

"Je suppose qu'elle est à la manière anglaise," répondis-je en haussant les épaules.

"Ce n'est pas parce qu'elle *est* anglaise que tu ressens ça ?"

"J'espère que je ressentirais à peu près la même chose si elle était une Hottentote, monsieur."

" J'aimerais que tous nos jeunes gens soient pareils. Eh bien, pour votre bien, je veillerai à ce qu'elle ne subisse aucun mal. Je présume cependant que vous êtes tout à fait sûr qu'elle n'est pas vraiment une espionne ? Très sérieux, tout à l'heure. , Vous savez."

"Ma cousine l'est, et elle la connaît depuis de nombreuses années."

"Alors pourquoi la fille ne rentre-t-elle pas à la maison ?"

"C'est son seul souhait, monsieur. Elle essaie depuis des mois d'obtenir la permission, mais von Erstein a réussi à l'arrêter."

Il hocha la tête une ou deux fois et s'adossa à sa chaise en réfléchissant jusqu'à ce qu'il jette un coup d'œil à l'horloge et se lève. "Le temps est écoulé. Il faut que je revienne. Je me fais un devoir de toujours revenir à la tique. C'est un de mes passe-temps. Je réfléchirai à tout ce que vous m'avez dit, car cela m'intéresse ; bien plus encore. que vous ne pouvez l'imaginer. Je vais faire une enquête ou deux à propos de cette Miss Caldicott, et si tout va bien, elle rentrera chez elle. Vous pouvez le dire à votre cousine. Mais c'est un long chemin et un mauvais moment pour elle de voyager seule. ".

"Je ne pense pas que cela la dérangerait du tout, monsieur."

" Vous faites un champion très sérieux, mon garçon ; mais laissez-moi vous donner un indice. Ne laissez personne d' autre avoir la même idée. Je ne dois pas vous emmener avec moi maintenant, à moins que vous ne vouliez vous faire un ennemi de ma femme. Vous devez rester et être héroïsé pendant un moment. Maintenant, attention, ne manquez pas de venir me voir, si vous rencontrez des difficultés, " dit-il.

"Je viendrai certainement, monsieur."

Alors que nous sortions dans le hall et que nous nous serrions la main, il dit : « À propos, j'ai reçu le rapport du médecin à votre sujet ; et Gorlitz tient absolument à ce que nous vous envoyions en Angleterre pour voir si l'environnement pourrait ramener votre mémoire. en arrière. Qu'en pensez-vous ?

C'est tout ce que j'ai pu faire pour l'empêcher de voir ce que j'en pensais en réalité, mais j'ai balbutié : « Je suis entièrement entre vos mains, monsieur.

Il rit doucement et avec une telle signification. "Peut-être pourrions-nous alors faire d'une pierre deux coups. Que diriez-vous d'emmener cette Miss Caldicott avec vous ?" Et sans attendre ma réponse, il s'en alla, me laissant dans un tel étonnement que j'aurais presque crié de joie.

Mais le pensait-il vraiment ? Ou était-ce juste un test subtil ? Un piège? J'étais inquiet à ce sujet lorsque sa fille est venue me chercher pour l'affaire « héroïsée ».

Nita était une très jolie fille, et maintenant qu'elle s'était remise du choc de la veille et qu'elle avait les joues riches et les yeux brillants, je n'étais pas surprise de l'engouement de Hans.

"J'ai tellement envie de te parler seule", dit-elle. "Je veux remercier--"

"Ma chère demoiselle, personne n'a fait autre chose depuis que je suis entré dans la maison. Donnez-moi un répit."

Elle a ri; et c'était un rire joyeux et particulièrement doux. "Je comprends ; mais c'est quelque chose de spécial ; quelque chose d'autre, je veux dire."

"Oh ! Dois-je deviner ?"

Dans un sursaut et en rougissant vivement , elle baissa les yeux, tripota nerveusement son chemisier pendant un moment, puis leva les yeux et rit à nouveau. "Ça ne me dérange pas que tu devines," défia-t-elle.

"Quelque chose à voir avec———"

» Elle l'interrompit avec quelques hochements de tête vigoureux. "Mais tu as raconté quelques taradiddles . Hans n'a vraiment rien fait. J'ai tout vu."

" S'il ne s'était pas précipité vers moi au moment où je l'ai appelé, ma chère demoiselle, aucun de nous ne se serait tiré d'affaire aussi facilement que nous, " dis-je sérieusement. Il ne lui faudrait jamais penser à peu de choses à son amant. "C'est cela et la façon dont il s'est attaqué aux brutes qui ont tout décidé et les ont fait fuir."

"Mais il n'a rien fait, Herr Lassen !"

"Voulez-vous me dire que vous ne l'avez pas vu frapper cette brute sombre, la plus grosse d'entre elles, je veux dire, la tête en avant dans le caniveau ?"

« Vraiment ? cria-t-elle, les yeux ouverts.

"Si tu n'as pas vu ça, tu n'as pas pu tout voir comme tu l'as dit."

"Mais il m'a dit qu'il n'avait aucune chance de faire quoi que ce soit."

"Bravo, Hans !" M'écriai-je. "Tout comme lui. Vous ne vous attendriez pas à ce qu'il s'étale et se vante de son propre courage, n'est-ce pas ?"

Mais tous les chemins mènent à Rome et celui-ci aussi. "Il a déclaré que c'était entièrement de votre faute, et après la façon dont vous vous êtes battu auparavant, je——"

"Viens, allons chez ta mère", interrompis-je et, joignant mon bras au sien, je me dirigeai vers la porte du salon. "Hans est l'un des meilleurs ; s'il ne l'était pas, il ne serait pas si prêt à me reconnaître le mérite de ce qu'il a lui-même fait. Mais nous ne pouvons pas avoir ça, vous savez."

Elle m'a retenu un moment. "Ce que vous avez dit à son sujet a fait des merveilles avec maman, l'a complètement changée et nous allons ensemble chez les von Rebling . Oh, je vous *remercie* beaucoup !" et n'étant qu'une enfant, elle me serra le bras avec extase.

J'ai dû endurer une période d'« héroïsation », mais quelque chose est ressorti au cours de cette période qui m'a fait réfléchir par la suite. Nita chantait en chœur les louanges de sa mère tout en répétant certaines des jolies choses que von Gratzen lui avait dites à mon sujet.

« Je ne l'ai jamais entendu parler ainsi de qui que ce soit auparavant », déclara-t-elle ; "et il est tellement affligé de votre extraordinaire perte de mémoire. Je pense même qu'il en est même plutôt provoqué. Il était en Angleterre dans sa jeunesse, vous savez, et y a fait plusieurs visites au cours des années suivantes."

"Je ne le savais pas", dis-je en dressant les oreilles.

"Il adore parler du pays et des gens et, comme vous venez de là, je suis sûr qu'il est amèrement déçu parce que vous ne pouvez pas lui parler des choses que vous avez vues et des gens que vous avez rencontrés et tout le reste. de cela."

"Cela aurait été très intéressant pour moi aussi", dis-je.

"Tu ne sais pas combien de temps tu es resté là, je suppose ?"

J'ai secoué ma tête. Cela semblait moins mesquin de faire cela que de mentir ouvertement avec des mots ; et cela répondait également à tous les objectifs.

"Ce doit être une chose épouvantable de perdre la mémoire", dit Nita.

"Cela rend tout très difficile", dis-je avec un haussement d'épaules. Ça faisait.

"Et pourtant, tu te souviens de tout ce qui s'est passé depuis, n'est-ce pas ?" elle a persisté.

"Parfaitement. Aussi parfaitement que si je n'avais jamais eu ce choc."

"C'est *étrange* ."

Sa mère a alors repris la course. "Mon mari pense que vous avez dû rester très longtemps en Angleterre", dit-elle.

"C'est très intéressant. Pourquoi le fait-il ?"

"Je ne sais pas exactement. Bien sûr, cela ne peut être qu'une supposition. Mais il déclare que vous ressemblez beaucoup plus à un Anglais qu'à l'un des nôtres. J'imagine que c'est votre manière réservée; la façon dont il a dit que vous lui prononciez l'anglais; et alors vous connaissez quelque peu les mots de commandement anglais. En fait, il vous a d'abord pris pour un Anglais, et il m'a interrogé de très près, presque contre-interrogé en fait, comme je lui ai dit, à propos de votre combat d'hier, de la manière dont vous vous êtes battu. utilisé vos poings, etc. Cela m'a beaucoup amusé.

Cependant, mon sentiment était tout sauf amusant. "C'est mille fois dommage que je ne puisse rien lui dire."

À ma grande surprise, cela parut la faire rire, et je trouvai prudent de me joindre à ce rire. Mais c'était autre chose qui la chatouillait. "Il y avait une chose pour laquelle il insistait pour nous inquiéter tous les deux. Tu te souviens, Nita ?"

"Tu veux dire les coups de pied, mère ?" Ce dernier hocha la tête et Nita continua. « J'ai trouvé cela terriblement drôle, Herr Lassen, à dire la vérité ; du moins j'aurais dû le faire si cela avait été quelqu'un d'autre ; mais mon père a toujours un fort mobile dans de telles choses. S'il m'a posé une question, il a dû la poser. cinquante, j'en suis sûr, en m'examinant de chaque incident d'hier, pour savoir si, en repoussant ces horribles hommes, vous aviez déjà utilisé vos pieds. Je lui ai dit que j'étais sûr que non, et il semblait penser c'était une chose des plus extraordinaires pour un Allemand de n'utiliser que ses poings. Ne trouvez-vous pas cela idiot ?

"Je ne sais pas trop quoi en penser," répondis-je honnêtement.

— Par honte, Nita, ton père n'est jamais bête, dit sévèrement sa mère ; mais Nita avait sa propre opinion à ce sujet, à en juger par la moue et le haussement d'épaules que provoqua la réprimande.

Il y eut une pause d'un moment, et cela m'offrit l'occasion de changer de sujet en posant une question sur le travail de guerre que tous deux accomplissaient ; et peu après j'ai quitté la maison.

Il était clair comme de la boue dans un verre à vin que von Gratzen était encore indécis à mon sujet. Ce questionnement minutieux sur ma méthode de combat était inquiétant ; il en était de même pour la référence à ma manière anglaise réservée ; et la référence à ma prononciation, d'autant plus que je m'étais plutôt vanté de mon accent américain. Tout cela conduisait à la conclusion que ma nationalité était suspecte à son avis.

Il avait également été en Angleterre et je savais moi-même à quel point il parlait bien la langue. Au total, il était probablement aussi capable de repérer un Anglais que n'importe qui dans tout Berlin. Et pourtant, pendant tout ce temps, je me flattais qu'il avait été complètement trompé.

En même temps, personne n'aurait pu me témoigner une plus grande gentillesse. Il ne faisait aucun doute qu'il était vraiment reconnaissant pour l'aventure de la veille ; cela me l'avait semblé de toute façon ; et son offre implicite d'aide – que j'irais vers lui en cas de problème – faite avec un tel sérieux qu'elle équivalait presque à une insistance, tout cela suggérait une intention d'être un ami.

Il y avait encore une fois la référence à Nessa ; sa promesse immédiate qu'elle serait renvoyée chez elle « pour mon bien » et la proposition surprenante au tout dernier moment, qu'elle me soit confiée, ce qui m'avait littéralement coupé le souffle.

Que fallait-il penser ? C'était un véritable casse-tête, surtout au vu des caprices peu fiables des responsables allemands en général et de ce que Rosa et les autres avaient dit à propos de von Gratzen en particulier.

Quelle belle confusion ce serait si sa suggestion se matérialisait et que Nessa et moi étions emballés ensemble sous protection officielle ! Cela semblait un million de fois trop beau pour être même pensable. Comparé à un plan aussi glorieux et magnifique, notre petit projet de conspiration semblait presque méprisable et banal ; cela ne vaut guère la peine de s'en préoccuper un instant. Mais il valait mieux avoir le plus de cordes possible à l'arc, alors je suis allé chez les von Rebling pour savoir si Rosa avait quelque chose à m'en dire.

Faut-il informer les autres de ce nouveau développement ? Cela semblait préférable pour le moment. Ce n'était pas une chance de devoir garder secrète une nouvelle aussi étonnante, mais il n'y avait aucun intérêt à susciter les espoirs de Nessa jusqu'à ce qu'ils soient pratiquement certains de se réaliser. Que penserait-elle de cette idée ? J'espérais pouvoir deviner. Étant un crétin un peu optimiste, j'ai commencé à construire un château sur les fondations et, au moment où j'ai atteint la Karlstrasse , j'avais projeté, construit et meublé un édifice vraiment très noble.

La vieille Gretchen a ouvert la porte comme d'habitude, et son regard, son sursaut de surprise et son attitude générale, suggérant quelque chose d'extraordinaire ressemblant à de la consternation, m'ont ramené sur terre et ont détruit mon château de manière efficace.

« Ils ne sont pas chez eux, monsieur, » déclara-t-elle précipitamment ; et au lieu d'ouvrir grand la porte, elle la tint de manière à vraiment me bloquer l'entrée. Sa nervosité évidente expliquait probablement une démarche qui éveillait immédiatement les soupçons.

"Personne du tout ?"

"Non, monsieur. Ils ne rentreront que tard."

"C'est une nuisance ; mais je ferais mieux de parler à Miss Caldicott."

"Elle n'est pas là non plus, monsieur." La réponse fut donnée avec hésitation, et elle fit mine de fermer la porte.

Un sourire et un "Eh bien, ça n'a pas d'importance", la mirent au dépourvu et son soulagement se manifesta dans son changement de look. « Puis-je leur transmettre un message, monsieur ? elle a demandé. Mais son soulagement disparut et fit place à une inquiétude plus grande que jamais lorsque j'ouvris la porte et entrai.

"C'est une bonne idée, Gretchen; je vais leur écrire un petit mot", lui dis-je en la croisant en direction du salon.

Elle s'est glissée devant moi et s'est tenue près de la bibliothèque. "Vous trouverez du papier et tout ici, monsieur," sourit-elle.

On aurait dit qu'elle voulait m'empêcher d'entrer dans le salon ; et il n'était pas difficile de deviner qu'elle avait été dérangée par son travail d'espion là-bas. Mais c'était un mauvais coup ; car, pendant cette pause, des murmures de voix retentissaient dans le salon même.

"Tu dois te tromper, Gretchen. Ils ont dû entrer sans que tu le saches. Je peux les entendre."

" Oh non, monsieur. La porte est verrouillée. J'ai ordre de toujours la garder verrouillée lorsque la comtesse n'est pas chez elle ; " et elle a montré la clé en guise de preuve et s'est glissée entre moi et la porte.

J'ai commencé avec une grande apparence d'alarme et je l'ai dépassée. "Alors il y a un voleur dans la maison", m'exclamai-je.

A cet instant, il y eut une sorte de brouhaha dans le salon ; un cri de "Comment oses-tu ?" » dans la voix de Nessa, suivi d'un rire ricanant, inhabituellement semblable à celui de von Erstein .

CHAPITRE XII

"COMME AU BON VIEUX TEMPS"

J'arrachai la clé à Gretchen, qui était maintenant très blanche et tremblante, j'ouvris la porte du salon et j'allais me précipiter à l'intérieur, quand je pensai que si Nessa était prise au dépourvu, elle pourrait laisser échapper quelque chose.

"Très bien, Gretchen, merci", dis-je assez fort pour que Nessa l'entende.

La femme a levé les mains et s'est enfuie, et je suis entré comme si je passais un appel ordinaire.

Nessa s'était précipitée dans la véranda pour échapper à von Erstein et était revenue à mon entrée, le visage rouge et les yeux brillants d'une furieuse indignation, tandis que lui, abasourdi et aussi noir que le tonnerre, me regardait méchamment.

"Cet homme m'a grossièrement insulté, Herr Lassen !" elle a pleuré. " Profitant de l' absence de la comtesse , il m'a fait venir ici sous prétexte d'un message à lui donner, et puis... Ugh ! Je ne peux pas le parler ; " et elle se laissa tomber sur une chaise et cacha son visage dans ses mains.

"J'ai seulement suivi votre conseil, Lassen, et j'ai demandé à Miss Caldicott de m'épouser", dit-il d'un ton maussade. "Et puis elle———"

"L'avez-vous conseillé ?" » interrompit Nessa, démarrant avec enthousiasme.

Ce n'était évidemment pas le moment d'expliquer les choses. Il fallait d'abord s'occuper de quelque chose. Je me suis approché de von Erstein avec une délibération intentionnelle, ressentant un petit frisson de joie face à la frayeur dans ses yeux, j'ai posé ma main sur le col de son manteau et je l'ai conduit vers la porte. Il avait trop peur pour faire plus que la simple démonstration de résistance.

« As-tu autre chose à lui dire ? Ai-je demandé à Nessa, en m'arrêtant lorsque nous avons atteint la porte.

"Non, non. Renvoyez-le seulement. Renvoyez-le", s'est-elle exclamée.

Je l'ai emmené dans le couloir puis je l'ai relâché. "Je vais te tabasser, von Erstein . Deux raisons. Tu as obligé ton espion ici à verrouiller cette porte pour que tu puisses avoir cette fille pour toi seul; et hier tu as dit des choses qui m'ont donné envie de te tabasser alors."

"Je ne voulais pas———"

"Ça fera l'affaire. Ne dis plus de mensonges."

Il a essayé de fanfaronner. "Tu ferais mieux de ne pas me frapper, Lassen; je peux———"

Une gifle au visage, donnée de toutes mes forces, provoquait la menace de mort-né et montrait également de quelle étoffe il était fait. Il prétendit que la force du choc l'avait renversé et que rien ne l'inciterait à se relever. Le combat s'est donc terminé là où il avait commencé, car je ne pouvais pas le frapper alors qu'il gisait au sol. Regrettant que le seul coup ait été si mauvais, je l'ai traîné dans le couloir, je l'ai laissé tomber sur le paillasson et je lui ai jeté son chapeau, jurant que s'il s'arrêtait à Berlin, le travail serait terminé de manière professionnelle. Il s'est tortillé assez longtemps pour voir que rien d'autre ne venait, puis a ouvert la porte, s'est arrêté pour me maudire et me menacer, et s'est enfui.

Nessa était furieuse et sa première question montrait qu'une partie de sa colère était dirigée contre moi. Le petit discours de Von Erstein à propos de mes « conseils » avait fait mouche. « Est-ce que ce que cet homme a dit est vrai ? Lui avez-vous conseillé de me demander en mariage ? l'accent est fortement mis sur le « conseil ».

J'ai hoché la tête; et très naturellement sa lèvre se courba.

"Je n'aurais pas cru cela possible", s'est-elle exclamée.

" Il m'a parlé hier de choses et je lui ai demandé s'il te l'avait demandé. Si c'est un conseil, je l'ai conseillé. "

"Et pourtant, vous savez quel genre d'homme il est et qu'il me persécute de cette façon ?"

"Mais de toute façon, je ne t'ai pas conseillé de l'accepter."

"Jack!" s'écria-t-elle avec indignation.

"Herr Lassen est plus en sécurité, et en allemand aussi."

"C'est presque suffisant pour me faire dire que je ne te parlerai plus jamais."

« Pire que lui, hein ? C'était vraiment une chose curieuse, mais nous ne semblions jamais pouvoir résister au risque de nous mal comprendre ; et quand elle a prononcé cette phrase, il m'a été impossible de résister à l'envie de la pucer.

"L'avez-vous battu ?" » demanda-t-elle après une pause.

"Non, ce n'est pas un travail facile dans les cirques ."

"Vous avez développé une sage discrétion", dit-elle avec un sourire qui n'était pas vraiment apaisant.

"C'est un type qui a beaucoup d'influence, voyez-vous."

Il y avait une particularité à propos de nos disputes ; ils se terminaient généralement bien ; et cette fois, elle a semblé se rendre compte que nous étions hors ligne. Elle réfléchit un moment et son attitude changea. "Voulez-vous que je croie qu'après ce qui s'est passé ici et ce que j'ai dit, vous l'avez simplement remercié et lui avez serré la main ? Parce que je n'y crois pas. Je vous ai entendu le frapper. C'est pourquoi je vous ai demandé si vous l'aviez battu. "

"Je lui ai giflé le visage, comme une sorte de préface, mais il s'est allongé et n'a pas voulu se lever, alors j'ai dû le transporter jusqu'à la porte d'entrée. Un spectacle médiocre, mais j'imagine qu'il me laissera une large place. à l'avenir. Voudriez-vous me dire ce qui s'est passé ?"

"Il a envoyé cette femme, Gretchen, pour dire qu'il quittait Berlin et que la comtesse lui avait donné un message pour moi au sujet de quelque chose qu'elle possédait. J'étais trop reconnaissant d'apprendre qu'il partait, et quand j'ai reçu en bas, elle a verrouillé la porte. Tout était prévu, bien sûr; et il m'a demandé de l'épouser, et quand je lui ai donné sa réponse, il m'a saisi et m'a embrassé. Je me suis détaché de lui et je me suis précipité dans la véranda, j'avais l'intention de sortir par là dans le jardin ; mais il avait fermé la fenêtre, et quand j'essayais de l'ouvrir, vous êtes venu, Dieu merci.

"J'ai supposé que c'était à peu près sa taille."

"Je n'ai jamais été aussi soulagé de ma vie."

"Même si ce n'était que moi."

"Oui, même si ce n'était que toi." Ceci avec un sourire, cependant, qui démentait complètement son ton indifférent.

"Eh bien, tout va bien maintenant. En fait, il a trouvé sage de partir suite à un indice que je lui ai donné hier."

"Dites-moi."

"Mieux vaut laisser attendre un peu." Il n'y avait rien à gagner à lui dire la vérité. "Je suis venu voir s'il y avait des nouvelles."

— Malheureusement, oui. J'ai reçu l'ordre de la police de me présenter demain.

« Vous avez deux points ! Je me demande ce que cela signifie. Qui l'a signé ? »

"Baron von Gratzen ."

Je la regardais avec étonnement. Confondez cet homme. Le voilà qui réapparaissait de cette manière mystérieusement inattendue. "Quand l'as-tu eu ?"

"Seulement une minute ou deux avant que cet homme n'appelle."

Qu'est-ce que cela pourrait signifier ? On aurait dit qu'il était allé directement à sa promesse de l'aider à partir et qu'il avait ensuite envoyé ceci. « Où devez-vous vous présenter ?

"L' Amtstrasse ", et elle m'a tendu le journal. Il provenait de ses bureaux et était signé de sa propre écriture.

"J'abandonne. Ces mendiants me battaient à chaque fois. Il y a seulement une heure ou deux, il m'a dit que tu devrais être renvoyée chez toi", et je lui ai parlé de cette partie de l'entretien et qu'il avait dit que je pouvais le dire à Rosa. . "C'est vrai qu'il a parlé de se renseigner sur toi, pour être sûr que tu n'es pas un espion."

"Alors bien sûr, il va commencer par m'interroger lui-même."

"Peut-être, mais… je reçois des rapports tellement différents à son sujet. Vous devrez aussi faire attention. Il est sûr de vous contre-interroger à propos de moi. Je n'arrive pas à me sortir de la tête qu'il soupçonne que je prends l'avion. sous le mauvais drapeau. Vous feriez mieux de ne jamais m'avoir vu auparavant, remarquez ; et quoi que vous fassiez, faites attention aux pièges et autres ; et il est aussi astucieux qu'une charrette de singes au jeu. »

Elle était extrêmement excitée par la nouvelle de son retour à la maison. J'ai dû répéter chaque mot qu'il avait dit à ce sujet, et bien sûr, elle m'a fait comprendre qu'il avait parlé de notre retour à la maison ensemble.

"Oh, ne serait-ce pas charmant !" s'exclama-t-elle.

"Pour venir avec moi ?"

"Pour accompagner n'importe qui, bien sûr", dit-elle avec une soudaine indifférence. "Si tu avais vécu la moitié de ce que j'ai vécu et que tu avais eu un quart du suspense que j'ai dû endurer, tu serais heureux aussi."

"Je suis assez content, tel quel. Je pense que ce climat bestial est tout sauf sain pour chacun de nous en ce moment."

"Oh, être à nouveau libre !" cria-t-elle avec un profond, profond soupir de nostalgie. "Savez-vous que plus d'une fois j'ai été sur le point de tout risquer et de m'enfuir et de tenter ma chance."

"Ce qui me rappelle que je ferais mieux de te dire à quelles roues de secours j'ai pensé, si ces autres pneus éclataient. Je n'ai pas encore eu beaucoup d'occasion de te parler, tu sais."

"Nous avons eu une interview", m'a-t-elle rappelé, les yeux dansants.

"Nous allons essayer de faire un peu mieux cette fois. La meilleure chose sera le plan du vieux von Gratzen , s'il se réalise."

"Nous devrions rester ensemble longtemps, si c'est le cas."

"Plutôt pourri, hein ? Mais je pourrais le supporter, je pense, si tu le pouvais."

"Je devrais le faire, naturellement."

"Nous pourrions, au pire, discuter de nos vieux griefs."

"Et au mieux ?" » dit-elle modestement, essayant de ne pas rire.

"Trouvez-en de nouveaux avec qui jongler. Mais vous devrez vous tenir bien, car je serai allemand pendant la première partie du voyage, rappelez-vous."

"Et si vous ne vous comportez pas bien, je peux dire aux gens que vous n'en êtes pas un. Vous devrez vous en souvenir, attention."

"Je me comporte bien ? C'est-à-dire ?"

" Que tu ne dois pas dire de bêtises à ce moment-là ou maintenant ; alors passe aux roues de secours, s'il te plaît. "

"Très bien. Le mieux serait que tu utilises le billet de Rosa, etc., et que tu voyages avec son Oscar."

"Mais Rosa a dit que tu n'en entendrais pas parler, et tu n'imagines pas que je vais laisser cet homme courir ce risque à ma place. Encore des roues ?"

"Premièrement. Que si le pire arrive, nous disparaissons et hasardons le temps ;" et j'ai décrit mon idée : m'y rendre déguisé en deux mécaniciens.

"Ils utilisent beaucoup de femmes, mais pas encore comme mécaniciennes", a-t-elle déclaré.

J'ai ri. "Mais tu y irais en tant que garçon, Nessa."

"Comme quoi ?" s'écria-t-elle avec étonnement.

"J'ai dit garçon. Garçon. Mot facile."

Elle m'a regardé pendant un moment ou deux comme si j'étais en colère, puis ses yeux se sont illuminés et elle a éclaté de rire. "Sais-tu pourquoi je ris?"

"À moi, probablement."

"Pas du tout. Parce que c'est exactement l'idée que j'avais. J'ai les vêtements prêts pour ça et une salopette; et souvent et souvent je me suis enfermé dans ma chambre, je me suis habillé et j'ai tout répété. Vous savez comment j'ai joué un rôle de garçon dans des pièces de théâtre à la maison ; je peux mettre mes mains dans mes poches et me vanter comme un garçon. Je fais plutôt un bon garçon. "

"Bien?"

"Assez bien pour un garçon, de toute façon," répondit-elle en riant à nouveau.

"Montre-moi."

Elle se leva, enfonça les mains comme dans les poches de son pantalon et parcourut la pièce d'un pas libre. "Donne-nous une cigarette, mon pote", dit-elle en me rejoignant. "Ça va?" » demanda-t-elle en retombant sur elle-même et en se rasseyant.

"Plutôt ! Déchirant ! Eh bien, vous avez réussi d'une manière ou d'une autre à modifier l'expression même." Elle avait. Le changement était merveilleux. "Avec une ou deux touches de maquillage, personne ne te repérerait. Mais tu as toujours été un peu un garçon, tu sais. Peut-être que ça explique ça."

"C'était pour un compliment ?"

" Exactement comme vous le comprenez. De toute façon, vous étiez un petit mendiant volontaire. Vous souvenez-vous à quel point votre mère a été choquée ce soir-là chez les Graham, lorsque vous êtes monté sur leur petite scène quand vous étiez enfant ? "

"Oui, en effet. Pauvre mère ! Elle a dû être terriblement inquiète à cause de tout cela, et elle l'est toujours, bien sûr. Mais Rosa a écrit à une amie en Suisse et lui a demandé de lui télégraphier que je vais bien ; et peut-être en cette fois, elle a reçu le message. C'est horriblement méchant, je suppose, mais je déclare que je me sens si vindicatif que je pourrais presque tuer cette femme Gretchen et von Erstein aussi, quand je pense à ce qu'ils ont fait souffrir à cette pauvre mère en arrêtant mes lettres. ".

"C'est un sale porc ; et si j'en ai une demi-chance, je réglerai les choses avec lui avant de partir. Mais nous ne voulons pas parler de lui maintenant.

Si ta mère a ce micro, elle le fera. Je me sens beaucoup mieux. Maintenant, dis-moi ce que tu penses de ma troisième roue ? »

"Dois-je te dire la vérité ?"

"Bien sûr."

Elle s'arrêta et la couleur se glissa lentement sur son visage, le privant de l'anxiété inquiète qui m'avait tant affligé et la rendant plus envoûtante que jamais à mes yeux. "Si vous voulez la vérité , je... j'aimerais mieux la troisième roue que les autres."

" Pareil ici ; mais ce ne serait pas si sûr. Nous aurons cependant les accessoires avec nous en cas d'accident. Qu'en dites-vous ? "

« Adoptée à l'unanimité », s'est-elle exclamée avec enthousiasme. "Ce serait charmant !"

"Alors tu n'as pas beaucoup changé, même avec tout ça."

"Tu veux dire en termes d'apparence ?"

" Même pas grand-chose là-bas ; mais je voulais dire dans les affaires de garçon manqué. "

"Ah, tu ne sais pas. J'ai changé. J'ai grandi, d'un coup. Il ne pouvait en être autrement", répondit-elle très sérieusement. "À une certaine époque, il semblait certain que j'allais être envoyé en prison , et le suspense était, enfin, presque insupportable. Personne ne peut dire ce que cela signifiait de devoir paraître indifférent et confiant, alors que je savais qu'à tout moment pourrait être mon dernier en liberté. Ce danger semblait passer, mais seulement pour céder la place à pire.

"Tu veux dire ça--"

"Oui," l'interrompit-elle avec un rapide signe de tête. " Je ne supporte même pas d'entendre prononcer son nom. J'ai vite su quel était son véritable objectif ; il a un ami, un homme comme lui, qui commande un des camps de concentration : celui de Krustadt : et... mais vous pouvez le deviner. Je n'avais qu'une chose à faire, et je m'y suis préparé. J'ai le poison en haut.

« Nessa !

"Aucune femme ne peut traverser une telle épreuve et en sortir inchangée. J'aurais dû me battre, bien sûr. Je l'ai dit à Rosa et, bien qu'elle ait été horrifiée au début, elle l'a vu ensuite, puis elle a attrapé Herr Feldmann. pour me procurer une carte d'identité en tant que Hans Bulich et m'a aidé à obtenir le déguisement. J'aurais dû passer par là maintenant, si tu n'étais pas venu. Oh oui, j'ai changé; personne ne sait à quel point sauf moi.

L'intensité de son expression à ce moment-là le montrait si clairement que j'étais trop ému pour trouver les mots pour répondre. Mais elle se ressaisit rapidement et rit.

"Et puis quand tu es venu , j'étais assez fou pour croire que tu étais un espion ! Je ne comprends pas pourquoi j'étais si idiot. Il n'y avait aucune excuse ; pas la moindre ; et je ne m'attends pas à ce que tu me pardonnes vraiment un jour. ".

"Je ne vous en veux pas. Je ne le fais pas, sur mon honneur ."

"Eh bien, je ne me le pardonnerai jamais. Mais même maintenant, je ne peux m'empêcher de te regarder."

"Détourne le regard. J'aime ça. Mais pourquoi ?"

"Tu es tellement—si complètement différent."

"Comment?"

"De toutes les manières possibles."

"Tu le penses. Dans tous les sens ?" Nos regards se croisèrent et elle baissa les yeux.

"Je me demande," murmura-t-elle dans sa barbe; puis rapidement d'un ton plus fort : "Bien sûr que c'est ta nouvelle vie. Parle-m'en."

Nous avons tous deux compris ; mais ce n'était pas le moment de lui dire qu'elle n'avait pas besoin de « s'étonner » ; alors j'ai parlé des choses au Front.

"Mais je veux tes propres expériences, Jack," protesta-t-elle.

"Je suis Herr Lassen, l'homme sans mémoire."

"Tu es toujours aussi provocant. Tu sais que je meurs d'envie de tout entendre, et tu ne prononceras pas un mot."

"Eh bien, je vais te dire une chose. C'est entièrement ta faute."

Elle fronça le front d'une manière que je connaissais si bien. "Comment?"

"Vous souvenez-vous d'un jour à Hendon - nous étions alors fiancés, d'ailleurs - comment vous m'avez dénoncé sur le fait que je n'avais pas le courage de monter et que le cricket était un sport bien plus sûr, et comment je me suis enfui en colère et j'ai marché Je suis parti, j'ai pris un billet immédiatement et je suis monté. C'était le début.

"Et je me souviens aussi de la frayeur que cela m'a fait quand je t'ai vu partir. Je regardais l' avion tout le temps le cœur dans la bouche, dans une sorte de panique fascinée à l'idée que quelque chose n'allait pas."

te chercher, j'ai découvert que tu étais monté aussi."

"Tu ne penses pas que je voulais que tu me chantes, n'est-ce pas ? Et était-ce vraiment le début ?"

"Bien sûr. J'y suis allé plusieurs fois par la suite et j'ai commencé à aimer ça ; et quand les ennuis sont arrivés, j'ai naturellement compris que c'était mon travail."

"Soyez un ami et dites-moi tout ce que vous avez fait", a-t-elle persuadé.

"Tout cela à temps, mais pas maintenant. Nous sommes seuls ensemble assez longtemps pour faire parler les langues comme ça. Je ferais mieux de m'en aller." et je me suis levé.

"Je suppose que tu as raison, mais ça a été charmant. Comme au bon vieux temps."

"Quelles époques ?"

"Peu importe. Ne soyez pas curieux."

"Très bien. Eh bien, regarde ici. Continue avec cette partie de garçon qui est la vôtre. Entrez dans la peau de celui-ci et faites tapoter les noms des choses sur votre langue. On ne sait jamais ce qui peut arriver. Et si vous pouviez persuader Rosa de persuadez Feldmann de faire pour moi ce qu'il a fait pour vous, faites-le.

"Ça a l'air un peu mitigé, n'est-ce pas ?" et elle riait avec une gaieté si sincère que ça faisait du bien de l'entendre.

"Vous devez régler le problème. A bientôt. Nous y arriverons d'une manière ou d'une autre."

"Je pense que c'est ce qu'il y a de plus étrange chez toi. Tu parviens d'une manière ou d'une autre à me donner la certitude absolue que tu y arriveras. C'est comme un miracle. Il y a seulement un jour ou deux, j'étais au fond des profondeurs, et là je rigole. comme si c'était juste une de nos vieilles farces de gosses."

CHAPITRE XIII

AU THIERGARTEN

La confiance dans le succès que Nessa avait si franchement exprimée, elle me l'avait certainement transmise. Le fait qu'elle ait déjà eu l'idée de jouer un rôle de garçon dans sa tentative d'évasion, qu'elle ait obtenu tout ce qu'il fallait pour cela et qu'elle ait effectivement passé un certain temps à le répéter, était une telle chance que j'étais plus que ravi. à moitié enclin à rejeter les autres plans et à adopter celui-là immédiatement.

Si l'on parvenait à obtenir la carte d'identité nécessaire, l'espoir de succès était fort et plein de promesses. Nessa parlait allemand aussi bien que moi, et son accent, lorsqu'elle m'avait posé cette question sur la pédé et son merveilleux changement d'expression, avait été mis à rude épreuve.

Elle avait toujours été une actrice de personnage intelligente, et il ne faisait aucun doute qu'elle pouvait continuer sur cette voie en cas d'urgence. Que l'idée lui plaisait, cela ne faisait aucun doute ; et quant à moi, l'idée d'une telle compagnie avec elle dans une telle entreprise tournait comme un moteur de 200 ch .

Son instinct avait également raison de correspondre à son inclination. C'était notre meilleure chance – sans celle du vieux von Gratzen , bien sûr. C'est bien mieux que de risquer des ennuis pour Rosa en utilisant son passeport. Il faut que Feldmann s'en rende compte, car cela pourrait l'inciter à me procurer la carte.

Cette nuit-là, j'entrai avec le plus grand soin dans tous les détails du plan, essayant de prévoir tout ce qui pourrait arriver ; et puis je me suis souvenu de l'histoire que Gunter, mon ami dans le corps volant, m'avait racontée à propos de sa fuite lorsqu'un problème de moteur l'avait amené à l'intérieur des lignes allemandes.

" Ce n'est qu'une question de bluff, Jack, " dit-il, " quand on peut bavarder comme nous le pouvons, et quelques précautions simples. En voici une . Je ne monte jamais sans elle. "

"Qu'est-ce que c'est que ça ?" Ai-je demandé alors qu'il me tendait ce qui ressemblait à un coussinet de flanelle rouge pour son ventre.

"Ça a l'air innocent, n'est-ce pas ? Mon "coussin abdominal", comme je l'appelle. Juste une protection contre les frissons, hein ? C'est ce qu'ils pensaient en me fouillant. Mais à l'intérieur de la flanelle, il y a une bobine de cordon de soie assez longue et solide. de quoi attacher les bras d'un homme, et ses jambes aussi au besoin. C'est ma propre idée, et depuis mon petit voyage, j'ai ajouté quelque chose de plus. Cousu dans la flanelle, il y a assez de trucs à ranger. pour garder un homme ou deux silencieux aussi longtemps que nécessaire. Si j'avais eu cela, je n'aurais pas dû risquer de frapper mon garde à la tête et de lui couper le souffle.

"Dis-moi, Dick."

"Eh bien, ma chance s'est présentée presque aussitôt qu'ils m'ont eu. Bien sûr , j'ai brûlé le vieux bus et j'ai levé les mains, et après qu'ils se soient assurés que je n'étais pas armé, ils ont juste mis un gars en charge de Je lui ai donné l'ordre de m'emmener quelque part. Il faisait alors assez sombre et, faisant semblant d'être terriblement mal à l'aise après la fouille, j'ai tripoté mes vêtements et j'ai réussi à mettre mon cordon à portée de main. Ensuite, j'ai choisi un endroit approprié et je lui ai demandé un imbécile. question ou autre, et je suis allé le chercher. Ce n'était qu'un gros Landsturmer et il n'avait pas plus que quelques frémissements en lui ; mais j'ai dû le frapper sur la tête pour m'en assurer – c'est là que je voulais de la drogue, bien sûr. Ensuite, j'ai changé de tenue avec lui, je l'ai ligoté avec ma corde et je suis parti tout seul. Bluff a fait le reste, d'accord.

"Mais qu'as-tu fait, mon vieux ?"

Il rit et alluma une autre cigarette. "Je suis entré dans le premier cottage où je suis arrivé, j'ai effrayé les gens et, au nom de Kaiser Bill, j'ai réquisitionné des vêtements pour un prisonnier blessé. Ils se sont séparés comme un agneau et cinq minutes après, j'ai été transformé en ouvrier. "

"Mais tu n'as pas de carte d'identité ?"

Cela provoqua un autre rire discret. "J'ai bien travaillé sur ça. Il n'y a pas d'ânes au monde qui soient trop mauvais pour bluffer si vous allez dans le bon sens. Mon chemin était d'aller voir la police. J'ai lancé une histoire selon laquelle j'étais mécanicien aéronautique et j'avais été envoyé pour me rendre à pied d'œuvre à Ellendorff , un petit endroit près de la frontière hollandaise où je savais qu'il y avait une usine et que j'avais été arrêté et volé en cours de route. Cela semble mince comme je le dis, mais je m'étais sali. pour avoir l'air bien, et, surtout, j'étais allé voir la police, remarquez; c'est en soi la meilleure preuve que je n'avais pas tort: et j'ai choisi le milieu de la nuit, quand il n'y avait qu'un seul hibou endormi Il a bien avalé, sauf qu'il pensait que j'étais ivre et qu'il voulait d'abord me garder jusqu'au matin, mais quand j'ai fait des histoires, il lui a dit qu'il allait se mettre dans une sacrée dispute et il a dit qu'il Je ferais mieux d'appeler son patron, il a changé d'avis, m'a donné ce que je voulais et était reconnaissant de pouvoir me revoir et de me rendormir. Je n'ai plus eu de problèmes, j'ai été arrêté une ou deux fois, mais la carte m'a permis de passer. et j'atteignis la frontière assez facilement. Là, la chance m'a favorisé . J'ai croisé quelques déserteurs, je me suis retrouvé avec eux et... eh bien, c'est tout.

L'histoire de Gunter m'avait beaucoup impressionné à l'époque, et lors de mes années d'étudiant à Göttingen, j'avais eu assez d'expériences du pouvoir d'un bon bluff sur le fonctionnaire allemand moyen pour savoir que c'était tout à fait réalisable, alors j'ai résolu pour en profiter maintenant.

J'ai eu tout le temps le lendemain pour terminer tous les préparatifs nécessaires et j'ai ajouté quelques-unes de mes propres créations. Il s'agissait de quelques « rations de fer », en cas de difficultés concernant notre approvisionnement alimentaire ; deux ou trois outils, dont une lourde clé qui servirait d'arme en cas de besoin ; et une valise minable pour tout contenir.

J'ai tout mis dedans, j'ai soulevé une planche sous le lino de ma salle de bain et je l'y ai cachée, de peur que quiconque, en mon absence, n'ait envie de fouiller dans mes bagages.

Avec une carte routière et un guide ferroviaire, l'itinéraire à suivre fut rapidement décidé. La frontière néerlandaise devait être l'objectif. C'était beaucoup plus près que les Suisses ; et comme la Westphalie était la région des usines, il était beaucoup plus plausible que quelques mécaniciens voyagent par là plutôt que par toute autre direction.

La mention par Gunter de celle d' Ellendorff , un village proche de Lingen et proche de la frontière, suggérait un bon objectif ; et l'idée générale était de faire le voyage par étapes, de manière à dérouter les gens en cas d'éveil des soupçons. C'était plus sûr que de risquer un voyage dans l'un des express de transit, et aussi beaucoup plus facile de réserver depuis une petite ville que depuis Berlin.

Tout cela a pris beaucoup de temps, d'autant plus qu'il a été interrompu par plusieurs périodes de spéculations sur le résultat de l'entretien de Nessa avec von Gratzen . C'était très important, car cela déterminerait probablement la méthode de notre départ ; et lorsque mes préparatifs furent terminés et que je les reconsidérais soigneusement autour d'une cigarette, quelqu'un frappa à la porte de mon appartement.

C'était un étranger ; un homme bien habillé, aux traits pointus et incontestablement juif. « M. Lassen ? » Il a demandé. J'ai hoché la tête. "Je m'appelle Rudolff ."

"Qu'est-ce que c'est?"

"Il vaudrait mieux que je vous raconte mes affaires en privé", répondit-il en désignant quelques personnes qui passaient dans l'escalier.

Je l'ai emmené dans mon salon avec l'impression extrêmement inconfortable qu'il appartenait à la police.

"Je suis en mesure de vous rendre un service considérable, Herr Lassen", dit-il en plissant curieusement les yeux autour de la pièce.

"Qui t'a envoyé vers moi et comment as-tu su où me trouver ?"

"Votre arrivée dans la ville n'est guère un secret et j'ai obtenu votre adresse auprès de vos amis de la Karlstrasse . Personne ne m'a envoyé vers vous, monsieur."

Il n'était pas de la police. C'était un soulagement, et rien d'autre n'avait d'importance. "Et le service dont vous parlez ?"

"Tu ne seras pas surpris d'apprendre qu'un certain nombre de personnes souhaitent te retrouver ?"

"Comme cela a été facile pour toi, est-ce que ce serait difficile pour eux ?"

"Pas aussi difficile que vous pourriez le souhaiter, peut-être. Je dis cela parce que vous semblez quelque peu mécontent de ma visite. Si tel est vraiment le cas, bien sûr, j'irai."

"Je m'en fiche que vous y alliez ou que vous vous arrêtiez ; mais si vous avez quelque chose qui mérite d'être dit, dites-le. Je vous écouterai. Je présume que vous n'êtes pas né par simple philanthropie, d'ailleurs."

"Non. Je ne fais aucune prétention de ce genre. Si l'avertissement que je peux vous donner vaut quelque chose, je ne suis pas assez riche pour jeter de l'argent par les fenêtres."

"Finissons-en alors." Ce n'est pas seulement la curiosité qui m'a poussé à écouter. Il était probable qu'il allait me raconter un incident sinistre du passé de Lassen, et c'était aussi bien de l'entendre. Il était également fort possible qu'après tout il vienne de von Gratzen dans le but de me surprendre en train de trébucher. Sa question le suggérait.

« C'est à Göttingen, je crois, que vous avez fait la connaissance d'Adolf Gossen ?

"J'ose le dire, mais je ne m'en souviens de rien."

"Ah, bien sûr. Vous êtes l'homme sans mémoire. J'ai entendu parler de votre malheur", dit-il avec un regard sournois et suggestif.

"Et vous en doutez, hein ? Eh bien, supposons que vous continuiez l'histoire ?"

Il comprit l'allusion, et il s'avéra qu'il s'agissait de la même jolie affaire dont von Erstein avait tant parlé. Il semblait, selon mon visiteur, que quelqu'un était en prison à cause de cela ; que ses amis, dont il donnait les noms, étaient furieux ; qu'ils me cherchaient haut et bas ; et que si je restais à Berlin , ils me retrouveraient et se vengeraient de toutes les manières qui leur seraient utiles. Il a déclaré qu'il savait où les trouver et qu'ils étaient prêts à payer pour savoir où je me trouvais.

Soit il s'agissait d'une plante palpable, soit ce type était venu de von Erstein pour essayer de me faire fuir la ville par la peur.

" Bien sûr que tu veux dire que si je ne te paie pas, tu iras vers eux ? "

"Pas du tout, monsieur", s'écria-t-il avec une belle démonstration d'indignation. "Je sais que ces gens sont des canailles ; ils m'ont traité de manière infâme ; je suis simplement venu vous avertir. Vous pouvez agir en conséquence ou non, bien sûr. Cela dépend entièrement de vous ;" et à ma grande surprise il se leva sans demander de ses nouvelles. "J'ai fait tout ce que je pouvais en venant."

" Je ne sais rien de cette affaire, comme je vous l'ai dit, mais je vous suis très obligé ; " et j'ai sorti mon portefeuille en guise d'indice.

"Pardonnez-moi, monsieur", s'est-il exclamé en agitant les mains comme si la vue des billets de banque était une abomination et en secouant vigoureusement la tête. "Je ne pouvais pas penser à accepter de l'argent après ce que vous avez dit. Bonjour ;" et il faisait encore des gestes sous le choc de cette idée lorsqu'il quitta l'appartement.

C'était si peu naturel pour un juif allemand que cela éveillait des soupçons. Il avait probablement considéré cette timidité pécuniaire comme une preuve éclatante de son honnêteté et de son intégrité générale.

Ce n'est cependant pas l'effet qu'il a produit. Cela a plutôt servi à confirmer la pensée précédente que von Erstein lui avait envoyée pour me faire peur. Que la brute ferait presque n'importe quoi pour me voir derrière était une certitude, bien sûr ; et puis une idée étrange a traversé mes pensées.

Est-ce que cela vaudrait la peine de paraître tomber dans le piège ? allez vers lui au plus profond d'un funk ; lui faire croire que mon seul objectif était de fuir le pays, déguisé, vers la Hollande de préférence ; et lui faire obtenir le permis nécessaire, etc. La possibilité de le hisser à son propre pétard paraissait bonne ; et la pensée de son chagrin lorsqu'il découvrit qu'il m'avait aidé à sortir Nessa de ses griffes rendait le projet tout à fait séduisant.

Cela ne faisait aucun doute que cela était possible, et il n'y avait aucun doute non plus sur le fait qu'il pourrait obtenir les papiers nécessaires ; mais le prix à payer était trop élevé. Avoir quoi que ce soit à voir avec un tel bâtard était impensable tant qu'une autre voie était ouverte ; alors je l'ai abandonné jusqu'à ce que tous les autres moyens aient été essayés.

La question urgente était maintenant le résultat de l'entretien de Nessa avec von Gratzen , et je suis parti pour la Karlstrasse pour en entendre parler. Cette fois, la porte fut ouverte par la jeune fille Marie ; j'ai donc conclu que Gretchen s'était enfuie ou avait été envoyée vaquer à ses affaires à la suite de l'affaire de la veille. Marie m'a dit qu'il n'y avait personne à la maison et que Rosa était partie avec Nessa et Lottchen au Thiergarten .

Je les ai vite trouvés; et Rosa jouait le rôle de la bonne fée et gardait l'enfant avec elle pendant que Nessa m'annonçait la nouvelle.

"Laissez-moi d'abord vous annoncer la bonne nouvelle", dit-elle.

"Alors tu veux dire que l'autre est mauvais ?"

"Ayez un peu de patience. L'essentiel est que Rosa a convaincu Herr Feldmann de dire où nous pouvons trouver les choses que vous désirez. N'est-ce pas magnifique ?"

"Oui, si vous parvenez à m'en sortir, et cela peut dépendre de ce qui s'est passé aujourd'hui. Est-ce que tout va bien ?"

"Autant me poser une énigme en russe. Franchement, je ne sais pas quoi en penser. Bien sûr , c'est pour voir le baron von Gratzen que j'ai dû me rendre à l' Amtstrasse . Il avait l'air bien, mais... " et elle haussa les épaules et fronça les sourcils.

"C'est juste l'impression qu'il me laisse toujours."

"Il était terriblement gentil dans ses manières; mais c'était une chance que vous m'ayez averti de faire attention, car il n'arrêtait pas de me poser des questions à votre sujet juste au moment où je ne m'y attendais pas, et je ne peux pas dire si je vous ai trahi. Je ne pense pas que je l'ai fait, mais je ne suis pas du tout sûr qu'il n'ait pas vu que je tirais de l'escrime. »

"De quoi a-t-il parlé ?"

"Oh, il m'a d'abord dit que quelqu'un avait déclaré que j'étais vraiment un espion ; il m'a demandé pourquoi je m'étais arrêté si longtemps ici ? Ne voulais-je pas rentrer chez moi ? et ainsi de suite. Bien sûr, tout cela était assez facile ; mais je Je pense qu'il essayait seulement de me laisser surmonter ma nervosité ; car, bien sûr, j'étais terriblement nerveux ; et finalement il a dit qu'il croyait entièrement à mon histoire, en fait qu'il savait que c'était la vérité ; que je ne devais pas le faire. inquiétude ; que je n'avais besoin que de me présenter une fois par semaine ; que c'était la plus simple formalité ; et que je n'aurais probablement jamais à tout faire, car il était presque sûr que je devrais être renvoyé chez moi avant l'arrivée du premier jour de rapport. "

"Et c'était tout ?"

"Plutôt pas ; seulement la préface ; et, remarquez bien, il n'avait pas dit un mot de vous jusque-là, pas même mentionné votre nom."

"Qu'est-ce qui s'est passé ensuite?"

"Il m'a demandé de parler de l'Angleterre et des Anglais, en disant qu'il y était allé beaucoup et qu'il connaissait beaucoup de gens ; et puis vous êtes entré en scène."

"Est-ce qu'il a posé des questions sur moi, tu veux dire ?"

"Est-ce que c'est toi qui raconte l' histoire ou c'est moi ?" et elle m'a rallié avec un sourire qui faisait plaisir à voir. Elle ressemblait beaucoup plus à la Nessa des temps anciens, était de bonne humeur et s'était débarrassée d'une grande partie du fardeau inquiétant de la dépression. "Je ne sais pas si vous l'avez fait, mais aujourd'hui, je ne peux pas prendre les choses au sérieux."

"C'est comme il se doit ; mais comment m'a-t-il fait entrer ?"

"Eh bien, soit il agissait mieux que moi, soit il était parfaitement sincère. Ce qu'il faisait, c'était parler des gens, en mentionnant beaucoup de noms et en me demandant si je connaissais certains d'entre eux, et sur le ton le plus décontracté du monde. le tien est sorti."

"Lassen ?"

"Bien sûr que non ; le vôtre, Lancaster."

" Ouf ! C'est un avertissement, si vous voulez. Qu'avez-vous dit ? "

Elle rit doucement. "Je pense que j'étais alors de trop pour lui. Vous voyez, il avait préparé le terrain d'une certaine manière en mentionnant des gens dont je n'avais jamais entendu parler, alors j'ai juste secoué la tête, puis j'ai fait semblant de réfléchir et j'ai dit que je n'étais pas de trop pour lui. Je suis sûr que ma mère n'avait pas connu de Lancaster . Il avait été si honnête que cela semblait plus facile que de mentir purement et simplement. Il était impatient d'en savoir plus et m'a demandé d'essayer de m'en souvenir, car il avait une raison très particulière de s'intéresser à eux ; mais cela semblait dangereux, alors j'ai pensé qu'il valait mieux ne pas me souvenir de quoi que ce soit d'autre de Lancastrian. "

"Bien?"

"Ne me précipitez pas. Je pouvais dire que j'avais bien traversé ce pont, mais ce n'était que le premier. Après un moment, il a évoqué le nom de Jimmy Lamb, et j'ai ri, j'ai applaudi et j'ai dit qu'il était mon frère... belle-famille.

Pourquoi, qu'est-ce qu'il y a ? C'était mal ?" cria-t-elle en remarquant mon froncement de sourcils.

"Peut-être pas, mais c'était le passeport de Jimmy que je devais utiliser, et il est censé être descendu dans le *Burgen* . Cela n'aura probablement pas d'importance."

" J'avais tout oublié. Pas étonnant qu'il ait été intéressé et qu'il m'ait posé une volée de questions à son sujet. Mais tout cela était assez prudent, car je n'ai pas entendu un mot sur Jimmy depuis que je suis ici, et " Naturellement, je ne pouvais rien lui dire. L'une d'elles était de savoir si Jimmy connaissait les Lancaster , d'ailleurs. Et je peux voir pourquoi il l'a demandé. "

Désagréablement inquiétant, ceci ; puisqu'il était clair qu'il essayait d'établir le lien entre moi et Jimmy. "Et après ça?"

"Le beurre n'aurait pas fondu dans sa bouche. Il m'a interrogé sur toi en tant que Lassen; de nouveau un terrain sûr: et a terminé en me remerciant d'avoir répondu si franchement à ses questions; il s'est déclaré tout à fait satisfait, et puis, comme je te l'ai dit , a dit qu'il userait de son influence pour que je rentre chez moi."

" Quelque chose à propos de notre sortie ensemble ? "

"Oui. Il a dit que ce n'était peut-être pas bien pour moi de voyager seul et a demandé s'il y avait quelqu'un qui pourrait m'accompagner jusqu'à la frontière."

"Tu ne m'as pas suggéré ?" Je suis entré par effraction.

"Vraiment, Herr Lassen ! Pensez-vous que toutes les jeunes Anglaises sont idiotes ? J'ai suggéré Herr Feldmann. Il secoua la tête, murmurant quelque chose sur son incapacité à s'enfuir ; et puis vint la seule chose qui m'effraya vraiment. " Bien sûr vous pourriez vous en confier aux soins de quelques-uns de nos gens, mais il vaudrait peut-être mieux ne pas le faire, tant il est difficile d'épargner nos gens en ce moment. modifié ses traits mêmes, il m'a fixé avec un regard qui semblait transpercer comme des vrilles brûlantes jusqu'à mon cerveau et y lire chaque pensée, et m'a demandé de suggérer quelqu'un d' autre . Je veux dire, j'avais l'impression d'être un poisson au bout d'une fourchette jeté soudainement dans un feu flamboyant. Je ne sais pas ce que j'ai dit ou fait. Cela a dû me hypnotiser, je suppose. Je crois que j'ai secoué la tête et balbutié Je ne connaissais personne d' autre, mais je ne peux pas en être sûr. Tout ce dont je me souviens clairement, c'est d'un sentiment de soulagement intense lorsque ses yeux ont quitté les miens, et je l'ai entendu dire quelque chose sur le fait de s'occuper de l'affaire. Je n'ai jamais ressenti quelque chose de pareil dans ma vie auparavant ; et si je t'ai trahi, c'est à ce moment-là.

"J'ai eu un tel regard de sa part et je peux comprendre ce que cela vous a fait ressentir. C'est pourquoi je n'arrive pas à situer cet homme. Bonjour, regardez ! Voilà sa femme et sa fille avec la comtesse. Nous ferions mieux de les rejoindre. " Il ne faut pas leur laisser penser que nous sommes trop épais ; " et nous nous sommes précipités vers Rosa alors que les autres arrivaient sur place, et tous restaient à bavarder. Bientôt, Lottchen m'écarta des autres, déclarant qu'elle ne me voyait plus jamais, et au bout d'un moment, Nita, attirée par la beauté de l'enfant, nous rejoignit.

J'ai dit quelque chose qui les a fait rire tous les deux, et au moment où les autres se retournaient et nous regardaient, j'ai eu la surprise de ma vie.

Une belle femme passait, tenant par la main un bambin ; elle m'a jeté un coup d'œil, s'est arrêtée net avec un air de profond étonnement, s'est arrêtée pour regarder, les mains serrées et pressées contre sa poitrine, les yeux écarquillés, la bouche ouverte et chaque trait aussi rigide que la pierre.

« Johann ! » d'abord à peine plus qu'un murmure, puis à voix haute : « Johann ! et, sans plus de cérémonie, elle se précipita, me jeta les bras autour du cou et éclata en un flot de sanglots passionnés mêlés de termes d'affection également passionnés.

CHAPITRE XIV

ANNA HILDEN

"Johann ! Johann ! Oh, ma chérie ! Oh, Dieu merci , je t'ai enfin trouvé ! Oh, ma chérie perdue depuis longtemps !" » s'extasiait la femme, tandis que son enfant accourut et s'accrochait à mon manteau en criant : « Papa ! Papa !

Une situation agréable compte tenu des circonstances et du fait qu'un certain nombre d'autres personnes, attirées par l'hystérie de la femme, commençaient à se rassembler autour de nous.

Nita et Lottchen se sont précipités vers notre groupe ; les deux femmes aînées avaient l'air à la fois scandalisées et dégoûtées ; et Nessa se penchait sur Lottchen , à peine capable de cacher son rire. Heureusement Rosa gardait la tête froide.

Me lançant d'abord un regard d'indignation méprisante, elle dit quelque chose à sa mère et tout le groupe s'éloigna.

L'explosion de passion hystérique de la femme s'était alors calmée, et elle laissa simplement sa tête reposer sur mon épaule, régalant ses yeux plutôt fins sur mon visage avec un ravissement languissant.

Ma première pensée fut qu'elle était folle ; alors j'ai essayé de détacher son étreinte. Doucement d'abord, puis avec beaucoup de force, car elle résista vaillamment. Ensuite, j'ai observé que malgré tous ses sanglots hystériques, ses yeux étaient à peine humides ; un fait qui donnait à l'affaire une interprétation tout à fait différente.

"Nous ne voulons pas de scène ici", ai-je dit.

Cela eut relativement peu d'effet et elle essaya de retirer ses mains et de recommencer l'étreinte.

"Si nous en avons encore, j'appellerai la police", dis-je sèchement. Cela a fait l'affaire. Au bout d'un moment, elle devint moins démonstrative, fit un grand effort pour contenir son agitation et me laissa l'emmener.

Pendant que nous secouions la foule, nous avions le temps de l'étudier et d'essayer d'avoir une idée du sens de tout cela. Maintenant que l'hystérie était terminée, elle semblait moins émotive que perplexe. Elle gardait les yeux fixés sur le sol, réfléchissant intensément et ne prêtant aucune attention à l'enfant, qui était aussi indifférent que si elle n'appartenait pas à l'image, sauf qu'une ou deux fois, elle leva les yeux vers la femme, comme si elle n'appartenait pas à l'image. je me demande quoi faire et je cherche une piste.

Une pensée de la vérité m'est venue à l'esprit et m'a fait regarder plus attentivement que jamais le visage de cette femme. Deux choses m'ont frappé à la fois. Elle était plus âgée que je ne l'avais cru ; un peu de maquillage cachait astucieusement quelques rides, et une touche de rouge sur la joue contribuait à expliquer mon erreur sur son âge ; et une inspection plus approfondie a révélé des lignes de peinture grasse près de ses cheveux.

Je la considérais alors comme une actrice de second ordre, et son jeu excessif dans la scène des accolades suggérait une corroboration. La façon dont une femme ordinaire se comporterait en découvrant son amant ou son mari perdu depuis longtemps peut être une question ; mais elle ne verserait certainement pas de larmes soigneusement sèches, de peur qu'elles n'abîment son maquillage. C'était évidemment une plante.

Ce n'était cependant pas une réflexion tout à fait réconfortante. Ma perte de mémoire a rendu impossible sa dénonciation, pour la simple raison que toute histoire qu'elle pourrait choisir de raconter ne pourrait être contredite.

"Maintenant, j'aimerais savoir ce que tout cela signifie", ai-je commencé lorsque nous étions libres de tout regard curieux.

"Tu fais comme si tu ne me reconnaissais pas ?" » demanda-t-elle en tournant vers moi ses grands yeux bleus avec une nostalgie pathétique.

« Pensez-vous que je devrais le faire ? »

"Pourquoi m'as-tu abandonné ? Oh, comment as-tu pu, Johann ?" elle a pleuré.

"Je ne sais même pas ce que tu veux dire."

"Oh, mais tu dois le faire ; tu dois le faire. Tu m'aimais tellement ; au moins tu l'as juré, encore et encore," cria-t-elle. "Oh, ne me dis pas que tu m'as oublié. Je pourrais tout supporter sauf ça."

Cela a suggéré von Gratzen . C'était exactement le genre de stratagème qui séduirait un vieux mendiant aussi rusé pour me piéger et me faire admettre. "Qui es-tu?" J'ai demandé.

Elle plaqua ses mains sur son visage et eut l'air de recommencer à devenir hystérique. "Oh, tu dois le savoir. Tu dois le savoir. Tu ne peux pas m'avoir oublié ! Tu ne peux pas !"

"Peut-être que ton nom m'aidera."

Avec un geste théâtral très exagéré, elle s'est arrêtée et m'a regardé avec un air distrait.

"Je suis... Anna. Votre Anna."

" *Mon* Anna ? Je ne savais pas que j'en avais une ; " » et elle porta de nouveau ses mains à son visage, mais pas assez vite pour cacher son expression, qui ressemblait inhabituellement à un sourire. "Et le nom de famille ?"

"Hilden, bien sûr," dit-elle après une pause sans lever les yeux.

Cela a donné l'indice. Ce n'était pas le projet de von Gratzen mais celui de von Erstein . Je me suis souvenu de notre entretien; sa tentative persistante de tester ma mémoire ; son histoire d'Anna Hilden ; sa véritable colère quand je ne m'étais pas souvenu d'elle ; et puis ce changement soudain de comportement qui avait été si déroutant.

Il l'avait mise en place pour jouer le rôle de la jeune fille ruinée et avait probablement planifié la scène mélodramatique qui venait de se dérouler, sachant que, à moins de me trahir en même temps, je ne pourrais pas la dénoncer. C'était rusé et cela m'a mis dans le pétrin. Il ne semblait y avoir qu'une seule issue : convaincre la femme d'admettre la vérité.

"Vous pouvez constater par vous-même que cela m'a complètement surpris", dis-je après une pause. "J'ai vécu une période très difficile il y a quelques semaines ; le navire dans lequel je me trouvais a explosé et l'explosion m'a fait perdre complètement la mémoire. Ce que vous avez dit est peut-être absolument vrai, même si cela me semble impossible. est-ce que tu souhaites que je le fasse ? »

"Je veux mes droits", répondit-elle après une légère pause.

"Eh bien, nous pouvons à peine discuter de choses ici. Où habitez-vous ?"

"Sur la Kammerplatz . 268g. Non, je veux dire 286g;" faire la correction dans une certaine confusion.

Curieux qu'elle ne puisse pas se souvenir du bon numéro ; on aurait dit qu'elle venait juste d'y aller pour cette affaire spéciale. "On y va ?" J'ai demandé.

Elle trouva la question inutilement embarrassante, hésita et jeta un regard perplexe à l'enfant. "Je ne peux pas encore rentrer à la maison. J'emmenais juste ma petite chérie chez des amis."

Elle n'était certainement pas une bonne actrice, sinon elle n'aurait jamais laissé entendre qu'il était plus important d'emmener l'enfant chez des amis que d'avoir une explication avec le faux amant découvert après de longues années. "Quand ensuite?" » ai-je demandé, concluant que l'enfant avait été emprunté pour le spectacle et qu'il devait être restitué immédiatement avec remerciements.

"Viens là-bas dans une heure", dit-elle après réflexion. "Tu ne m'échapperas plus, car je sais où te trouver maintenant", ajouta-t-elle en hochant la tête.

"Je n'essaierai pas. Voici mon adresse;" et je l'ai griffonné sur une carte. "Je viendrai très bien. Je ne suis que trop intéressé par ce que vous avez dit et je souhaite savoir tout ce que vous pouvez m'en dire. Je ferai ce qu'il faut pour vous, Anna;" et j'ai tendu la main.

Elle hésita une seconde puis me serra la main, son regard montrant que mes paroles l'avaient impressionnée favorablement et l'avaient aussi perplexe.

J'ai passé l'intervalle au Thiergarten à réfléchir à tout cet incident désagréable : l'effet probable sur ceux qui en avaient été témoins et la ligne à suivre lors de l'entretien à venir.

En tout cas, ce serait une bonne chose. Von Gratzen en serait informé par sa femme et cela devrait mettre un terme à ses soupçons. Si la femme que j'avais ruinée pouvait m'identifier comme le résultat d'une rencontre fortuite, il ne pourrait guère manquer de considérer cela comme une puissante corroboration de la théorie de Lassen.

Rosa et Nessa sauraient bien sûr que l'histoire, même si elle était vraie, n'avait rien à voir avec moi, et que ce que pensait la comtesse elle-même n'avait aucune valeur. L'essentiel était de savoir ce qui se passerait si la femme s'y tenait et jusqu'où elle était prête à aller. Cela dépendrait probablement des incitations ou des pressions exercées par von Erstein ; et à en juger par l'homme, la pression était la plus probable.

Il serait assez facile de détruire le système en y faisant intervenir la police ; sa nervosité à leur mention l'avait clairement montré. Mais cela ne me conviendrait pas. Moins la police devait se mêler de mes affaires, mieux c'était. Sans doute un agent d'enquête pourrait-il bientôt découvrir la vérité en ce qui concerne la femme elle-même ; et si elle se montrait obstinée, ce serait peut-être la meilleure solution. Mais évidemment, la solution la plus rapide et la meilleure serait d'amener la femme elle-même à admettre son erreur ; et cela doit être la première ligne d'attaque.

Sa réponse à ma question de savoir ce qu'elle souhaitait que je fasse m'a suggéré une idée. Elle voulait ses « droits », comme elle le disait ; et il était clair que la solution la plus simple consistait à leur proposer. « Droits » signifiait mariage ; et elle risquait fort de se sentir dans un sale état si j'acceptais de l'épouser. La farce était tout à fait à mon goût. Sembler la forcer à un tel mariage avec un homme qu'elle n'avait jamais vu de sa vie était à la fois riche et judicieux, car cela l'impressionnerait par l'honnêteté de mes intentions.

J'ai respecté le rendez-vous ponctuellement et je l'ai trouvée plutôt essoufflée et agitée. C'était un méchant petit appartement ; avait évidemment été préparé à la hâte; et le nombre de choses encore jonchées dans la pièce indiquait que j'étais arrivé au milieu de ses efforts pour la mettre en ordre.

Elle avait l'air beaucoup moins présentable sans son chapeau et ses autres affaires. C'était une personne désordonnée, tout sauf propre, et elle a commis l'erreur d'essayer d'expliquer la confusion et le désordre qui régnaient dans les lieux.

"Je ne pensais pas vraiment que tu viendrais, sinon j'aurais eu un endroit plus propre. Quand quelqu'un doit lutter seul pour gagner sa vie à cette époque, il n'y a pas beaucoup de chance de garder la maison en bon état."

" Je peux quand même voir que tu as fait de ton mieux."

"Je dois toujours le faire", répondit-elle avec un rapide regard à moitié suspect.

"Vous avez un dur combat?"

"Assez dur."

"Que fais-tu?"

"Tout ce que je peux, bien sûr. C'est un travail difficile."

Cependant, ses mains n'en offraient aucune preuve. "Eh bien, nous devons essayer de te faciliter les choses, Anna. Maintenant, parlons-en."

"Je vais d'abord me laver les mains et ranger un peu", et elle entra dans la pièce voisine, où je l'entendis déplacer des meubles.

Cela donna l'occasion d'examiner le petit salon mesquin, et un fait apparut immédiatement. Rien n'indiquait qu'un enfant y ait même mis les pieds. Sur le sol, près du canapé miteux, se trouvait un sac en cuir en partie ouvert ; beaucoup trop beau et trop cher pour être en harmonie avec le reste, et un coup d'œil révéla un certain nombre d'accessoires de coiffeuse, également bien meilleurs que ce qu'une femme qui travaille en difficulté serait susceptible de posséder.

Elle l'avait oublié dans sa confusion à mon arrivée et sortit aussitôt le chercher, toujours dans sa robe négligée et en désordre. "Je n'en aurai pas une minute, maintenant", dit-elle.

Mais plusieurs minutes se sont écoulées avant qu'elle ne revienne, portant désormais un manteau et une jupe bien ajustés et se maquillant comme elle l'était lors de notre première rencontre.

« J'essaie de garder la tête hors de l'eau, voyez-vous », dit-elle, pour expliquer sans doute sa belle tenue.

J'ai souri d'approbation et je me suis mis au travail. "Permettez-moi d'abord de vous demander si vous êtes absolument certain que je suis l'homme que vous pensez."

" Pensez-vous que j'aurais dû faire autant d'histoires aujourd'hui si je ne l'avais pas fait ? Pourquoi posez-vous une telle question ? "

"Parce que je ne m'en souviens de rien et que tu es pour moi un parfait étranger. Raconte-moi tout à ce sujet."

Son histoire était essentiellement celle que m'avait racontée von Erstein , répétée comme si elle l'avait apprise à peu près comme elle aurait étudié son rôle dans une pièce de théâtre. Elle n'y était pas très parfaite, et il y avait juste ces dérapages et trébuchements verbaux qu'on peut entendre dans une pièce mal répétée le premier soir de la représentation. De plus, à part ses lignes, elle était désespérément confuse et avait été très mal entraînée sur les détails ou sa mémoire n'était guère meilleure que celle que je supposais.

Elle jugea à mon apparence que son histoire me choquait, et je restai longtemps assis, les sourcils froncés, comme perdu dans mes pensées. "Cela semble absolument inconcevable !" m'exclamai-je longuement avec un profond soupir. « Absolument inconcevable que j'aie pu te traiter de cette façon ; et seulement… c'était il y a combien de temps ?

"Vous êtes venu directement de Göttingen à Hanovre."

"Qu'est-ce que je faisais là ?"

"Je ne sais pas ? Au moins, tu as toujours été si proche que tu ne me dirais jamais rien."

"Vous m'avez beaucoup vu, bien sûr ?"

"Eh bien, naturellement. Je n'allais pas épouser un homme que je n'ai jamais vu, je suppose."

"Non, non, bien sûr que non. Oh mon Dieu, penser à tout ça !" Je lui ai posé quelques questions supplémentaires auxquelles elle pouvait facilement répondre, et quand elle s'est sentie plus à l'aise, j'ai demandé : « Et quel âge a l'enfant ?

"Hein ? Je ne sais pas. Oh oui, je le sais, bien sûr. Papa avait neuf ans le dernier anniversaire ."

"Neuf!" M'écriai-je. Je pourrais bien en être étonné, car ils avaient désespérément brouillé cette partie des choses. L'enfant que j'avais vu au

Thiergarten n'avait pas plus de six ans, probablement même plus jeune. "Où elle est née?"

Cela l'a secouée. "Qu'importe où elle est née, pourvu qu'elle soit née quelque part", dit-elle, rougissant si vivement que cela se voyait sous son rouge. De toute évidence, elle ne savait pas où « notre enfant » était censé être né. "Ce qui compte, c'est ce que vous allez faire."

"Il n'y a qu'une seule chose qu'un homme honorable penserait à faire, Anna. Je ferai de toi ma femme immédiatement", m'écriai-je.

Son étonnement était un pur délice. C'était si complet qu'elle ne savait pas quoi faire ou dire et me regardait simplement les yeux ouverts. "Je n'ai pas dit que je voulais ça, n'est-ce pas ?" balbutia-t-elle longuement.

"Voilà l'enfant, Anna ; et ni vous ni moi ne pouvons nous permettre de penser à nos propres souhaits ;" et pour preuve de mon devoir moral dans les circonstances, je fis une conférence sur la nécessité de libérer l'enfant de la souillure de sa naissance.

Cela lui a donné le temps de se ressaisir. "Es-tu sérieux ?" elle a demandé quand j'ai fini.

"J'ai les opinions les plus fortes dans de tels cas. Le meilleur plan serait que j'organise le mariage immédiatement, aujourd'hui en effet ; et probablement demain ou le lendemain, nous pourrons nous marier."

"Mais je——" Elle s'arrêta soudainement. On aurait dit qu'elle allait protester contre le fait qu'elle n'épouserait pas un homme qu'elle n'avait jamais vu auparavant. "J'aimerais y réfléchir," substitua-t-elle avec inquiétude.

"Mais pourquoi avoir besoin de réfléchir ? Vous avez montré cet après-midi à quel point vous ressentiez amèrement ma désertion et, à moins que vous ne jouiez la comédie, à quel point vous tenez toujours à moi. Alors pourquoi attendre quand je le veux ? Il est vrai que je peux." Je ne prétends pas prendre soin de vous comme avant, mais tout cela pourrait me revenir. Nous l'espérons, en tout cas.

"Mais tu es fiancée à ton riche cousin, n'est-ce pas ?"

C'était un bon exemple de ses méthodes négligées. Comme elle le savait, elle savait aussi où m'avoir trouvé, de sorte que la petite scène de reconnaissance mélodramatique au Thiergarten n'était qu'un simple superflu pittoresque. Je l'ai laissé passer et j'ai répondu gravement : « Je ne devrais pas permettre que ces fiançailles interfèrent avec mon devoir envers toi, Anna.

"Alors tu as dû beaucoup changer."

"J'espère que oui, si vous ne vous trompez pas vraiment sur le fait que je suis l'homme que vous pensez. Mais je vais aller voir pour notre mariage;" et je me suis levé.

"Attends un peu", cria-t-elle, troublée et perplexe. "Je ne m'attendais pas à ce que tu cèdes autant à ce point", ajouta-t-elle en riant nerveusement. "Ce n'est pas du tout comme si j'avais été conduit – ce à quoi je m'attendais. Veux-tu vraiment dire que tu es prêt à m'épouser tout de suite comme ça ?"

Avec tout le sérieux dont je pouvais disposer, je lui ai donné l'assurance. "Je te promets ma parole sacrée d' honneur que si je t'ai traité comme tu le dis, je t'épouserai dès que cela pourra être fait." Un engagement parfaitement sûr et sincère.

Cela l'a effrayée. L'affaire avait pris une tournure bien plus grave qu'elle ne l'avait imaginé. « Vous… vous m'avez presque coupé le souffle », c'est ainsi qu'elle l'a dit ; et elle restait assise, tordant et détordant nerveusement ses doigts, ne voyant pas du tout comment faire face à cette difficulté inattendue. — Il faut que j'aie le temps d'y réfléchir, dit-elle enfin.

"Pourquoi?"

"Oh, je ne sais pas, mais c'est—c'est si soudain."

"Voilà l'enfant, Anna", lui rappelai-je encore.

"Oh, dérange l'enfant. Je veux dire, je pense à moi." Ceci précipitamment, alors qu'elle se tournait pour regarder par la fenêtre. « Savez-vous quel genre de vie je vis ? demanda-t-elle à voix basse sans se retourner.

" Quoi qu'il en soit, ça doit être de ma faute, et je me fiche de ce que tu as fait. Je t'y ai conduit. Il y a notre enfant, souviens-toi. "

Il y eut un autre long silence alors qu'elle se tenait à la fenêtre. Sa respiration difficile , les mains crispées et les mouvements spasmodiques de ses épaules témoignaient d'une grande agitation. S'il s'agissait simplement de jouer , elle était une bien meilleure actrice qu'elle ne s'était encore montrée. Et le changement de son apparence lorsqu'elle se tourna enfin vers moi prouva que son émotion était authentique.

"Tu es un homme blanc jusqu'au bout, et je ne suis qu'une saleté comparée à toi", crie-t-elle tendue. "Ecoute, j'ai menti à propos de cette enfant. Elle n'est pas à toi, ni à moi non plus d'ailleurs. Qu'est-ce que tu dis de ça ?" » et elle rejeta la tête en arrière d'un air de défi.

« Seulement, je le sais déjà, son âge rendait cela impossible. Mais cela ne change rien au mal que je t'ai fait.

"Tu veux toujours dire que tu m'épouserais ?"

"Je veux dire chaque lettre de l'engagement que je vous ai donné tout à l'heure, enfant ou pas enfant," répondis-je sur le même ton sérieux.

"Mon Dieu!" s'exclama-t-elle avec extase, levant sauvagement les mains, puis fondant en larmes. "Et ils m'ont dit que tu étais une canaille !" Elle fut complètement bouleversée, se laissa tomber sur une chaise et cacha son visage dans ses mains. Les larmes étaient assez sincères, car lorsqu'elle levait les yeux, elles avaient fait de petits coulures dans le rouge et la poudre.

"Bien?" Ai-je demandé à l'instant.

"Je ne suis pas digne d'être la femme d'un homme comme toi", balbutia-t-elle à travers ses sanglots. "Je suis de la saleté pour toi, juste de la saleté. Si plus d'hommes étaient comme toi, il y aurait moins de femmes comme moi."

Le moment était-il venu de la pousser aux aveux ? Cela y ressemblait ; mais il me semblait lâche de profiter de ses remords et de sa détresse produits par ma propre ruse.

« Partez maintenant, s'il vous plaît », dit-elle après un long intervalle.

"Mais qu'en est-il, Anna ?"

"Je ne sais pas. Je ne peux pas penser. Je ne peux rien faire. Seulement que si j'avais su... Oh, pour l'amour du ciel, va-t'en, ou je dirai... Oh, pars !"

"Y a-t-il autre chose que tu aimerais me dire ?"

"Non. Oui. Je ne sais pas. Laisse-moi tranquille maintenant."

"Alors je viendrai demain."

"Non, pas demain. Le lendemain. Donnez-moi du temps. Il me faut du temps", s'écria-t-elle sauvagement.

J'ai hésité. Dans son état actuel, il aurait été facile de lui faire peur et de tout admettre ; mais d'une manière ou d'une autre , je n'ai pas pu me résoudre à le faire, alors je l'ai quittée.

CHAPITRE XV

UNE ATTAQUE DE NUIT

Le succès de mon offre bluffante d'épouser cette femme m'a fait regretter que l'affaire n'ait pas été poussée jusqu'au point d'obtenir des aveux complets ; et c'était pour prouver une de ces erreurs désastreuses qui viennent de motifs honnêtes.

A peine l'avais-je quittée que je commençais à voir clairement la chose. Il n'avait pas été difficile de la convaincre, mais il y avait von Erstein . Il ne croyait probablement pas à une quelconque volonté de se marier et serait bientôt capable de la convaincre de son point de vue. Dans ce cas, je pourrais siffler pour obtenir des aveux.

Je n'étais pourtant pas reparti à vide. Elle avait admis le mensonge à propos de « notre enfant », et il ne pouvait pas le réfuter. De plus, il était encore possible de lancer des enquêtes et de découvrir ainsi la vérité. C'était une bonne chose que son impression de moi soit si favorable . Il n'y avait là ni comédie ni farce, et il restait à voir le résultat. Il était presque certain qu'elle n'aurait guère envie de pousser le projet plus loin.

Pendant ce temps , que pensaient les autres ? Nessa avait ri de l'affaire du Thiergarten ; mais il y avait là plus qu'une plaisanterie, même quand on connaissait la vérité. Elle et Rosa seraient très curieuses de savoir ce qui allait suivre, alors je suis allée les voir immédiatement et je les ai trouvées toutes en train de parler de cela.

La comtesse était choquée et très affligée. "C'était un tel scandale, Johann, et cela s'est produit dans un tel endroit et avec les von Gratzen là-bas", a-t-elle déclaré.

"Je n'ai pas besoin de vous dire à quel point je suis désolé, ma tante."

"Ce n'était pas la faute de Johann, maman", dit Rosa. "Il ne pouvait pas empêcher la femme de choisir un tel lieu public et d'agir comme elle l'a fait."

"Pourquoi dis-tu choisir, Rosa ? Tu ne penses pas qu'elle s'attendait à y rencontrer Johann, n'est-ce pas ? Que s'est-il passé après notre départ ?" elle me demanda.

"J'ai l'impression qu'elle a choisi l'endroit, ma tante. J'ai eu une conversation avec elle et je l'ai ensuite vue dans son appartement."

"Mais il ne peut sûrement pas y avoir une once de vérité là-dedans."

"Comment puis-je le dire ? Plus catégoriquement, je ne me souviens pas d'elle ni de ce qu'elle m'a dit."

« Que vous a-t-elle dit, Herr Lassen ? » demanda Nessa, les yeux pétillants. " Bien sûr, nous sommes tous impatients de l'entendre – si cela ne vous dérange pas de nous le dire, bien sûr. "

"Ça ne me dérange pas du tout. Ce n'est pas une belle histoire;" et je leur ai dit le plus rapidement possible. Nessa dut cacher son visage à la comtesse lorsque je parlai de mon offre de mariage, et Rosa couvrit son rire sous un semblant d'indignation.

"Tu sembles avoir oublié nos fiançailles très facilement, Johann !"

"Oh non. Elle me l'a rappelé ; mais bien sûr, elle a le premier droit."

"En effet!" cria-t-elle en secouant la tête.

Mais sa mère a pris cela au sérieux. "Je pense que tu avais raison, Johann, et je suis reconnaissante que tu aies eu suffisamment d'esprit viril", a-t-elle déclaré, me faisant me sentir sans fin hypocrite.

« Et quand allez-vous vous marier, Herr Lassen ? » demanda Nessa avec un air et un ton malicieux.

"Ce n'est pas encore définitivement réglé."

"Et votre enfant ?" » ébréché Rosa.

"Il y a eu une erreur. Elle a admis par la suite que l'enfant n'était ni le sien ni le mien."

"J'ai admis ça!" s'écria la comtesse avec plus d'indignation que je ne pensais qu'elle était capable d'en ressentir. "Voulez-vous nous dire qu'elle a eu le visage assez effronté pour avouer une telle chose ? Elle doit être un bagage ordinaire et vous devez être fou pour penser à l'épouser ! Je n'ai jamais entendu une chose pareille de toute ma vie."

"Elle n'avait pas un visage vraiment effronté lorsqu'elle me l'a dit, tante Olga. Je pense qu'elle a été plutôt affectée par mon offre ; et en tant qu'homme honorable ..."

" Honorables violoneux, Johann ! Ne dites pas de bêtises. C'est une imposteur, rien d'autre ; et j'irai voir mon avocat demain matin et je lui dirai d'avertir la police. "

Rosa est alors venue à son secours. " A moins que tu veuilles causer de sérieux ennuis à Johann, tu ne feras pas ça, maman. Tu t'es souvent inquiétée parce que je ne voulais pas l'épouser, et je ne t'ai pas dit la vraie raison ; mais tu ferais mieux. Je le sais maintenant. L'histoire de cette femme concernant la vente d'informations secrètes est vraie. Vous ne vous en souvenez peut-être pas, Johann, mais j'ai quelques lettres de vous dans lesquelles vous l'admettez à plus de la moitié, et que c'est la raison pour laquelle vous a fui le pays et n'a jamais eu l'intention de revenir.

« Rosa ! » s'écria la chère vieille dame avec une profonde détresse. "Est-ce vrai, Johann ?"

"Malheureusement, je ne peux dire ni oui ni non, tante Olga."

"Je vais chercher les lettres", dit Rosa, et elle les récupéra et nous en lut les parties. "Vous pouvez voir que c'est son écriture ;" et elle remit les lettres à sa mère, qui les regarda puis me les remit.

"Je ne connais pas l'écriture, bien sûr," dis-je. "Je ne crois même pas que je pourrais le copier. J'en suis encore au stade du pothook." C'était un petit poing curieusement frétillant, difficile à déchiffrer, mais facilement identifiable par quiconque l'avait déjà vu. Et la comtesse le savait bien.

"Qu'est-ce que j'avais de mieux à faire, Johann ?" elle a fait appel.

"Je vous laisse cela. J'espère que je suis incapable de rien de tel maintenant; mais si je l'ai fait, je dois en assumer les conséquences."

" Il n'y a qu'une chose à faire, mère, c'est rien. Vous ne voulez pas que Johann soit abattu, je suppose, " dit Rosa d'un ton brusque.

"Ne le fais pas, Rosa!"

"C'est très bien de dire non, mais c'est ce qui arrivera si vous insistez pour remuer cette eau sale."

"Mais tu ne voudrais pas qu'il épouse une telle femme, mon enfant !"

"Peut-être qu'il préférerait faire cela plutôt que d'être abattu", fut la réplique.

C'était cruel, mais efficace ; et après quelques mots encore, sa mère céda et s'en alla, affligée jusqu'aux larmes.

"J'aurais préféré que tu lui dises toute la vérité plutôt que de la chagriner comme ça, Rosa," dis-je.

"Peut-être, mais je ne le ferais pas. Tu ne connais pas maman, et moi si. Il fallait lui faire peur, sinon elle aurait diffusé l'histoire. Je vais aller arranger les choses tout à l'heure."

"Tu crois à cette histoire sur ton cousin ?"

"Je sais que c'est vrai, et Oscar aussi. Il m'a dit dès que nous avons appris que Johann reviendrait."

"Mais il revenait malgré tout", a souligné Nessa.

" À cause de son travail d'espion, Nessa. C'était un espion né. Il a vermifugé beaucoup de choses en Amérique ; et les gens des services secrets, voyant à quel point il était bon dans ce travail, l'ont envoyé en Angleterre et, après ce qu'il a découvert. là-bas, je lui ai dit de rentrer à la maison et j'ai promis de laisser de côté l'autre affaire. Cela expliquera pourquoi je n'étais pas ravie de te voir", m'a-t-elle ajouté.

J'ai hoché la tête. "Et expliquez probablement pourquoi von Gratzen estime que cela vaut la peine de me renvoyer en Angleterre pour retrouver ma mémoire."

"Très probablement, s'il croit vraiment que vous l'avez perdu, bien sûr. Oscar dit que c'est la raison, et il devrait le savoir. Il a ri de tout cela, mais ce n'est pas une simple question de rire."

"Mieux vaut rire que s'inquiéter", dis-je.

"Maintenant, parle-nous de ton Anna", dit Nessa, qui refusait de considérer la chose sérieuse.

Je leur ai donné un récit plus détaillé de l'entretien et j'ai répondu à une série de questions sur Anna, décrivant le changement d'attitude dont elle avait fait preuve, la manière dont elle avait été amenée à avouer au sujet de l'enfant et mon opinion selon laquelle von Erstein était au courant. l'arrière de celui-ci.

"Je n'oublierai jamais cette scène au Thiergarten aujourd'hui", a ri Nessa. "Tu avais l'air tellement abasourdi."

« Rien à voir avec ce que j'ai ressenti, je peux vous le dire. Je ne me suis jamais senti aussi idiot de ma vie. Bien sûr , je ne pouvais pas dire si elle était sérieuse ou non.

"Nessa a ri et en a ri pendant tout le chemin du retour."

"Je n'ai pas pu m'en empêcher. C'était tellement ridicule, Rosa. Son 'Oh, ma chérie perdue depuis longtemps !' " C'était tout simplement exquis. Et elle l'a fait d'une manière exceptionnellement bien. "

"Mon rire devra attendre que nous soyons tous tirés d'affaire", dit Rosa; "et il reste encore un long chemin à parcourir."

"Ce n'est pas le cas, n'est-ce pas ?" Nessa m'a demandé.

"Pas du tout. Rions tant que nous le pouvons. Mais maintenant, qu'en est-il de la carte d'ouvrier dont j'ai besoin ?"

"Oscar comprend", répondit Rosa. "Je lui ai dit de ne pas perdre de temps ; et après cette affaire d'aujourd'hui, plus tôt tu seras parti, plus je me sentirai tranquille. Cela m'énerve. Je ferais mieux d'aller chez maman maintenant et de la calmer."

Nous nous levâmes et Nessa se tourna vers moi avec un sourire malicieux. "Tu m'auras au mariage, n'est-ce pas ?" elle s'est ralliée.

"Dont?"

"Pourquoi le tien, bien sûr."

"Certainement. Cela ne pourrait pas avoir lieu sans toi", répondis-je en riant, mais avec un regard qui la fit plutôt regretter de m'avoir ébréché.

"Pourquoi pas?" » demanda Rosa d'un ton ferme. Son humour n'était que teutonique. "Tu ne t'attends pas à ce que je sois présent, j'espère ?"

" Qu'en dites-vous, Miss Caldicott ? "

"Oh, ne soyez pas ridicule. Rosa ne comprend pas ces blagues stupides. Bonne nuit, Herr Lassen." Elle parlait avec indifférence, mais il y eut une petite pression de la main qui me renvoya chez moi très content de moi et pensant beaucoup plus à elle qu'aux nouvelles complications, et me conduisit ainsi presque au chagrin.

C'était une nuit sombre, les rues étaient désertes, et je m'élançais dans la construction d'un château, appuyé par cette pression de la main, quand, alors que je prenais un raccourci à travers une place, un homme ivre a couru derrière moi et s'est précipité dans la rue. moi. Il m'a maudit de l'avoir gêné et a essayé de se rapprocher de moi et, avant que je puisse le secouer, deux autres sont apparus, et l'un d'eux m'a frappé à la tête avec son bâton.

Heureusement, j'avais juste le temps de m'écarter et de laisser le premier homme profiter du coup. Il l'a atteint en pleine tête et il est tombé en tas. Les deux autres furent tellement stupéfaits qu'ils hésitèrent assez longtemps pour me laisser une chance d'attaquer à mon tour. Je me suis précipité vers le voyou qui m'avait frappé, je l'ai frappé sous le menton assez fort pour le faire reculer en titubant et trébucher dans le caniveau, et j'étais prêt pour le numéro trois. Mais il n'y avait plus de combat en lui et il s'enfuit.

Son compagnon dans le caniveau se leva vivement, mais son bâton s'était envolé de sa main lors de la chute, et dès qu'il s'aperçut qu'il devait s'occuper de moi seul sans lui, il pensa aussi que la discrétion était plus sûre et s'enfuit après l'autre.

Je me tournai vers la brute ivre qui avait déclenché la querelle, ou plutôt le vol, car tel semblait être le sens de l'affaire. Le coup avait semblé assez dur pour lui briser le crâne ; mais quand je l' ai examiné , j'ai vu que cela ne lui avait pas fait de mal grave. J'ai également découvert quelque chose qui m'a dit que je n'avais pas compris le véritable objectif de l'attaque.

Je l'ai reconnu tout de suite. C'était celui qui m'avait appelé ce matin-là au nom de Rudolff .

Il était capable de se lever et de marcher ; en tremblant, il est vrai, car il était assez étourdi, et j'ai dû le retenir en chemin vers ma chambre, qui était à proximité. L'escalier était difficile, mais nous nous levâmes tant bien que mal, et un verre d'alcool et un repos le ramenèrent bientôt suffisamment pour parler.

"Je suppose que tu venais encore me prévenir, Rudolff , hein ?" J'ai dit .

Il m'a regardé bêtement.

"N'essayez pas de me tromper de cette manière idiote, mon ami. J'en sais trop sur vous. Alors laissez tomber, ou vous sortirez de là et vous irez au commissariat de police. Vous devriez choisir des compagnons qui ne bavardent pas, Vous savez."

Cela le fit commencer à s'asseoir et à prendre note. "J'ai été ivre, n'est-ce pas ?"

"Non. Pas trop ivre pour jouer le leurre, mon homme."

"Je ne comprends pas," marmonna-t-il en secouant la tête.

"Très bien. Je n'ai pas le temps de m'amuser avec vos semblables. Vous pouvez essayer ça avec la police ;" et je me suis levé et je suis allé au téléphone.

"Attends un peu," cria-t-il précipitamment. "Je vais essayer de me souvenir des choses."

"Donnez-moi le commissariat de police le plus proche", dis-je dans le téléphone, mais sans lâcher le combiné.

Cela lui suffisait. "Ne les amenez pas ici", dit-il en jurant. "Je vais vous dire tout ce que je sais."

"Je ne veux qu'une chose. Qui t'a mis sur moi ? Dis-moi ça et tu peux y aller."

Il a essayé de mentir et a cité un nom au hasard.

"Tu ne fais que te ridiculiser, Rudolff . Les mensonges ne me servent à rien. Tu es venu ici ce matin avec une nouvelle que tu n'as pu obtenir que d'un seul homme à Berlin, et je sais tout à ce sujet. Tu étais dans le Thiergarten cet après-midi et m'a fait remarquer, vous savez de qui je parle.

Ce fut un bon coup et il se tortilla avec inquiétude, tout en essayant une faible sorte de déni. "A quoi ça sert de mentir ?" J'ai frappé sévèrement.

"Je ne sais pas ce que tu veux dire," marmonna-t-il.

"Nous allons bientôt régler ça."

Prenant la précaution de verrouiller la porte, je me tournai de nouveau vers le téléphone et demandai le numéro de von Erstein ; et après quelques préliminaires avec quelqu'un que je pris pour son serviteur, von Erstein me répondit.

"Qui est-ce?" » demanda-t-il brusquement.

"Johann Lassen. J'espère que je n'ai pas dérangé vos bagages."

"Qu'est-ce que tu veux avec moi?"

"Rien, j'en ai déjà assez de toi, mais il y a ici un de tes amis et il est un peu en difficulté."

"Qu'est-ce que tu veux en venir ? Qui est-il ?"

"L'homme que vous avez envoyé ici aujourd'hui."

"Je ne sais pas ce que tu veux dire."

"Oh allez, ça ne marchera pas. De toute façon, il le fait, et ça me suffit." J'ai essayé de suggérer une menace.

"Quel est son prénom?"

"Vous le savez sans que je vous le dise ; je sais seulement comment il s'appelait. Vous n'envoyez pas des hommes faire des courses secrètes sans connaître leurs noms, n'est-ce pas ?"

"Eh bien, comment s'appelle-t-il ?"

" Rudolff ; je ne sais pas qui il est maintenant. "

"Je n'ai jamais entendu parler de cet homme et j'en ai assez de vos bêtises."

"Comme tu veux. Je peux m'occuper de lui, bien sûr." Je l'ai entendu jurer sulfureusement.

"Que veut-il?" grogna-t-il après une pause.

"Pour éviter la prison , surtout, j'imagine."

"Oh, ça flambe ! Tu ne peux pas parler clairement ?"

"Oui. Vous voyez, la deuxième petite plaisanterie que vous m'avez préparée aujourd'hui a raté le feu ; il a eu une fissure à la tête d'un de vos amis communs, et je l'ai ici. Après ce qu'il m'a dit, je " Vous avez appelé pour savoir ce que vous voudriez faire à ce sujet. Comme vous et moi sommes de tels amis, cela ne semblait pas très amical de lui confier la responsabilité sans vous laisser une chance de me dire votre point de vue. Vous voyez ? "

"Je vous dis que je n'en sais rien;" avec colère avec un serment.

"Pas de passage par là, ma bien-aimée."

Il n'y eut pas de réponse; il avait apparemment raccroché. J'ai donc profité de l'occasion pour impressionner mon ami Rudolff et lui faire comprendre que von Erstein m'avait tout dit, puis j'ai raccroché, j'ai fait une pause un moment et j'ai de nouveau fait semblant d'appeler le commissariat de police.

C'en était trop pour cet homme. "Qu'est-ce que tu vas faire?" Il a demandé.

"Mon ami me dit qu'il n'y est pour rien, qu'il ne sait rien de toi et que je ferais mieux de te livrer à la police."

"À qui parlais-tu?"

"Comte von Erstein ."

"Alors c'est un menteur", cria-t-il furieusement. "Il m'a envoyé ici ce matin pour que je vous connaisse de vue, d'abord pour cette affaire du Thiergarten cet après-midi et ensuite pour cette affaire maintenant."

"Ne me raconte pas de tels mensonges, espèce de brute meurtrière. Eh bien, il n'y a pas dix minutes, tu m'as donné un autre nom. Von Erstein , en effet, mon ami !"

"Ami ! Ce n'est pas un de tes amis. Il m'a tenu sous sa coupe pour autre chose et m'a poussé à faire les deux boulots en menaçant de se séparer de moi. Je ne peux pas me mettre entre les mains de la police. Si vous me le permettez allez , je vais vous dire tout ce que j'en sais.

J'ai secoué la tête et j'ai joué à l'incroyant jusqu'à ce qu'il soit presque hors de lui de peur, puis je lui ai dit d'écrire l'histoire. Cela ne lui plaisait pas du tout, mais une petite persuasion douce sous la forme d'un autre faux-semblant , avec le téléphone, l'a mis au travail.

Je marchais de long en large en fumant pendant qu'il écrivait, jetant de temps en temps un coup d'œil par-dessus son épaule pour lire le résultat. Ce n'était pas un rédacteur habile, mais il a exposé les faits principaux suffisamment clairement pour mon propos.

Sa déclaration était pratiquement ce qu'il m'avait déjà dit, et il a ajouté quelques détails très utiles qui aideraient à régler le problème sur von Erstein . Mais sur un point, cela n'a pas répondu aux attentes. Il n'en savait pas plus sur Anna Hilden que ce que son employeur lui avait dit : que je l'avais vraiment ruinée et qu'elle me cherchait.

Qu'il mente ou non, il n'y avait aucun moyen de décider, et il semblait préférable de ne pas l'interroger trop directement. Toute cette affaire l'avait beaucoup secoué, et lorsqu'il posa la plume en soupirant, il demanda un autre verre.

Je le lui ai laissé prendre et il l'a avalé d'un seul coup. "Qu'est-ce que tu vas faire avec ça ?" » a-t-il demandé en désignant la déclaration.

" Ce n'était pas dans le marché, ami acharné ; mais je te promets une chose, car tu as vu la sagesse. Si je dois l'utiliser, je veillerai à ce qu'il ne t'arrive aucun mal, pourvu que tu... Je suis prêt à dire la vérité."

Il secoua tristement la tête à ce sujet, et pendant qu'il hésitait, on frappa nerveusement à ma porte extérieure. Il m'est venu à l'esprit qu'il pourrait s'agir d'Anna Hilden. Je ne voulais pas qu'ils se rencontrent, alors j'ai fermé la porte de la chambre derrière moi en sortant.

C'était vraiment un coup très fou ; à l'instant où j'ai tiré le loquet, la porte s'est ouverte en grand et von Erstein est entré en fanfaronnant.

CHAPITRE XVI

UNE CHARGE DE POISON

"Où est celui que tu as appelé Rudolff ?" » demanda-t-il d'un ton truculent.

Ma première idée fut de le mettre dehors, mais j'ai pensé qu'une entrevue entre les deux hommes pourrait avoir des résultats intéressants, alors je suis retourné au salon. "Votre ami est toujours là", dis-je.

Rudolff se fana à la vue de son génial employeur, et comme ils étaient désormais deux contre un, tous deux canailles et capables de toutes les violences, il valait mieux prendre des précautions. Ainsi , pendant que von Erstein défiait l'autre homme de dire qu'il le connaissait, je me dirigeai vers un petit tiroir de table et mis mon revolver dans ma poche, gardant la main dessus en cas de nécessité.

À l'instant où Rudolff a su que je l'avais trompé pour qu'il fasse ses aveux, il était presque aussi fou que von Erstein . Il n'aurait pas pu être plus fou.

"Un peu tard, hein, ma chérie ?" J'ai raillé. "J'ai dû attendre un taxi ? Ils sont plutôt rares en ce moment."

« Qu'a écrit cet homme ?

"Juste une ligne ou deux sur la météo et ainsi de suite."

"Laisse moi voir ça."

"Il peut vous le dire, bien sûr."

"J'ai le droit de le voir."

" Naturellement. Vous verrez tout cela bien, un jour . Ce qu'il dit à propos de la pression atmosphérique et d'autres types de pression est... "

Les serments des deux hommes interrompirent la phrase.

"Abandonnez-le" de Rudolff et "Je veux le voir maintenant" de von Erstein sont venus presque dans le même souffle.

« Cela me fait mal de décevoir un couple d'amis aussi charmants, mais... » Je secouai la tête. "C'est impossible, bien-aimé ; hors de question."

"On verra;" et ils échangèrent des regards.

"Ne vous ridiculisez pas. L'un de vous a déjà le crâne fêlé, et l'autre est si potelé qu'un demi-coup de poing le mettrait hors de combat ; vous n'auriez donc aucune chance de voir ce que je vois que vous êtes. en pensant."

"Que veux-tu dire, Lassen ? Je demande seulement à voir ce que cet homme a écrit sur moi", dit von Erstein , essayant de me tromper avec une apparence calme, tandis qu'il sortait son mouchoir de la poche de son pardessus. — un mouchoir étrangement volumineux qu'il manipulait avec beaucoup de précautions.

"Autant poser cette chose sur la table, bien-aimé. Je suis trop vieux pour ce jeu."

Il essaya de rire et saisit brusquement le mouchoir de la main gauche pour libérer le revolver qu'il cachait. Il s'est trompé, et avant qu'il réussisse, je l'ai couvert. "Je t'ai dit de le poser sur la table. Si tu le soulèves d'un pouce, je te mets une balle dans la tête", ai-je pleuré.

Quel lâche il était ! Il devint blanc comme un drap, jeta l'arme sur la table et leva les mains en guise de bouclier. "Ne fais pas ça, Lassen. Ne fais rien de pareil", balbutia-t-il.

J'ai ri, j'ai ramassé son revolver et lui ai lancé le mien. "C'est moins dangereux pour toi, chérie, c'est déchargé."

Cependant, toujours tremblant, maintenant avec plus de mortification que de peur, il se laissa tomber sur une chaise et me mitrailla avec une belle haine germanique.

Je me tournai vers son compagnon. "Maintenant, sortez, vous. Entendez-vous ?" car il hésitait, se tournant vers son maître pour obtenir des ordres. "Ce serait mauvais pour ta tête si je dois te jeter dehors. Je te donne une minute pour dégager." Il n'était pas resté et s'est enfui en deux fois moins de temps ; et je le suivis et fermai la porte derrière lui.

Quand je suis revenu dans la pièce, von Erstein était également debout, prêt à partir. "Oh, ne te dépêche pas, bien-aimé; c'est une excellente occasion pour une jolie petite scène d'amour. Préparez-vous un verre, buvez un cigare et soyez vous-même joyeux et enjoué."

Le regard renfrogné qui l'accueillit était un véritable joyau.

"Quel sourire séraphique ! Pas étonnant que tout le monde vous aime autant et vénère le sol sur lequel vous marchez."

"Arrêtez ça," grogna-t-il avec un juron.

"Oh, vilain chéri! Did'ums ", et je l'ai jeté timidement sous son gros double menton. Son spasme de rage face à cela eut presque raison de sa lâcheté, et il dut être au bord de l'apoplexie. Le sang coula en flots cramoisi sur son visage flasque, il serra les poings et trembla comme un tremble sous l'effort.

"J'y vais," marmonna-t-il enfin d'une voix épaisse.

" Bien sûr que oui, chérie ; mais tout à l'heure. " Je me tenais dos à la porte. "Je ne peux pas encore t'épargner. En plus, tu ne m'as pas remercié. Ma chérie n'est-elle pas reconnaissante envers son Popsy -wopsy ?" J'ai réprimandé à la manière de Mantalini .

"Oh, ça flambe ! Laisse-moi partir, tu veux ?"

"Mais pense à ce dont je t'ai sauvé, bien-aimé. Eh bien, si je n'avais pas été là à ce moment -là , tu serais un meurtrier ou un voleur, ou les deux. Imagine-le ! Les tourments que subirait ta tendre conscience ! Un meurtrier ! Mon Albert !"

Un autre spasme de rage impuissante s'ensuivit, et cette fois, au lieu de jurer, il gémit à voix haute et se laissa tomber sur une chaise, les mains sur la tête.

J'ai alors verrouillé la porte, mis la clé dans ma poche, j'ai retiré les cartouches de son revolver, je l'ai jeté sur ses genoux, je me suis préparé un verre et j'ai allumé un cigare. "Maintenant, nous allons discuter", dis-je, abandonnant les plaisanteries.

Il leva les yeux et, voyant que le chemin vers la porte était libre, sauta de son siège pour s'échapper ; et il recommença à jurer en le trouvant verrouillé. "Vas-tu arrêter cette pourriture ?"

"Oui, si vous vous comportez bien ; sauf quelques caresses occasionnelles, de peur que nous n'oublions combien nous nous aimons."

"Qu'est-ce que tu as à dire ? Fais vite, je veux y aller."

"Asseyez-vous et buvez un verre. Cela vous ressaisira."

"Pas ici, merci. Je ne veux pas être empoisonné."

"Je n'y avais pas pensé. C'est plutôt une bonne idée. Je vais t'empoisonner." Il doit être puni pour cette insulte. J'entrai dans ma chambre et revins avec une pincée de sel dans une vis de papier que j'ouvris devant lui. Ensuite, j'ai versé son verre, j'y ai mis le sel, je l'ai remué soigneusement jusqu'à ce qu'il soit dissous, j'ai poussé le verre sur la table et j'ai placé une chaise près de l'endroit. "Maintenant, asseyez-vous et buvez ça."

"Je vais d'abord te voir au diable", cria-t-il en essayant de fanfaronner et en devenant blanc comme un drap.

Je l'ai immédiatement pris par le col de son manteau, je l'ai forcé à s'asseoir sur la chaise et je lui ai ordonné de vider le verre. Sa panique était pitoyable. C'était un connard tellement joyeux qu'il n'a jamais soupçonné que je ne faisais que le tromper ; et j'étais convaincu que j'avais l'intention de le tuer. La sueur d'une terreur abjecte perlait sur son front, il ne pouvait pas prononcer un mot et me regardait comme un idiot paralysé.

"Bois-le!" J'ai tonné avec son propre ton d'intimidation, ce qui l'a fait sursauter et se contracter convulsivement. Il fit une faible tentative pour soulever le verre, puis, avec un gémissement, il se laissa tomber sur sa chaise, évanoui.

J'ai d'abord eu peur qu'il soit vraiment mort ; mais son pouls battait bien. C'était probablement juste un semblant ; alors j'ai éloigné le verre de sa portée et je l'ai laissé revenir quand il voulait. C'était simplement une honte, et quand il a pensé que j'étais assez loin, il a saisi le verre pour le renverser.

"Je pense que tu es le plus grand imbécile que j'ai jamais rencontré, von Erstein , mais tu as été suffisamment puni pour ta petite suggestion de poison. Regarde ici ;" et j'ai avalé le "poison" moi-même. "Pas assez de sel pour en altérer le goût, mec."

En une minute, il jurait aussi joyeusement que d'habitude et paraissait tout aussi aimable. "Eh bien, je peux y aller maintenant ?" Il a demandé.

"Dès que vous aurez répondu à une question. Qui est Anna Hilden ?"

"Je n'en sais pas plus que ce que je te disais auparavant."

"Je ne parle pas de la bonne, mais de l'héroïne parodie de la scène thiergartenienne d'aujourd'hui."

"Je ne sais rien d'elle."

Sortant mon porte-cartes dans lequel j'avais mis la déclaration de Rudolff , je dépliai le papier et le posai sur la table. " Rudolff dit ici——"

Il a essayé de m'arracher le papier, mais je l'ai fouetté à temps, ne laissant que l'étui à cartes dans sa main. " Rudolff dit ici que vous me l'avez envoyé pour qu'il me montre à elle cet après-midi. Alors, qui est-elle ? "

"Je ne sais rien d'elle", répéta-t-il avec obstination.

"Je vais aider ta mémoire. Elle m'a avoué que c'était un coup monté et que l'enfant n'était ni le sien ni le mien. Cela te suffit ?"

Mais il s'en tenait à son déni et rien de ce que je pouvais dire ne l'émouvait. La farce du poison l'avait apparemment convaincu que sa vie était en sécurité et il a répondu à toutes mes menaces avec la même réponse obstinée.

J'ai finalement dû y renoncer. " Très bien, alors, il faudra que je lui raconte toute l'histoire. La police le fera, si je ne peux pas ; ce n'est donc qu'une question d'un jour ou deux. Refuserez-vous toujours d'avouer ? "

"Je vous dis que je n'en sais rien. Lavez vous-même votre linge sale", répondit-il.

J'ai déverrouillé la porte et lui ai dit de partir. Sa sortie était très caractéristique. Il s'est avancé avec beaucoup de précautions vers l'endroit où je me tenais près de la porte, craignant que je ne le frappe, s'est arrêté à seulement quelques mètres, puis s'est précipité dehors, a ouvert la porte d'entrée, m'a tendu le poing et a proféré une menace. "Je te ferai payer un lourd tribut pour tout ça, je te maudis", a-t-il crié en dévalant les escaliers alors que je faisais un pas après lui.

Sauf qu'il avait été profondément effrayé et enragé au point de s'effondrer, l'entretien n'avait apporté que peu de satisfaction. Il n'était d'ailleurs pas improbable que ce fût une erreur de le mettre en garde contre Anna Hilden. Quant à ses menaces, elles étaient tout simplement risibles ; mais il pourrait peut-être renforcer la colonne vertébrale de la femme et la faire persister dans l'histoire qu'elle avait jouée.

Que toute cette affaire ait été truquée, cela ne faisait aucun doute ; et si elle persistait, il suffirait de faire une enquête sur elle. Il vaudrait peut-être mieux le faire avant de la revoir, car ce serait un atout majeur de lui faire face à une partie de sa propre histoire de vie.

Il y avait quelque chose à dire dans la déclaration de Rudolff ; mais cela ne représentait pas grand-chose. Selon toute probabilité, von Erstein veillerait à ce que l'homme soit écarté ; et le simple papier lui-même ne pouvait pas supporter le moindre poids pour une âme.

La réflexion suggère cependant une exception. Von Gratzen aurait peut-être un avis différent si je lui racontais franchement toute l'affaire. Il m'avait exhorté à aller vers lui en cas de problème ; et s'il n'était pas un imposteur, il pourrait m'aider énormément.

Il voudrait certainement m'entendre parler du sens profond de la scène dont sa femme et sa fille avaient été témoins, et il serait préférable de le voir le plus tôt possible. De plus, il détestait von Erstein et serait peut-être heureux de trouver quelque chose contre lui.

Le lendemain matin, j'ai reçu un mot de sa part me demandant de le voir à son bureau à onze heures, car il avait des nouvelles importantes pour moi. Il ne s'agit pas cette fois d'une simple convocation officielle ; et c'était plutôt bon signe.

Il fallait espérer que la « nouvelle importante » concernait mon départ de Berlin. Le retard était ennuyeux. Il se passait des choses qui menaçaient de rendre de plus en plus difficile ma disparition sans causer plus de bruit qu'il ne serait sain pour Nessa ou pour moi-même. Tout cela tendait à forcer la main ; et j'ai commencé à songer sérieusement à recourir à la « troisième roue » dont Nessa et moi avions discuté ensemble.

Von Gratzen me reçut avec toute la cordialité habituelle, me serra chaleureusement la main et parla aussitôt de l' affaire Thiergarten , en prenant le parti auquel je m'attendais à moitié.

"Ma femme et Nita m'ont tout raconté et, bien sûr, cela règle un point de manière satisfaisante. Cela ne fait aucun doute que vous êtes vraiment Johann Lassen. Néanmoins , j'aurais aimé que cela soit établi d'une manière moins dramatique et embarrassante pour vous."

"C'était extrêmement désagréable, monsieur."

"Dis-moi tout à propos de cela."

Je l'ai décrit de mon point de vue ; faisant grand cas de mon profond étonnement et de mon incapacité à dire si l'histoire était vraie ou non.

"Avez-vous des raisons d'en douter ? Vous souvenez-vous de quelque chose qui vous a permis, je veux dire ?"

"Rien. Pour autant que je sache, je n'ai jamais vu cette femme de toute ma vie."

" Mais elle était positive ? "

"Elle m'a embrassé et m'a appelé sa 'chérie perdue depuis longtemps', et ainsi de suite."

"Les femmes sont des créatures hystériques, nous le savons, et susceptibles de faire n'importe quelle sorte de déclaration dans de tels moments. Pensez-vous qu'elle était vraiment sérieuse ? Bien sûr que c'est important."

"Votre équipe pourrait en juger aussi bien que moi, monsieur."

"Vrai. Que préféreriez-vous que ce soit : vrai ou faux ?"

"Faux, sans aucun doute."

"Malgré le fait que cela établit votre identité ?"

"Certainement. Tout homme qui ressent ce que je ressens maintenant doit détester qu'une chose aussi brutale soit exhumée de son passé."

"Bien. Je suis heureux de t'entendre dire ça." Il sourit comme s'il était vraiment content, mais il y avait autre chose derrière ses questions qui me laissait deviner, comme d'habitude.

S'il acceptait que la reconnaissance de la femme règle la question de mon identification en tant que Lassen, valait-il mieux en rester là ou risquer de le déstabiliser à nouveau en lui racontant l'entretien ultérieur avec elle ? Plutôt un joli point à trancher. Mais sa question suivante ouvrit la voie et la dissimulation fit exploser le faisceau.

« Voudriez-vous que l'affaire fasse l'objet d'une enquête ? »

"Certainement," répondis-je promptement. Très peu d'enquêtes officielles lui donneraient la vérité, et il valait donc bien mieux la dire moi-même. " J'allais vous demander conseil à ce sujet. Je sais qu'une partie de son histoire est fausse ; elle en était propriétaire ; et je doute de tout le reste ; " et j'ai décrit l'entretien.

Cela parut à la fois l'intéresser et l'amuser, surtout mon offre immédiate d'épouser Anna ; et il a exprimé son appréciation de manière équivoque. "C'était intelligent, mon garçon ; c'est vraiment la meilleure réplique. Vous devez avoir une expérience considérable dans le bluff des gens ;" et il y avait une lueur dans ses yeux perçants qui aurait pu signifier n'importe quoi. "Tu peux aussi bien agir, sinon tu ne lui aurais jamais arraché cet aveu. Elle a dû penser que tu étais sérieux."

"Je l'étais, monsieur. Si elle peut prouver que je suis l'homme qu'elle pense, je l'épouserai."

"Bien. Très bien en effet. *Si* elle peut le prouver, bien sûr. Mais tu n'apprécierais pas ce travail, hein ?"

"Cela va sans dire."

"Eh bien, nous espérons qu'elle ne pourra pas. Nous saurons bientôt tout sur elle. En attendant, qu'allez -vous faire ?"

"Je ne peux qu'attendre et voir."

Il rit et se frotta les mains. "Attendez et voyez, hein ? C'est la phrase du Premier ministre anglais, n'est-ce pas ? Vous avez donc compris cela, semble-t-il."

Son commentaire m'a fait souhaiter d'en utiliser un autre. "Il n'y a rien d'autre à faire, monsieur."

"Tout à fait. Attendez et voyez. Exactement. Et en tant qu'homme honorable , vous préféreriez régler la question avant de quitter Berlin ?"

Le vieux mendiant astucieux était un véritable expert dans l'art d'en mettre un dans un trou. Je ne savais pas quelle réponse donner, alors j'ai juste haussé les épaules et souri d'un air vide.

"C'est plutôt dommage aussi", poursuivit-il après une pause. " J'ai arrangé votre départ ; en fait , j'avais l'intention que vous partiez aujourd'hui. J'ai tous les papiers nécessaires, même les billets pour vous et Miss Caldicott ; " et il les sortit de son bureau et les posa devant moi, me faisant un de ses sourires rusés.

J'aurais pu maudire la chance. Leur vue, savoir que Nessa et moi aurions pu quitter le pays infernal en quelques heures sans cette chose pourrie qui se présentait sur notre chemin, m'exaspérait tellement qu'il était à peine possible de cacher mon amer chagrin. J'ai essayé de le lui cacher en prenant les papiers et en les examinant.

"Oh mon Dieu, j'ai oublié quelque chose", s'exclama-t-il en se levant. "Je reviens dans un instant", et il sortit de la pièce.

Quelle tentation c'était ! Avoir tout ce dont j'avais besoin entre mes mains ; se retrouver seul avec eux et pourtant ne pas pouvoir les utiliser ! J'aurais donné tous les shillings que j'avais au monde pour les mettre dans ma poche et m'en aller. Voulait-il que je les prenne ? Ou était-ce destiné à un test ? Avait-il deviné à quel point c'était une tentation ? Pourrais-je m'en sortir avec eux ? Il s'est arrêté hors de la pièce assez longtemps et, à mesure que les minutes passaient, c'était tout ce que je pouvais faire pour y résister.

Mais je l'ai tenu; posa les papiers sur son bureau et essaya de ne pas les regarder. C'était une sorte de purgatoire. Son premier regard, quand il revint enfin, fut sur eux, et la façon dont il me regardait me rendit à peu près certain qu'il pouvait deviner quelque chose de mon sentiment. Il avait l'air inhabituellement déçu de me trouver toujours dans la pièce et les papiers sur sa table.

"Je suis désolé de t'avoir gardé, mon garçon, mais on n'y pouvait rien", dit-il en s'asseyant et en mettant la tentation hors de vue. "Je vous ai dit dans ma lettre que j'avais quelque chose d'important à vous dire. Je l'ai fait, et désagréable par-dessus le marché. Le comte von Erstein était-il avec vous hier soir ?"

"Oui, vers dix heures."

"Tu lui as proposé à boire ?"

"Oui, et un cigare, mais il a refusé les deux."

« Que faisait-il là ? Attendez, je vais vous dire d'abord qu'il a porté plainte contre vous pour avoir tenté de l'empoisonner.

J'ai ri. " Bien sûr que non. C'était une blague."

" Ce n'est peut-être pas tout à fait drôle ; c'est un homme dangereux avec qui plaisanter. Voudriez-vous me raconter tout cela ? "

"Bien sûr. Cela expliquera beaucoup de choses." J'ai mis la main dans la poche de mon gilet pour entendre la déclaration de Rudolff , puis j'ai raté pour la première fois l'étui à cartes que Rosa m'avait donné. Cette perte n'avait cependant aucune conséquence, puisque j'avais les aveux de l'individu. "Avant de vous le donner, je dois dire que j'ai promis à l'homme qui a écrit ceci que s'il était prêt à jurer la vérité, il ne subirait aucun mal."

"Tout ira bien", acquiesça-t-il avec un signe de tête.

"Une tentative d'assassinat a été commise contre ma vie hier soir par cet individu et deux autres personnes à l'instigation de von Erstein ;" et j'ai décrit l'affaire et tout ce qui s'est passé par la suite.

"Ah, un bluff plus intelligent, hein ? Sur ma parole, j'espère que vous l'essayerez avec moi ensuite", dit-il. Puis il relut attentivement la confession et se replongea dans ses pensées. Longtemps et apparemment anxieux, j'ai pensé que c'était aussi le cas.

"Je me tiendrai à vos côtés, mon garçon. Je crois implicitement à votre histoire et je connais von Erstein . Mais c'était une grave erreur. Il a beaucoup d'influence dans de nombreuses directions. J'espère que vous n'en entendrez plus parler ; mais c'était une grave erreur. Il fit une pause et, sur un ton différent et plus léger, avec un regard très particulier et l'ombre d'un sourire, il ajouta : "Cela me fait presque souhaiter que vous ayez profité de mon absence tout à l'heure pour vous en tirer avec ces billets."

Que pourrait-on penser d'une telle affirmation ? S'il m'avait donné une autre chance, je l'aurais saisie ; mais il ne l'a pas fait. Il a fermé les billets et m'a renvoyé, en disant qu'il s'occuperait immédiatement de mes affaires et qu'il me ferait appeler dès que cela serait nécessaire.

CHAPITRE XVII

ANNA HILDEN ENCORE

Il est difficile de décrire mes sentiments lorsque j'ai quitté von Gratzen , mais je pense que ma principale pensée était un regret amer de ne pas avoir pris les billets et de ne pas avoir risqué les choses, mêlé à la conviction inquiétante que je confondais les choses désespérément.

Cependant, ni le regret ni l'auto-maudire n'étaient d'une quelconque aide ; et après quelques minutes de perplexité impuissante, je me rendis compte de ce fait extrêmement évident.

Quelque chose doit etre fait; et la question était : quoi ?

Il semblait que von Gratzen m'aurait laissé ces billets si je n'avais pas été assez con pour lui parler d'Anna et faire l'imbécile en disant que j'avais hâte que cette affaire soit résolue en premier. Il n'avait pas paru attacher suffisamment d'importance à l'accusation d'empoisonnement pour les refuser pour ce motif.

Cela a donc un peu déblayé le terrain. L'obstacle pourrait-il être retiré à temps pour me permettre de les utiliser cette nuit-là ? Pourrais-je obtenir les aveux d'Anna elle-même, ce que cela signifie ? Cela valait la peine d'essayer.

Elle m'avait fixé le lendemain pour la voir ; mais ce n'était pas une raison suffisante pour que je ne la voie pas tout de suite. Mon empressement naturel à ce que l'affaire soit réglée sans délai expliquerait facilement pourquoi je n'ai pas tenu compte de son souhait, et que ce soit le cas ou non n'avait pas d'importance. Alors je me suis mis immédiatement en course.

La persuasion était la première carte à jouer, et si elle échouait, la menace de la police ; mais d'une manière ou d'une autre, je dois avoir cette confession à apporter à von Gratzen cet après-midi. Il fallait maintenant qu'il le lui remette suffisamment tôt pour que Nessa et moi puissions attraper le courrier hollandais qui partait vers huit heures du soir.

Elle portait son chapeau à mon arrivée et n'aimait pas cette visite. "J'ai dit que vous ne deviez venir que demain", dit-elle. "Je ne peux pas te voir maintenant, car je sors juste."

"Je ne pouvais pas attendre jusqu'à demain. Je ne supporte pas le suspense."

"Je n'ai rien à te dire, donc ça ne sert à rien que tu viennes."

"Mais je suis déjà là, Anna, et je dois te parler." Elle a essayé de m'éviter et de quitter les lieux, mais j'ai fermé la porte et lui ai tourné le dos.

"Très bien. Va dans le salon et je t'écouterai."

"Je te suivrai", répondis-je sèchement; et avec un rire et un haussement d'épaules, elle nous conduisit à sa chambre.

"Tu sembles presque aussi désireux de m'épouser maintenant qu'avant de t'en sortir," se moqua-t-elle.

Ce fut un début peu prometteur, car elle était d'une humeur très différente de celle de la veille. "Si vous réfléchissez un instant à tout ce que cela doit signifier pour moi, à mon anxiété désespérée de connaître la vérité sur le passé et de voir ce qui m'attend, vous comprendrez tout, Anna ;" et j'ai continué quelques instants dans ce style en m'efforçant de rétablir les anciennes relations et de travailler sur ses émotions.

"Je n'ai pas eu assez de temps pour y réfléchir", a-t-elle répondu. " Bien sûr, cela demande beaucoup de réflexion."

"Est-ce que ça veut dire que tu n'es pas sûr que je sois l'homme qui t'a fait du tort ?"

"Pourquoi, je vous prie ?"

"Eh bien, tu as dit que tu t'étais trompé à propos de l'enfant."

"J'ai peut-être dit ça dans un but précis. Vous avez eu mon côté doux hier, et... Mais je vous dis que je n'ai pas pris ma décision."

"Vous n'avez pas changé votre opinion sur le fait que je suis un homme honorable et que je souhaite faire la bonne chose, j'espère ?" et je m'efforçai de dresser un tableau vivant de mon état d'esprit et de faire appel à sa bonté.

Cela semblait avoir un effet adoucissant ; mais pas assez pour le but recherché. "Pourquoi un jour fait-il une telle différence ?"

"Chaque minute compte, Anna. Je suis sur le banc et c'est une torture positive de prolonger ce suspense."

"Je suis désolé. Je le suis vraiment, mais je n'arrive pas à me décider. Si vous pouviez vous passer de moi toutes ces années, un autre jour n'aurait pas beaucoup d'importance. Pas que je puisse le voir."

"Si tu avais perdu la mémoire, tu comprendrais."

"Mais c'était il y a seulement une semaine ou deux. Et toutes les autres fois, les années et les années que tu m'as laissé me débrouiller seule ?"

"Je ne peux pas expliquer ça", dis-je, comme distrait.

"Mais tu n'avais pas perdu la mémoire pendant tout ce temps."

"Le choc de l'explosion m'a complètement changé à tous points de vue."

« Il était temps, je pense, à en juger par tout ce que j'ai entendu et par la façon dont vous m'avez traité. Je ne nie pas assez que vous soyez un homme blanc maintenant ; mais et si vous retrouviez la mémoire ? Cela pourrait changer. quelque chose de très différent. Je dois y penser, vous savez. Vous pourriez être assez fou pour—pour faire n'importe quoi, peut-être même me tuer. Vous n'êtes pas surpris que cela me fasse réfléchir, n'est-ce pas ? Je ne souhaite pas être transformée en une honnête femme pour ensuite être assassinée.

C'était tellement différent de son attitude précédente qu'il était clair que quelqu'un l'avait coachée ; et bien sûr, ce ne pouvait être que von Erstein . "Tu n'as pas à craindre ça, Anna."

"Pourquoi pas ? Comment sais-tu ce que tu serais assez fou pour faire si tu retrouvais la mémoire et découvrais que tu t'es lié à moi ?"

" Il y a un moyen très simple de s'en sortir. Même si vous souhaitez que je vous épouse, nous n'avons pas besoin de vivre ensemble. Je devrais vous donner une allocation et vous pourriez suivre votre chemin et moi le mien, si vous le préférez. "

Pour une raison qui me frappait, cela semblait lui plaire fortement. Elle resta assise à réfléchir, et il y avait quelque chose de l'émotion de la veille dans son regard lorsqu'elle demanda : « Tu veux dire ça ?

"Tu me connais peu si tu en doutes, Anna."

Elle se leva impulsivement pour regarder par la fenêtre comme elle l'avait fait auparavant, et après une longue pause elle se retourna. "Regarde ici, viens demain."

Je l'ai regardée attentivement et j'ai lu quelque chose sur son visage qui m'a redonné espoir. "Pourquoi pas aujourd'hui ? Vous avez pris votre décision, je le vois ; alors pourquoi ne pas me le dire maintenant ?"

Elle secoua la tête. "Pas aujourd'hui. Demain."

"Pourquoi?"

"Je ne peux pas te dire pourquoi. Ne me demande pas."

"Mais je vous le demande. Je vous en supplie aussi sincèrement que possible."

Un autre hochement de tête ; et elle ne bougeait pas, de sorte qu'il devenait nécessaire de tenter un tour de vis.

"Votre raison a à voir avec quelqu'un d'autre ?"

"Que veux-tu dire?" » elle afficha un éclair de surprise et d'inquiétude.

"J'ai reçu hier la visite d'un homme qui se faisait appeler Rudolff ."

"Eh bien ? Qu'est-ce que ça a à voir avec ça ?"

"Avec deux compagnons, il a tenté de m'assassiner."

Elle retint son souffle. "Est-ce vrai?"

"Comme vous le voyez, la tentative a échoué et l'homme lui-même a reçu le coup qui m'était destiné. Je l'ai ensuite emmené dans mon appartement et... eh bien, voici ses aveux."

Son intérêt était suffisamment vif pour accélérer sa respiration alors que je sortais le papier ; et sa peur s'est approfondie à mesure que je l'ai lu, et elle a commencé à trembler violemment. "Comme vous l'entendez, c'est lui qui m'a montré hier au Thiergarten ."

Pendant quelques instants, elle fut trop bouleversée pour parler. "Que penses-tu que tout cela signifie ?" balbutia-t-elle d'une voix brisée.

"Connaissez-vous le comte von Erstein ?"

Sa main se porta à sa gorge alors qu'elle essayait de répondre, faisant un mouvement de déglutition et d'étouffement. "Tu ne crois pas que j'ai quelque chose à voir avec tout ça ?"

"Oh non, Anna. Je suis sûr que non. J'ai dit aux autorités————"

"La police?" » interrompit-elle. C'était presque un cri.

" Pas la police. Mais, bien sûr, un homme ne peut laisser personne tenter sa vie et simplement s'asseoir en dessous. J'ai un ami très influent... " Je m'arrêtai intentionnellement.

"Qui est-ce?" est venu comme un coup de pistolet.

"Baron von Gratzen ; et il..."

"Tu lui as parlé de moi ?"

"Il le sait. Il s'intéresse beaucoup à moi parce que cette malheureuse affaire concernant le traitement que je vous ai réservé affectera tout ce qu'il peut faire pour mon avenir. Sa femme et sa fille étaient présentes hier lorsque vous m'avez reconnu. Bien sûr, il m'a interrogé sur tout ce qui se passait. et a déclaré qu'il ferait immédiatement l'enquête la plus complète.

Cela a semblé la briser. La réputation de Von Gratzen a provoqué cet effondrement. Elle s'était raidie, alarmée à la mention de son nom, avait écouté, les lèvres entrouvertes et les traits tendus, chaque syllabe décrivant son intérêt pour moi, et lorsqu'elle avait su que ses gens allaient se lancer dans l'enquête, elle avait été complètement bouleversée.

Avec un cri de désespoir étouffé, elle retomba sur sa chaise, à moitié évanouie, les mains pressées contre son visage, gémissant distraitement. Elle resta dans cet état pendant plusieurs minutes, l'effort pour reprendre le contrôle d'elle-même étant tout à fait au-dessus d'elle, et enfin se leva d'un bond, disant qu'elle devait sortir immédiatement.

"Tu ferais mieux de tout me dire avant de partir, Anna," dis-je. Sachant qu'elle avait été poussée à la tromperie par von Erstein , je la plaignais sincèrement. Elle était comme une chose sauvage dans sa panique, secouant la tête et agitant les bras de manière hystérique.

"Non, non. Demain."

"Il est peut-être trop tard alors. J'ai une grande influence auprès du baron et je peux lui en parler de manière à vous aider. Cela ne servira à rien d'essayer cela demain."

"Pas maintenant. Pas encore. Je ne peux pas. Je ne peux pas. Laisse-moi partir. Laisse-moi partir, dis-je !"

J'ai cependant persisté ; et enfin elle consentit à ce que je la revoie cet après-midi à cinq heures. Je dus m'en contenter et dès que nous arrivâmes dans la rue, elle s'éloigna précipitamment.

Elle allait voir von Erstein bien sûr, et j'aurais donné quelque chose pour pouvoir entendre ce qui se passait. Elle avait une peur mortelle de lui. Ses manières l'avaient montré ; et vu ce qu'était cet homme, sa nouvelle lui donnerait probablement une crise de nerfs tout aussi grave. Il n'apprécierait pas plus qu'elle l'intervention de von Gratzen .

Dans l'ensemble, l'entretien s'est plutôt bien déroulé. Bien sûr, il aurait été préférable que j'eusse pu lui arracher la vérité immédiatement ; mais j'étais sûr que j'aurais tout cela dans l'après-midi. Cela me donnerait encore le temps d'annoncer la nouvelle à von Gratzen et de lui assurer que l'obstacle à mon départ était levé.

La "troisième roue" doit néanmoins être en état de marche. Nessa devait être prête à partir et je suis allé la voir dans la Karlstrasse . Mais elle était sortie avec Lottchen et je n'ai vu que Rosa, qui était ravie d'apprendre que von Gratzen avait arrangé notre départ.

"C'est aussi une grande chance, car Oscar a quitté Berlin depuis un jour ou deux sans avoir pu faire quoi que ce soit concernant l'autre projet. Vous n'en aurez bien sûr plus besoin maintenant."

" J'aurais aimé en être sûr, mais je ne le suis pas. Von Gratzen peut encore soulever quelques objections ; les choses sont tellement confuses. Mais j'ai l'intention d'y aller ce soir de toute façon, avec ou sans son permis. Mauvaise chance que Feldmann soit absent. ".

"Il avait peur que tu fasses quelque chose comme ça, alors il m'a donné le nom d'un homme qui peut faire ce que tu veux, mais je ne devais pas t'en parler à moins que ce ne soit absolument nécessaire."

"C'est nécessaire, comme vous pouvez le constater par vous-même. Qui est cet homme et qu'est-ce que c'est ? Je vais le voir tout de suite."

"David Graun est son nom ; il habite au 250, Futtenplatz . C'est un juif ; un personnage très louche, et Oscar a dit qu'il fallait faire extrêmement attention à la manière dont on le traitait."

"Où est la Futtenplatz ?"

"C'est dans un quartier bas de l'autre côté de la rivière ;" et elle m'a dit comment le trouver. "Oscar dit qu'il a le pire caractère et qu'il fait toutes sortes de choses louches sous le couvert d'un brocanteur."

"Il est sûr que cet homme peut m'obtenir ce que je veux ?"

"Oh oui ; positif, si vous le traitez correctement ; mais vous devez être extrêmement prudent. Il vous demandera beaucoup plus au début que ce à quoi il s'attend."

"C'est un juif, bien sûr."

" Ce n'est pas seulement cela. C'est sa façon de tester quiconque s'adresse à lui. Si vous acceptez de le payer, vous n'obtiendrez rien de lui à part des promesses. Oscar a dit que je ferais mieux de vous dire ceci pour mettre soyez sur vos gardes ; et vous ne devez en aucun cas le laisser penser que c'est pour vous.

« Savez-vous combien je devrais le payer ?

"Seulement quelques marks, dix ou quinze à l'extérieur. Il en demandera probablement une centaine, voire plus."

"Je comprends. Mais c'est étrange que Feldmann sache tout cela sur lui."

Elle a souri. "C'est ce que je pensais, et Oscar a dit que je pourrais vous en dire la vraie raison. Le fait est que Graun travaille avec la police. Il a eu des ennuis une fois et ils lui ont facilité les choses en promettant d'agir comme leur espion. Il y a un beaucoup de cette affaire de fausses cartes d'identité se fait, et il leur rapporte chaque transaction, et ils sont capables de surveiller toutes les personnes qui s'adressent à lui. Quand quelqu'un est recherché, ils lui donnent une description, et il fait simplement attendre l'homme. pendant qu'il communique avec eux.

"C'est joyeux. Il leur parlera alors de moi."

"Oscar dit que vous n'avez pas à vous inquiéter. Tant que personne n'est connu pour être un extraterrestre ou un criminel, rien ne se passe ; mais vous devez faire attention à récupérer les choses immédiatement."

"Je ne vois pas vraiment pourquoi."

" Moi non plus, je n'ai pas bien compris. Oscar ne me l'a dit qu'à la dernière minute, alors qu'il s'éloignait précipitamment. Je crois qu'il a dit quelque chose sur le fait qu'une deuxième visite était risquée, de peur que l'homme n'ait besoin d'un policier pour avoir un regard sur toi."

"Je pars alors. Dites à Nessa que je la verrai dès que possible et que je lui dirai tout."

"Oh, j'espère que vous vous en sortirez sain et sauf. Si le baron vous donne le permis et les billets, je ne dirai plus jamais un mot contre lui aussi longtemps que je vivrai", a-t-elle déclaré alors que nous nous serrions la main.

"Tout ira bien d'une manière ou d'une autre."

"Oui; mais si vous pouviez vraiment voyager par la poste, quelques heures mettraient fin à tout. Je serai tellement inquiète."

" Bien sûr, ta mère ne doit rien savoir du départ de Nessa."

"Elle est au lit, après les bouleversements d'hier. Alors tout ira bien."

"Pas vraiment malade ?"

"Oh non, seulement un gros mal de tête. Nessa et moi sommes programmés pour un concert ce soir, et je dirai aux domestiques de ne pas s'asseoir pour nous, afin qu'elle ne manque pas avant demain matin ; et d'ici cette fois- là , vous devriez être en Hollande ; » et sur ce, je suis parti interviewer le vieux juif rusé sur la Futtenplatz .

CHAPITRE XVIII

UN DÉVELOPPEMENT SINISTRE

Sur le chemin de la Futtenplatz , j'ai inventé un petit conte de fées pour raconter ma visite au juif Graun . Je n'aimais pas ce travail et ce que Rosa m'avait dit sur ses relations avec la police ne le rendait pas plus agréable.

Une très faible connaissance des méthodes de la police allemande suffisait pour le rendre tout à fait crédible. C'était justement le genre de ruse basse qui correspondait à leurs méthodes. Il y avait beaucoup de gens, outre les étrangers, qui étaient impatients de quitter Berlin à un tel moment, et il conviendrait admirablement aux autorités de disposer de ce moyen secret pour découvrir qui ils étaient et agir en conséquence.

La description que Rosa faisait de la Futtenplatz était bien méritée : un endroit sordide et sale, avec des boutiques mesquines et des plus pauvres. La friperie du Juif était l'une des plus misérables et des plus sales, et Graun lui-même s'intégrait parfaitement dans le tableau.

Quand j'entrai , il négociait avec un homme qui voulait lui vendre un manteau, et pendant que la transaction se poursuivait, pendant que le vieux juif faisait baisser le prix jusqu'au dernier pfennig, j'avais tout le temps de l'observer.

Roux, avec une barbe et des moustaches rouges ébouriffées, des traits hébraïques prononcés, de petits yeux méfiants et sale du haut de son front étroit jusqu'au bout de ses ongles en forme de griffes , il était l'un des spécimens les plus repoussants que l'on puisse souhaiter. éviter.

"Que veux-tu?" » me demanda-t-il d'une voix aiguë et rauque, en plissant les yeux, lorsque son client sortit, le maudissant pour la modicité de la somme qu'il avait reçue pour le manteau.

Je lui ai dit tout de suite. Le souvenir des conseils de Feldmann était une des raisons, et mon désir de ne pas m'arrêter un instant inutile dans un environnement aussi peu recommandable en était une autre.

Il secoua la tête. "Vous vous êtes trompé de magasin, mon homme. Vous avez abandonné tout ce genre de choses depuis longtemps. Trop risqué."

"Très bien, désolé de vous avoir dérangé. Bonjour," répondis-je avec désinvolture, et me tournai pour partir.

Il m'a laissé aller à la porte puis m'a rappelé. "Attends un instant. Qui t'a envoyé ici ?"

"Personne en particulier. C'est assez connu, n'est-ce pas ? Bonjour."

"Tiens, attends. Viens ici, je connais quelqu'un qui pourrait le faire pour toi."

Je n'y suis pas retourné. "Cela n'a pas la moindre conséquence", dis-je d'un geste aérien de la main. "J'ai dit à l'homme qu'il ferait mieux d'aller voir la police et de leur dire simplement comment il avait perdu sa carte."

"Viens ici une minute;" et il se dirigea d'un pas traînant vers une porte à l'arrière du magasin.

J'ai hésité, j'ai fait quelques pas vers lui, je me suis arrêté et j'ai secoué la tête. "Non. Je ne veux rien avoir à faire avec ça, s'il y a un risque, comme tu dis."

Cela a bien fonctionné. "Quand j'ai dit ça, j'ai pensé que tu le voulais pour toi," dit-il sournoisement.

J'éclatai de rire et me retournai comme pour m'éloigner. "Bonjour, mon ami. C'est riche et ce n'est pas une erreur."

"Tiens, ne sois pas si pressé", dit-il en faisant un pas vers moi. "Si ton ami a des ennuis, je pourrais———"

"Qu'est-ce que tu veux dire par là ?" J'ai pleuré et je l'ai maudit royalement pour cette suggestion.

Il s'est approché et a posé sa sale griffe sur ma manche. Je l'ai secoué avec une ou deux autres épithètes de choix. "Viens dans ma chambre une minute et nous en discuterons. Ne te mets pas en colère."

Je me suis laissé apaiser : pas trop vite, bien sûr ; et, avec beaucoup de réticence, il lui permit de m'emmener dans sa chambre, qui était, si possible, plus sale que le magasin et sentait mauvais.

"Maintenant, raconte-moi tout ça. Bien sûr, la plupart de ceux qui viennent me voir ont des ennuis d'une manière ou d'une autre et je dois faire attention. Si la police savait quelque chose, eh bien..." et il fit un geste pour indiquer les ennuis. cela signifierait pour lui.

" Très bien, mais n'essayez pas cette pourriture avec moi. Soit vous pouvez me vendre ce que j'ai demandé, soit vous ne pouvez pas. Alors, laissez tomber. Je me fiche de savoir de quelle manière cela se passe ; et cet endroit le tien pue tellement que je ne veux pas m'arrêter là et être étouffé.

Il lorgna comme s'il s'agissait plutôt d'une bonne blague ou d'un compliment. "Je pourrais peut-être y arriver, mais———"

Je l'interrompis en jurant d'impatience. "Je ne veux pas de 'pourrait-être'. Pouvez -vous ou non ? Soyez rapide également. Si vous le pouvez, combien ? C'était évidemment la bonne ligne avec lui et il sourit avec appréciation.

"C'est comme ça qu'on parle. Devons-nous dire 150 marks ?"

"Combien?" J'ai pleuré avec un spasme régulier d'étonnement. "Dites-le encore, mec."

"Cent cinquante marks."

Je me suis assis et je l'ai regardé. "Tu crois que j'ai envie de vendre en gros et de m'installer moi-même dans le commerce ? Je n'en veux qu'un, espèce de vieil imbécile infernal ;" et j'ai éclaté de rire.

Il avait l'habitude d'être maltraité et se joignait au rire, peignant sa barbe rousse ébouriffée avec ses doigts sales. "Eh bien, combien alors ?"

"Oh, quelques points environ."

Il a levé les mains, gesticulant violemment, comme si l'offre était une insulte, a semblé se mettre dans une rage furieuse, et a fulminé, s'est agité et a pris d'assaut, jusqu'à ce que je me lève. Encore une fois, il m'a testé; permettez-moi de quitter la pièce et d'atteindre la porte de la boutique, suivi d'un mélange de lamentations et d'appels au Ciel pour qu'il témoigne de ma folie.

Je ne me suis même pas retourné, me souvenant de la prudence de Feldmann, et j'étais presque dans la rue, avant qu'il ne change de ton, apparemment convaincu que j'étais sincère.

"Ça ne sert à rien de se séparer comme ça. Revenez et reparlez-en." Une fois de plus, une pantomime similaire fut jouée ; mais cette fois j'ai été beaucoup plus lent à céder. "Cela ne peut pas être fait à ce prix. Impossible. Pensez au risque que je devrais——"

" Alors ne le faites pas. Je vous le dis, si vous voulez dire qu'il y a un risque dans cette chose, je n'y toucherai pas avec une perche de dix pieds. Je pensais que quelques marques suffisaient ; mais si vous m'offriez de me le donner pour rien et il y a un risque que je ne le prenne pas. Mettez-vous cela dans la tête.

« Pensez-vous que je donne des choses ?

"Pas moi, vu comment tu t'accroches à la saleté sur toi."

Cela fut également accepté comme une plaisanterie et il secoua la tête et fit un clin d'œil. "Cela prend trop de temps de nettoyer les choses ; et le temps, c'est de l'argent", répondit-il avec l'un de ses regards répulsifs. "Mais je t'aime bien. Tu dis ce que tu veux dire. Je te prendrai cent marks."

"Vraiment ? Tu seras plus intelligent que je ne le pense, si tu le fais."

"Mais il y a le———" Il allait répéter à propos du risque, mais vérifia le mot comme étant une mauvaise affaire ; et une longue plaisanterie a commencé au cours de laquelle il a essayé de me faire passer d'abord à soixante-quinze marks, puis à cinquante, pour descendre par dizaines et cinq à vingt-cinq.

Il est resté longtemps à ce point ; et de peur qu'il ne trouve même cette somme suspecte, j'ai résisté aux cinq marks auxquels j'avais augmenté mon offre pendant le marchandage.

Une fois de plus, il m'a laissé quitter le magasin, et lorsqu'il m'a rappelé de nouveau , j'ai refusé d'y aller et j'ai rayé une nouvelle ligne.

"Je vais te dire pourquoi j'ai arrêté aussi longtemps que c'est le cas, Graun ", dis-je. "Je n'ai jamais rencontré quelqu'un comme toi auparavant, et tu es un personnage très intéressant. Je fais parfois quelque chose au théâtre et tu mérites d'être étudié, mais j'en ai assez de toi maintenant. Cela vaut la peine d'être étudié. peu de marks pour avoir une telle chance, et, même si je me fiche de savoir si j'obtiens ou non ce qui m'a amené ici, je vous donnerai cinq marks pour le plaisir que j'ai eu, " et à son parfait étonné, j'ai mis l'argent dans sa paume sale. "Si j'étais toi, je le dépenserais en savon ou quelque chose qui éliminerait une partie de cette puanteur bestiale."

"Tu me donnes ça ?" s'écria-t-il avec étonnement.

"Oui, donne-le-toi. Bonjour."

Ce fut le tournant de la conférence. Il m'agrippa le bras. "Tu peux venir m'étudier quand tu veux, au même prix", dit-il avec un sourire. "Ça ne me dérange pas à quelle fréquence. Et regarde ici, tu auras la carte si tu obtiens dix marks."

« Cinq autres, tu veux dire ?

"Oh, non. Oh, non. Encore dix", cria-t-il avidement.

J'ai d'abord secoué la tête, puis j'ai souri. "Je vous dis ce que je vais faire. Je vous donnerai les dix autres, si vous ajoutez une autre scène de malédiction et de lamentation, comme la dernière. Cinq pour cela et cinq pour la carte. Vous le faites si bien, Graun ; et tout est monté, je sais. »

Il sourit mais secoua la tête. "Il n'a pas été mis en scène."

"Tu es un juif sale, puant et avide d'argent, Graun ", m'écriai-je avec toute l'apparence d'un sérieux farouche.

Il a semblé prendre cela pour acquis, et il a répété la scène des injures avec la plus grande énergie et des gesticulations sauvages, à mon intense amusement.

"Ce n'était pas aussi bon que le premier, Graun , mais ça vaut quand même le coup. Voilà, donne-moi la carte. Je crois que tu es vraiment un type plutôt honnête et que tu es juste habillé comme ça pour les affaires. ".

D'autres regards moqueurs alors qu'il s'éloignait, et une minute ou deux plus tard, je repartis avec une carte d'identité au nom de « Johann Liebe, mécanicien ».

Qu'il informerait la police de ma visite, je ne le savais pas et je ne m'en souciais pas. Il était manifestement convaincu que les choses se déroulaient à peu près comme je l'avais prétendu, et le petit indice selon lequel je souhaiterais peut-être « l'étudier » à nouveau risquait fort de le faire tenir sa langue.

J'avais tout ce dont j'avais besoin; la voie pour partir était désormais ouverte ; et en très peu d'heures, Nessa et moi aurions vu le dernier Berlin pendant bien des jours.

Mais l'entretien avait duré plus longtemps que prévu et après avoir pris un repas à la hâte dans le premier endroit décent où je suis arrivé, je me suis dépêché vers la Karlstrasse pour régler les dernières dispositions concernant notre départ.

Nessa était aussi jubilatoire que moi à l'annonce de mon succès. "Rosa m'a raconté tout ce que tu as dit, où tu étais allé et que nous devions y aller ce soir. Oh, n'est-ce pas magnifique !" s'exclama-t-elle.

"Tu seras prêt ?"

"Oh, non. Je ferai attention à rater le train, bien sûr. Faites-en un point", cria-t-elle, les yeux brillants comme des diamants. "Je vais prendre un taxi, dire à tout le monde que je vais en Angleterre et... Comment peux-tu poser une question aussi idiote, Jack ?"

"Stable. De toute façon, pas ce nom avant d'être en Hollande."

"Voulez-vous que je sois stable à un moment pareil, Herr Lassen ?" avec une fausse emphase sur le nom.

"Après ça, je ne serai plus Lassen, attention. Ce truc que j'ai dans ma poche me baptise Johann Liebe."

Elle a ri. "Laisse-moi le regarder. Je déclare que je pourrais presque l'embrasser", s'est-elle exclamée lorsque je le lui ai montré. "Et maintenant, soyons raisonnables. Quels sont mes ordres de marche ?"

"Ordres de vol, c'est ce que nous appelons. Eh bien, j'espère toujours que nous voyagerons en État sous le patronage du gouvernement, et..."

"J'espère que non," interrompit-elle. "Je préférerais de loin monter sur la "troisième roue", vous savez. Ce serait très amusant. Je ne veux pas avoir à abandonner mon déguisement et avoir tous mes ennuis. pour rien."

"C'est bien, mais l'autre roue est à la fois plus sûre et plus rapide, merci. Tu ferais quand même mieux d'emporter les accessoires au cas où les choses tourneraient mal. On ne sait jamais. Veux-tu t'embêter avec des bagages ?"

"Un peigne et une brosse à dents, quelques épingles à cheveux et une paire de ciseaux. C'est trop ?"

"Plutôt pas ; mais pourquoi des ciseaux ?"

"Vous ne voulez pas que votre assistant ait les cheveux longs, n'est-ce pas ? Et il ne serait peut-être pas judicieux d'inquiéter un coiffeur."

Nous avons tous les deux ri. "Je n'y avais jamais pensé. Par Jupiter, ce serait vraiment dommage de devoir couper ta jolie perruque." Elle avait les plus beaux cheveux d'un riche auburn foncé.

"Mille fois mieux qu'un camp d'internement", répondit-elle, dégrisée par cette simple pensée. Mais seulement pour le moment ; elle était trop excitée à l'idée de rentrer chez elle pour que quoi que ce soit puisse lui refroidir le moral. "Eh bien, je ne le ferais que pour jouer le rôle de Hans Bulich pendant une heure."

"Qui est Hans Bulich ?"

"Ton assistant qui l'espère, bien sûr. Tu ne vas sûrement pas commencer par oublier l'essentiel ?"

"J'avais oublié pour le moment."

"Eh bien, n'oublie pas encore. Dois-je l'épeler pour toi ?"

"Ne me donne pas de tes lèvres, 'Hans'," rétorquai-je intelligemment.

"Très bien, mon pote , garde ta main sur le frein", répondit-elle du ton de son excellente assistante ; et a travaillé sur un certain nombre de pièces de moteur pour montrer qu'elle les avait révisées comme je l'avais suggéré.

"Tu feras l'affaire, mon garçon", dis-je en riant. "Et maintenant, rappelons-nous que ce ne sera pas que de la simple paille", et je lui ai expliqué mon plan. Elle devait être à la gare un quart d'heure avant le départ du train et me surveiller dans la salle d'attente. "Si les choses se passent bien avec von Gratzen , ce seront les toilettes pour dames ; sinon, ce sera le troisième cours. Je parviendrai à vous téléphoner à temps pour le maquillage nécessaire. Pour le reste, c'est à vous de décider." à nous de gérer du mieux que nous pouvons."

"Si nous devons nous déguiser, est-ce que tu vas risquer le train postal alors ?"

« Il n'y aura plus aucun risque à proprement parler maintenant que j'ai ça ; » en tapant sur ma poche. " Bien sûr , nous ne pouvons pas aller jusqu'au bout parce que je n'ai pas de passeport ; mais nous nous rapprocherons le plus possible de la frontière. Osnabrück, probablement ; mais j'aurai bien les billets. Et maintenant je dois partez."

"J'aimerais que mon cœur idiot ne batte pas comme un 40 ch , mais je l'aurai en bon état lorsque nous nous reverrons."

"C'est une bonne chose que je ne le fasse pas battre, hein ?"

"Ne touchez pas, mon pote ", répondit "Hans", mais avec une rougeur très peu masculine .

"Vous devez abandonner cette habitude, jeune homme. Vous devez penser à d'autres 40 chevaux , vous savez ;" et sur ce, je suis parti, pensant peu à tout ce qui allait se passer avant que nous nous retrouvions.

Je me précipitai vers mon appartement pour mettre la dernière touche à mes préparatifs ; emportez une ou deux bagatelles dont j'avais besoin pour le voyage ; assurez-vous qu'aucun regard inquisiteur n'ait découvert ma valise cachée ; et préparez tout pour un départ instantané.

Cela ne prit pas plus de quelques minutes, et je venais de terminer et j'étais en train de remettre la valise dans sa cachette, lorsque le téléphone sonna.

"Tiens?" Ai-je demandé, me demandant qui pourrait vouloir m'appeler.

« M. Lassen ? » » est venu une voix de femme que je ne connaissais pas.

"Oui qu'est ce que c'est?"

"Je dois te dire qu'Anna Hilden veut te voir immédiatement."

"De qui parle-t-il ?" Il n'y eut pas de réponse, et encore aucune lorsque je répétai la question. Qui cela peut-il bien être? Et quelle en est la signification ? Ce n'était certainement pas la voix d'Anna, même si le téléphone a parfois une astuce pour modifier considérablement la voix.

Il restait encore près d'une heure avant l'heure qu'elle m'avait fixée pour aller la voir, et je ne comprenais pas comment elle avait pu mettre la main sur mon numéro de téléphone. Mais elle n'aurait pas téléphoné si cela n'avait pas été urgent. On aurait dit qu'elle avait enfin décidé de tout admettre, et plus tôt j'aurais ces aveux, plus grandes seraient mes chances de surprendre von Gratzen à son bureau. Alors je me suis dépêché, j'ai eu la chance de prendre un taxi et je suis arrivé chez elle dix minutes après avoir reçu son message.

À ma grande surprise, la porte de son appartement était entrouverte. Ce n'était peut-être pas inhabituel, étant donné qu'elle était une personne plutôt décontractée. J'ai appuyé sur la cloche électrique et je l'ai bien entendu sonner ; mais elle n'est pas venue à la porte. Probablement échappé pour quelque chose, ai-je conclu ; et après une seconde sonnerie, j'ai poussé la porte en grand et je suis entré.

Elle n'était pas dans le salon, et j'étais sur le point de m'asseoir sur une chaise pour l'attendre, lorsqu'un coup d'œil par la porte ouverte de la chambre voisine fit monter mon cœur dans ma bouche, comme si j'avais pris un air. poche de mille pieds de profondeur.

Elle était étendue sur le lit dans une attitude des plus contre nature.

En une seconde, j'étais dans la pièce et je connaissais la vérité.

Elle était morte et les marques sur sa gorge ne pouvaient signifier qu'une chose.

"Meurtre !"

CHAPITRE XIX

MEURTRE

Quelques moments remplis d'horreur se sont écoulés avant que je comprenne toute la signification pour moi de la mort de cette malheureuse femme. J'étais étourdi et abasourdi comme un homme ivre, et je ne pouvais rien faire d'autre que de regarder le corps, littéralement stupéfait par sa soudaineté.

Ce n'est pas la mort qui m'a surpris ; J'avais vu trop de cadavres au Front pour m'inquiéter vraiment.

Mais j'ai fait un gros effort pour me ressaisir. Je l'ai examinée pour être sûr qu'elle était bien morte, car le corps était encore chaud. Il n'y avait aucun doute à ce sujet. La pauvre créature avait été étouffée et les marques des doigts de l'assassin apparaissaient sur sa gorge.

Il y avait eu une bagarre dans la pièce et quelques meubles misérables avaient été renversés. Mes esprits commençaient à s'éclaircir à ce moment-là ; et je regardais autour de moi dans la pièce en me demandant qui avait été assez brutal pour commettre le meurtre et ce que je devais faire, quand j'ai fait une découverte qui m'a tout dit et a glacé le sang dans mes veines.

En examinant le corps, j'avais légèrement dérangé les draps et, sur le côté du cou, juste à l'endroit où il serait tombé du doigt du meurtrier, j'avais posé une bague.

Von Erstein ! L'anneau puzzle qu'il m'avait montré et expliqué un jour ! Il était impossible de s'y tromper ; et il n'y avait probablement pas d'autre ring comme celui-ci à Berlin.

Je n'ai pas perdu la tête cette fois-là ; l'instinct de conservation était trop fort pour permettre tout autre sentiment. Ma seule pensée absorbante était de m'enfuir avant que quiconque puisse venir.

Je me précipitai dans le salon et récupérai mon chapeau que j'avais laissé sur la table. Dans mon élan, j'ai tâtonné. Il tomba par terre et roula sous la table ; et quand je l'ai repris, le petit porte-cartes pittoresque que Rosa m'avait donné était ouvert juste à côté.

Trop obsédé par le désir de sortir du lieu, je n'éprouvais d'autre sentiment qu'une légère satisfaction à le retrouver ; sans réaliser un seul instant toute la signification de l'incident, j'ai mis l'objet dans ma poche, j'ai ramassé mon chapeau et j'ai quitté l'appartement. J'ai eu soin de fermer la porte ; cela servirait à retarder la découverte du meurtre ; J'ai descendu l'escalier sans trop de hâte, je me suis assuré qu'il n'y avait personne pour me voir partir, je suis parti tranquillement jusqu'à ce que je tourne le premier coin, puis je suis parti à un rythme rapide.

Une sensation de profond soulagement, sachant que j'étais en sécurité pendant un certain temps, fut suivie de quelques minutes de réaction aiguë au cours desquelles j'étais incapable de réfléchir consécutivement. Un vide mental dont je me suis réveillé un peu comme un homme se réveille après un somnambulisme. Je regardais autour de moi sans le savoir, et voyant à proximité la porte d'un petit jardin public, j'entrai et m'assis.

J'ai vite commencé à retrouver mes esprits et à reconstituer les choses petit à petit. Curieusement, la première pensée a été presque la bagatelle comparative du porte-cartes. Je me souviens que je l'ai sorti et regardé, me demandant bêtement quand j'aurais pu le laisser tomber dans la chambre d'Anna. Puis je me suis rappelé que je l'avais manqué le matin quand j'étais avec von Gratzen . Il ne pouvait donc pas être dans ma poche lorsque je suis allé voir Anna ; et en quelques secondes j'ai compris.

La dernière fois que je l'avais touché, c'était la nuit précédente, lorsque j'en avais retiré la déclaration de Rudolff pour la montrer à von Erstein et qu'il avait essayé de lui arracher le papier et n'avait récupéré que le petit étui. Je me souvenais qu'il l'avait jeté près de lui et qu'il l'avait ensuite manipulé nerveusement.

Il était clair qu'il l'avait emporté avec lui et l'avait intentionnellement laissé dans la chambre d'Anna pour me faire imputer son acte crapuleux. C'était digne de lui ; et cela aurait réussi sans cette chance merveilleuse – une chance ineffablement bénie, en fait – grâce à laquelle j'avais trouvé l'étui à cartes.

Cela m'a aidé à reconstituer le reste. Paniquée par ce que je lui avais raconté sur von Gratzen , Anna avait sans doute menacé de tout dévoiler ; Tout le plan d'Erstein serait ruiné au moment où elle ouvrirait les lèvres : et cela avait éveillé la brute en lui jusqu'à ce qu'il soit poussé à l'étrangler. La bague avait glissé de son doigt sans qu'il s'en aperçoive dans sa rage. Ensuite, il a dû jeter mon étui à cartes sous la table pour me relier au crime.

Il avait visiblement laissé la porte entrouverte pour la même raison ; il s'était probablement précipité vers la première cabine téléphonique publique et m'avait appelé d'une voix suffisamment féminine pour m'induire en erreur ; et j'avais l'intention d'envoyer quelqu'un pour me prendre en flagrant délit sur les lieux du crime.

Deux points n'étaient pas clairs. Pourquoi personne ne m'avait attrapé ? J'avais eu largement le temps, à supposer qu'il se cachait en attendant mon arrivée. Et pourquoi le meurtre avait-il été commis dans la chambre d'Anna, alors qu'elle s'était éloignée de moi pour le retrouver ?

L'une des deux suggestions semblait répondre à la dernière question. Ou bien elle ne l'avait pas trouvé d'abord et lui avait laissé un message suffisamment urgent pour qu'il se dépêche de venir chez elle, ou bien, après un premier entretien, il l'avait convaincue de rentrer chez elle et l'avait immédiatement suivi. Le projet de la tuer devait être dans son esprit à ce moment-là, et évidemment il ne pouvait pas le faire dans ses propres appartements.

La première question – pourquoi je n'avais pas été attrapé – n'a pas été résolue aussi facilement ; mais l'anneau pourrait bien en être la cause, s'il avait seulement découvert sa perte pendant l'intervalle de mon attente. Avec cette preuve accablante contre lui, le fond avait abandonné son plan contre moi, et il n'oserait pas essayer de me faire prendre sur le fait.

Et maintenant, heureusement, je lui avais fermé la porte. Il ne pourrait pas revenir chercher la bague même s'il avait le courage, ce dont je doutais.

C'était en effet un autre coup de chance ; et c'était en toute vérité nécessaire, car le désordre était suffisamment grave et noir pour qu'il en faille un tas, si je voulais échapper à l'accusation de meurtre. Une telle accusation me ruinerait la serrure, la crosse et le canon. Même si je parvenais à m'innocenter – et c'était presque impossible – toute la vérité sur moi serait révélée , et il y aurait des milliers contre un que je serais fusillé pour espionnage.

Au début, une seule solution m'est venue à l'esprit : m'enfuir. Mais cela semblait désespéré dans les nouvelles circonstances. Cela équivaudrait à un aveu de culpabilité ; von Erstein raconterait un mensonge plausible sur la bague appartenant à Anna ; et on le croirait assez facilement si ma fuite lui éloignait les soupçons ; le tollé s'élèverait dans tout le pays ; le vieux Graun racontait son histoire : j'avais un papier d'ouvrier au nom de Liebe ; et mon arrestation ne serait qu'une question d'heures peut-être, certainement une question de jours à l'extérieur.

Il fallait donc écarter cette idée. Avant que l'on puisse penser à une fuite, il faut que les soupçons se portent sur von Erstein . Mais comment? Pas en m'asseyant sur un siège public et en me rongeant les ongles ; alors je me suis levé et j'ai recommencé à revenir au centre des choses.

J'étais complètement remis de l'état de panique inquiétant qui m'avait tant troublé dès le premier élan des choses. Je ne pense même pas que j'avais peur. Mon sentiment principal était que j'étais dans le même pétrin du diable et que je devrais sombrer, à moins que mon propre esprit ne puisse me sauver. Si Feldmann avait été à Berlin, je serais allé le voir ; mais il ne l'était pas, et cela ne servait à rien de souhaiter qu'il l'ait été.

Il n'y avait qu'un seul autre homme dans toute la ville : von Gratzen ; et au moment où cela est devenu clair et clair, j'ai hélé un taxi et j'ai été conduit directement à son bureau.

Il était toujours là, mais refusa de me voir et envoya von Welten me demander mes affaires. J'ai dit que c'était pour des raisons personnelles que je souhaitais voir son chef.

Cependant, cela n'a pas fonctionné. Von Welten revint, disant que le baron était extrêmement occupé et que je devrais exposer mes affaires par écrit. Cela avait l'air moche ; mais après avoir réfléchi une seconde, j'écrivis sur ma carte : « S'il vous plaît, venez me voir pour l' affaire Untergasse ; » je l'ai placé dans une enveloppe et je l'ai envoyé. Si quelque chose pouvait inciter von Gratzen à m'accepter, ce serait le cas.

J'avais raison. Von Welten revint souriant. "Le chef vous verra dans une minute ou deux, Herr Lassen. Je suis content." C'était un garçon extrêmement agréable et il resta à bavarder avec moi jusqu'à ce que la cloche de von Gratzen sonne et que je sois introduit.

"Vous me causez beaucoup d'ennuis, jeune homme, comme vous pouvez le voir", dit-il en désignant un portefeuille dans lequel il semblait y avoir beaucoup de papiers au-dessus desquels se trouvaient les billets convoités pour Nessa et moi. . "Et maintenant, qu'en est-il de cette affaire Untergasse ? Vous avez découvert quelque chose d'utile ? Je ne peux pas vous donner beaucoup de minutes."

"Je suis dans un sacré pétrin, monsieur, mais cela n'a rien à voir avec ça. J'ai écrit cela parce que j'étais obligé de vous voir."

"Je suis d'accord avec toi. Tu en es un depuis que tu es arrivé en ville, il me semble en effet. Rien de frais, j'espère ?"

"Il y en a, et le pire de tout, monsieur. Je risque d'être accusé de meurtre."

"Avec quoi?" s'écria-t-il avec étonnement. "Ouf ! Eh bien, dis-le-moi."

"Quand je vous ai vu ce matin , j'ai compris que la raison pour laquelle ces billets pour Miss Caldicott et moi-même n'avions pas pu être utilisés était à cause des ennuis concernant la femme, Anna Hilden."

"C'est vrai, mais tu as toi-même dit que tu aurais aimé que ça s'éclaircisse d'abord."

— Alors , en partant d'ici, je suis allé la revoir.

« Bon Dieu, tu ne veux pas dire que tu as perdu la tête et que tu lui as imposé les mains de cette manière horrible ? Cette pensée semblait l'affecter profondément.

" Oh mon Dieu, non, monsieur. J'espère que je ne suis pas capable d'une telle chose. D'après ce qu'elle a dit, je suis devenu certain que tout cela était une fraude et... "

"C'est ainsi", intervint-il en hochant la tête. "Vous avez raison. Nous savons déjà tout sur cette femme. Continuez."

"J'ai d'abord essayé de persuader ; mais cela n'a servi à rien, alors je lui ai fait savoir que l'affaire était entre vos mains."

"J'espère que cela lui a fait peur."

"C'est vrai, monsieur. Elle était presque folle et a promis de tout me dire cet après-midi. Je devais appeler à cinq heures."

"Où es-tu allé ensuite?" » lança-t-il brusquement.

"Aux von Reblings ."

« Pour en parler à Miss Caldicott, je suppose ? brandissant les billets.

"Oui. Je savais qu'elle serait très anxieuse."

Il a mis le jeu de billets épinglés, etc., dans le portefeuille, sous quelques papiers, et s'est penché en arrière, les doigts entrelacés, et m'a regardé avec une attention renfrognée. "Tu n'es pas idiot, mon garçon, et tu dois voir que ton zèle à l'égard de cette jeune femme risque d'éveiller beaucoup de soupçons. Qu'en disent les von Rebling ?"

"Ils sont extrêmement inquiets qu'elle puisse rentrer chez elle."

"Euh!" un grognement et un signe de tête, qui furent tous deux répétés. "Et où es-tu allé ensuite après les avoir quittés ?"

J'ai commencé et j'ai hésité.

"Vas-tu me dire toute la vérité ? Nous apprenons beaucoup de choses étranges ici, tu sais."

"Je suis allé voir un homme nommé Graun ———"

" Je le sais. Vous avez été suivi et il a été interrogé. Je ne vous demanderai pas pourquoi vous avez obtenu ce que vous avez fait de lui ; mais n'essayez pas de l'utiliser. Maintenant, continuez sur cette autre affaire. Juste tout ; tout , et très franchement."

"Je le ferai, monsieur. Laissez-moi remettre de l'ordre dans mes pensées. Vous m'avez considérablement surpris." Je m'arrêtai quelques secondes, puis lui racontai exactement ce qui s'était passé depuis le moment où j'ai reçu l'appel téléphonique jusqu'à ma découverte de l'anneau de von Erstein sous le corps d'Anna.

Il sursauta avec enthousiasme. "Pourquoi ne me l'as-tu pas dit en premier?" il pleure. "Il n'y a pas un instant à perdre. Il faut que je m'en occupe immédiatement." et il sortit précipitamment de la pièce.

Pour la deuxième fois, les billets étaient à portée de main et j'étais seul dans la salle. Il les avait apparemment oubliés dans son enthousiasme, et que je n'avais qu'à tendre la main et à les sécuriser. Ou était-il parti délibérément avec l'intention de me donner une chance ? Il savait à quel point j'avais hâte de m'enfuir ; le conte du vieux juif a dû le montrer.

Je n'ai pas hésité cette fois. Je les ai sortis du portefeuille et les ai empochés. Est-ce que je ferais mieux de m'enfuir ou de rester pour lui faire face ? Une question très difficile. Si je m'enfuyais, il pourrait soupçonner ; si je restais, il y avait une chance qu'il ne les manque pas. S'ils étaient manqués, ils ne vaudraient pas un pfennig. Nous devrions certainement être arrêtés à la gare ; il y aurait une scène et Nessa serait désespérément compromise. C'était impensable.

Il n'y avait donc rien d'autre à faire que de rester et d'y faire face. Ce n'était pas facile à faire ; et rien au monde, à part la pensée des conséquences pour Nessa, n'aurait pu me coller à ma chaise pendant les minutes qu'il me restait à attendre von Gratzen . Ce fut un soulagement positif lorsque la tension prit fin et qu'il revint.

Il avait l'air très grave et sévère, et il y avait encore des traces de l'excitation qu'il avait manifestée lorsqu'il m'avait quitté.

Comme je l'ai observé ! Le moment suivant déciderait de tout pour moi. Il réfléchissait attentivement, s'arrêta, la main sur le front, à mi-chemin du bureau, hocha la tête en réponse à une pensée et se dirigea vers sa chaise. J'ai dû retenir mon souffle alors qu'il s'asseyait et posait la main sur le portefeuille. J'étais prêt à vomir l'éponge alors qu'il soulevait légèrement le papier supérieur et jouait avec.

L'idée m'est venue à l'esprit qu'il ne restait plus qu'à tout admettre ; qui j'étais; pourquoi j'étais venu; pourquoi j'avais si hâte de m'enfuir ; et lui demander ensuite de m'aider en échange de ce que j'avais fait dans l' affaire Untergasse .

Mais de toute façon, le moment n'était pas encore venu. Il était impossible de dire s'il avait remarqué l'absence des billets. Il semblait complètement perdu dans ses pensées ; il ne regardait rien d'un air distrait ; pas une seule fois je n'avais vu ses yeux baisser sur le bureau ; pas même un regard de côté ne m'a été adressé ; mais c'était un vieux mendiant si rusé que tout cela aurait pu être un prétexte pour m'induire en erreur.

Après un temps qui me parut des heures, il hocha de nouveau la tête, ôta la main des papiers pour la passer sur son front et sourit. C'était aussi un sourire d'une signification infinie. Puis il ferma le portefeuille et le rangea dans un tiroir.

"Maintenant, dis-moi le reste, mon garçon," dit-il en se tournant vers moi pour la première fois. "Bonjour, tu as l'air un peu fatigué. Il fait trop chaud dans la pièce ? Ouvre un peu la fenêtre."

J'ai sauté sur l'excuse pour me mettre un instant hors de portée de ses yeux perçants. Il aurait pu dire qu'il faisait chaud, car l'effort avait fait couler de grosses gouttes de sueur sur mon front.

"Reste là un moment et prends une bouffée d'air frais. Une chose comme celle-ci va sûrement te secouer", a-t-il ajouté.

Le savait-il ? Était-ce destiné à me donner l'occasion de me ressaisir ? Avait-il tout remarqué et réfléchi à d'autres mouvements subtils dans le jeu ? Qui pourrait le dire ?

"Mieux?" » a-t-il demandé alors que je retournais à ma place. " Rien ne presse. J'ai reporté mes autres affaires et je vais devoir vous garder ici pendant environ une heure. Je vais vous dire pourquoi tout à l'heure. Oh, au fait, vous feriez mieux de me donner la carte que vous avez du vieux Graun . Cela pourrait vous aider si je pouvais dire que vous me l'avez donné ; et, bien sûr, cela ne vous sert à rien maintenant.

Était-ce sa manière de me dire qu'il savait ? » était la question qui me trottait dans la tête lorsque je la lui ai posée. Puis j'ai repris l'histoire de l'après-midi.

"Tu as emporté cet étui à cartes ?" il est intervenu quand j'en ai parlé.

"Oui. Je l'ai ici. Veux-tu le prendre ?"

"Peut-être que je ferais mieux", répondit-il après une pause, puis il ouvrit le tiroir contenant le portefeuille, le jeta négligemment et me laissa terminer le reste de l'histoire sans interruption, lorsqu'il retomba dans ses pensées.

Von Welten entra avant de parler et lui tendit un mot. "Pas une seconde après sept heures, remarquez, von Welten . Pas une seconde, remarquez", dit-il après avoir lu la lettre. "Ça fera l'affaire;" et nous étions à nouveau seuls.

"Maintenant, je vais vous dire quelque chose à mon tour", dit-il. " Vous nous avez rendu un très grand service ; un service bien plus grand que vous ne pouvez l'imaginer. Vous n'avez commis qu'une seule erreur, car vous auriez dû me précipiter le plus vite possible depuis l'appartement de cette femme ; mais vous avez évidemment de la chance, car aucun mal n'a été fait.

"Je ne comprends pas très bien, monsieur," balbutiai-je de surprise.

"Je vais vous l'expliquer. Laissez-moi d'abord vous dire que je crois absolument que vous m'avez dit la vérité, sur ce meurtre, je veux dire, peut-être pas sur tout le reste."

"Il n'y a qu'une chose, et si tu veux..."

"Ne m'interromps pas, mon garçon. Je n'aime pas ça," s'exclama-t-il avec humeur. "Cela me dérange. Maintenant, à propos de cette affaire. Nous savons tout sur cette femme, Anna Hilden. Ce n'est pas du tout son nom, mais cela n'a pas d'importance maintenant. Elle est, ou était, l'une des maîtresses de von Erstein ; pas la seule, d'ailleurs. La vraie Anna Hilden était une autre – il y a des années, bien sûr – et c'est ainsi qu'il savait tout sur cette vente d'informations secrètes à la France.

Je n'avais rien dit à ce sujet et il a remarqué mon sursaut.

"Ne vous étonnez pas. Je vous le dis, nous savons beaucoup de choses ici. C'est notre affaire de les connaître. L'homme qui nous a trahis dans cette affaire était von Erstein lui-même, et vous, si vous êtes vraiment Lassen, n'étiez que le "Il y a beaucoup de choses que nous pensons savoir sur lui et que nous ne pouvons pas prouver, et d'autres que nous ne souhaitons pas prouver", dit-il avec un regard latéral très significatif.

"Je peux comprendre cela."

"Nous espérons que tu ne relèves d'aucune des deux têtes, mon garçon. Eh bien, nous attendions von Erstein , et maintenant, grâce à toi, nous l'avons. Cette femme est allée le voir aujourd'hui après vous l'avez quittée ; elle est restée assez longtemps avec lui ; elle est partie très agitée ; et il l'a suivi plus tard jusqu'à l'appartement qui avait été pris pour votre affaire. Qu'il l'a assassinée, cela ne fait aucun doute, après ce que vous avez dit. me l'a dit ; mais cela doit être prouvé. Vous ne le regretterez probablement pas si c'est le cas. »

« Il devrait être pendu », m'écriai-je impulsivement.

Il fixa sur moi ses yeux perçants, et en un instant je vis ce que j'avais fait et que c'était un de ses pièges infernaux.

" Soit tu es en train de t'oublier, soit tu commences à te souvenir de certaines choses, n'est-ce pas ? " » demanda-t-il délibérément, avec un de ses étranges sourires impénétrables. "C'est en Angleterre qu'on pend les meurtriers, tu sais."

J'aurais pu me maudire pour cette erreur idiote, alors que ses yeux s'enfonçaient directement dans mon cerveau.

CHAPITRE XX

LA VOLONTÉ DE VON GRATZEN

Déconcerté et confus par ce piège inattendu, je restai assis à chercher quelque chose à dire, et je finis par balbutier : « Je... je voulais dire lynché, pendu au lampadaire le plus proche, monsieur.

C'était le plus nul des chiens boiteux ; mais il paraissait satisfait. Il s'appuya contre le dossier de sa chaise. "Oh, je vois. Oui, bien sûr. Vos expériences américaines, j'imagine. Eh bien, nous pourrons en reparler une autre fois. J'allais dire qu'en von Erstein , nous avons effectivement affaire à un individu très rusé, et je Je m'attends à ce que vous nous aidiez. L'une des mesures nécessaires pourrait être votre arrestation.

"Arrêter!" répétai-je avec consternation.

" J'ai dit arrestation. Cela peut être nécessaire. Il est essentiel qu'il ne croie pas qu'un soupçon de soupçon s'attache à lui. Vous comprendrez cela ? "

"Je peux peut-être l'apprécier, mais———"

"Ne vous inquiétez pas. Je vous promets un très bon traitement."

"Mais je pensais que tu souhaitais..." Je m'arrêtai sur le point de laisser échapper mon départ pour l'Angleterre.

"Peu importe pour le moment ce que je souhaite, mon garçon." Je commençais à détester ce terme de familiarité, car je savais désormais ce qu'il recouvrait. "Tout doit attendre cela maintenant", a-t-il poursuivi. "L'arrestation ne sera cependant pas effectuée immédiatement, car il y a une chose que vous devez d'abord faire."

C'était mieux. Si ce n'était pas fait tout de suite, cela ne se ferait jamais, j'étais résolu. "Qu'est-ce que c'est?" J'ai demandé.

"Vous devez rendre cette bague à von Erstein ."

"Faire quoi?" J'ai pleuré consterné. La bague était la seule preuve contre lui !

"Essayez d'écouter attentivement. Vous devez le lui rendre et lui faire croire que vous l'avez emporté de cette pièce. Laissez-le vous l'arracher pendant que vous menacez de le dénoncer ; ou donnez-le-lui comme conditions d'une trêve. entre vous ; comme bon vous semble. Mais attention, il faut le faire de manière à ce qu'il soit convaincu qu'aucun autre œil que le vôtre ne l'a vu. C'est vital.

La lumière commençait alors à percer même mon crâne épais.

"Nous l'avons ici ; nos gens l'ont trouvé exactement comme vous l'avez dit."

"Alors le meurtre est connu ?"

mais ils ne savent rien de cette bague. Nous avons envoyé sur place deux hommes soupçonnés d'être à sa solde, et ils pourront lui rapporter que rien n'est arrivé. de ce genre a été retrouvé sur place. Nous avons bien sûr pris toutes les précautions. Il a été photographié depuis une douzaine de points différents et une réplique est en cours de réalisation. J'attends maintenant l'empreinte du moule ."

« Bien sûr, vous avez pensé qu'il pourrait le détruire ? Je suggère.

Il secoua la tête. "Il n'y a pas à craindre de cela. D'une part, il en est bien trop fier ; il n'y en a pas d'autre exactement pareil dans toute l'Europe, probablement pas dans le monde entier ; d'autre part, il le considère comme une sorte de mascotte ; il y a une sorte de légende ou autre à son sujet ; et enfin, si vous faites bien votre part, il sentira qu'il peut le garder en toute sécurité.

Le plan était suffisamment subtil pour être digne même de von Gratzen , et il augmentait ma peur de sa ruse presque diabolique. "Quand lui demanderas-tu des comptes ?"

"Cela dépend. C'est un diable vindicatif et il est sûr de vous dénoncer pour le meurtre, dès qu'il pense pouvoir le faire en toute sécurité. Le moment le plus efficace pour s'occuper de lui serait lorsque nous le mettrons à la barre des témoins, témoignant contre vous. Mais nous verrons.

"Et quand dois-je être arrêté ?"

"Dès qu'il dépose la dénonciation contre vous, à moins que je trouve, après mûre réflexion, que nous pouvons éviter une mesure aussi radicale. Ce n'est pas tout à fait impossible, mais l'essentiel est que vous lui rendiez l'anneau le plus tôt possible. "

Un guet-apens agréable pour moi : être accusé d'un meurtre dont il me savait innocent afin de l'aider à réaliser ses projets. "Vous ne vous attendez pas à ce que je sois délirant de joie à l'idée d'être jugé pour ma vie", dis-je avec un faible sourire.

Il n'aimait pas ça du tout et me regardait avec un froncement de sourcils. " Pire encore pourrait vous arriver, peut-être ; et en fin de compte, ce serait extrêmement à votre avantage, " répondit-il avec une signification délibérée et déplaisante.

J'ai laissé tomber cette phrase comme un charbon ardent. "Je suis entre vos mains, monsieur."

"Je suis heureux de vous entendre dire cela. Bien sûr, comme je l'ai dit tout à l'heure, on n'en arrivera peut-être pas là ; j'ai effectivement un autre plan possible. Mais l'autre partie est essentielle. Vous me donnerez votre parole d' honneur. pour exécuter fidèlement mes instructions ?

"Oui, je vous donne ma parole d' honneur . Serait-il suffisant que je la lui laisse avec une lettre ?"

"Pourquoi?" Comme un coup de pistolet, la question vint et ses yeux se brisèrent.

"Je pourrais gâcher mes affaires personnelles. Je ne suis pas très doué pour le théâtre, j'en ai peur."

"Je vois", répondit-il; hochant la tête; et quelque chose d'inhabituel ressemblant à un sourire flottait aux coins de sa bouche. "Je pensais que tu avais dit quelque chose à ce Juif au sujet du théâtre et de l'étude de son personnage. Je te considère comme un acteur particulièrement bon, mon garçon. Mais réfléchissons. Cela dépendra de la façon dont tu formuleras n'importe quelle lettre."

Il réfléchit un moment, sursauta brusquement, hocha la tête, sourit, écrivit à la hâte et me tendit le papier. "Mémorise ça."

"Von Erstein , vous saurez où j'ai trouvé l'enfermé tout comme je sais pourquoi vous avez laissé ce que j'ai trouvé là. Vous pensez me ruiner. Je ne suis pas l'homme que vous croyez que je suis et je peux prouver mon innocence au moyen de laquelle vous Je ne peux avoir aucune conception. Assez pour que je vous dise que j'ai suffisamment retrouvé la mémoire pour me protéger contre votre malice diabolique. Ce qui est ci-joint prouve que je suis prêt à crier une trêve . — JOHANN LASSEN .

Ce que j'ai ressenti en lisant ceci sous le regard perçant qu'il a rivé sur moi tout le temps, aucun mot ne peut le décrire. "Eh bien, mon garçon ?" Il a demandé.

"Je—je vais le mémoriser, monsieur," balbutiai-je pour avoir le temps de réfléchir.

« Lis-le simplement. Laisse-moi entendre ce que ça donne.

Heureusement, ou intentionnellement, je n'ai pas pu déterminer lequel, il a mis sa main devant son visage pendant que je le lisais d'un ton pas trop ferme. "Ça fera l'affaire. Oh, oui. La récupération de votre mémoire semble expliquer le mot "moyen", et il pensera que vous ne faites que le bluffer. Il ne rêvera jamais que vous m'avez tout raconté ; et , bien sûr, c'est ce que j'avais l'intention de faire. Vous comprenez que je préfère de loin que vous le voyiez ; mais si vous ne pouvez pas, vous pouvez envoyer cette lettre.

J'ai recommencé à respirer librement. "Je le verrai ce soir, si possible", répondis-je.

"Je suis sûr que vous le ferez. Il n'est plus que sept heures maintenant. Il va généralement dîner à huit heures, et d'ici là, vous devriez pouvoir le surprendre dans sa chambre. Attention, je compte sur vous."

"Vous pouvez, monsieur."

« Ils devraient être prêts à nous recevoir maintenant », dit-il ; et tandis qu'il sonnait, von Welten entra, apportant la bague, la réplique et les photographies ; et nous les avons tous examinés attentivement.

Le fac-similé de la bague était absolument parfait. Il était soit en cire, soit en un matériau plus dur et avait été doré, et comme il et l'original étaient côte à côte sur la table, il était impossible de distinguer l'un de l'autre.

"En effet, c'est très bien. Un travail intelligent, dans les délais", a déclaré von Gratzen . " Bien sûr, il comprend que le fac-similé fini doit être en or et se démontera de la même manière que l'original."

"Oh, oui. Il a un certain nombre de petits moules de pièces individuelles. Voudriez-vous les voir, monsieur ?" répondit von Welten .

"Pas nécessaire du tout. Il connaît son travail. Cela fera l'affaire, von Welten . Laissez-moi le vrai truc ;" et il le ramassa et l'examina avec un sourire jubilatoire et presque satanique, alors que von Welten quittait la pièce. "Enfin!" murmura-t-il dans sa barbe.

Puis il l'a enveloppé et me l'a tendu. "Tu vois à quel point je te fais confiance, mon garçon. Je sais que tu ne me décevras pas non plus. Et maintenant tu ferais mieux de partir. Juste un dernier mot. Dès que tu lui auras rendu cela, disparais pour un moment. Pars Berlin et va, oh, n'importe où ; plus loin sera le mieux pour le moment ; et ne reviens en aucun cas vers moi jusqu'à ce que je t'envoie chercher. »

Complètement intrigué par tout cela, je me suis aventuré : « Mais est-ce que je peux partir sans permis ?

Un autre de ses étranges sourires impénétrables accueillit cela. "Peut-être que ce serait mieux, mais vous n'avez pas beaucoup de temps à perdre, si vous voulez attraper von Erstein ", ajouta-t-il après coup. Il sonna et écrivit avec fureur. "Faites tamponner cela officiellement immédiatement. Aussi vite que possible", a-t-il dit à von Welten , qui s'est dépêché. "Il te le donnera en sortant", me dit-il en se levant et en me saisissant la main. "Et maintenant, au revoir, mon garçon, pour un moment en tout cas. Tu es un bon garçon, et quoi qu'il arrive, si tu fais ce que je t'ai demandé, je serai toujours à tes côtés."

Von Welten m'a accueilli avec le permis alors que je quittais la pièce. « Vous avez de la chance d'être ainsi du bon côté du chef », dit-il tandis que nous nous serrions la main.

Étaient-ils tous des énigmes vivantes ? » fut ma pensée en quittant le bâtiment, car les manières de von Welten étaient aussi voilées et significatives que celles de son chef. Von Gratzen savait-il que j'avais pris les billets ? Avait-il rédigé la lettre que je devais écrire à von Erstein pour me dire qu'il savait que ma perte de mémoire était une fraude ? Cette remarque : « Vous n'avez pas beaucoup de temps à perdre » faisait-elle référence au fait que je devais récupérer le courrier ? Il l'avait nuancé en parlant de sa visite à von Erstein ; mais cela semblait être une réflexion secondaire.

Cela me dépassait ; et j'ai été encore plus étonné lorsque j'ai lu le document que von Welten m'avait remis. C'était bien plus qu'un simple permis. Il s'agissait d'une autorité officielle selon laquelle je voyageais pour affaires d'État ; je devais aller où je voulais et quand ; que toute l'aide devait m'être apportée ; et toute demande de renseignements devait être télégraphiée directement à von Gratzen .

J'ai effectivement eu de la chance, comme l'avait déclaré von Welten . Il ne devinait pas quelle chance c'était ! Ou l'a-t-il fait ? Était-ce destiné à rendre mon chemin vers la frontière plus clair ?

Mais à ce moment-là, il n'y avait pas le temps de réfléchir à ce sujet. Je pourrais écrire et demander la réponse à l'énigme lorsque Nessa et moi serions en sécurité en Hollande ou chez nous en Angleterre ; ce que je devais faire maintenant, c'était terminer cette affaire avec von Erstein le plus rapidement possible.

J'ai conduit jusqu'à son appartement ; mais il n'était pas là, et je ne savais pas où le chercher. J'en étais plutôt content. Il serait beaucoup plus facile d'écrire la lettre convenue. Je suis ensuite allé à la Karlstrasse pour dire à Nessa qu'elle pouvait voyager selon son propre caractère.

Rosa était avec elle, et toutes deux étaient nerveuses de n'avoir pas su plus tôt comment les choses se passaient, car il était alors plus de sept heures et quart.

"Je me suis terriblement inquiète", a déclaré Nessa. "Y a-t-il quelque chose qui ne va pas?"

"Pas du tout. Tout va parfaitement bien. J'ai nos billets, et tout ce que tu as à faire c'est d'être à la gare."

"Mais que s'est-il passé ?" s'exclama Rosa.

"Je n'ai pas le temps de vous le dire maintenant. Je suis désolé; mais je dois retourner en toute hâte dans mes chambres et chercher quelque chose. — Par Jupiter!" J'ai eu des sueurs froides lorsque j'ai compris le sens du regard de von Gratzen sur ma suggestion d'écrire. Je lui avais déjà dit que je ne savais ni écrire ni lire ! Je lui avais même donné un spécimen de mon nouveau poing pothook ! Bien sûr , je dois continuer ainsi, et cela pourrait me prendre Dieu sait combien de temps. "Je dois y aller tout de suite", dis-je, et serrant la main de Rosa, je me précipitai dans mes appartements et me mis immédiatement au travail.

C'était une sacrée affaire. Chaque lettre devait être imprimée de manière maladroite ; mes doigts tremblaient sous le poids de mon impatience ; J'ai commis des gaffes et j'ai dû tout recommencer, et chaque minute perdue était d'une importance vitale.

Si je n'avais pas donné ma parole d' honneur à von Gratzen , j'aurais emballé cette bague bestiale, griffonné un mot ou deux et je m'en serais tenu là. Elle était sur la table à côté du papier au moment où j'écrivais, et je venais de commencer la deuxième édition, absorbé par le travail, lorsqu'une main se tendit sur mon épaule et attrapa l'anneau.

C'était von Erstein ; Je n'ai jamais été aussi heureux de voir quelqu'un dans ma vie. J'aurais pu tout lui pardonner pour un tel service.

"C'est très gentil à vous de laisser la porte ouverte, Lassen", dit-il avec un rire narquois. "Je vais juste me le rendre, hein ? Je pensais l'avoir laissé ici hier soir."

Il me restait encore suffisamment de minutes pour montrer une lutte et donner une explication. Je l'ai donc saisi en faisant attention à ce qu'il ne s'échappe pas et aussi qu'il garde la possession de l'anneau.

"J'allais *te* l'envoyer, von Erstein . Tu vois que j'ai commencé la lettre là."

Il se baissa pour le lire et resta perplexe. "Qu'est-ce que ça veut dire ?" grogna-t-il.

"Je suis prêt à accepter. Nous savons tous les deux où je l'ai trouvé."

"Comment puis-je savoir où tu l'as mis ?"

"Ne mens pas, mec. Tu sais très bien que c'était à ton doigt quand tu es parti d'ici hier soir, et" - je m'arrêtai pour insister - "deux personnes l'ont vu là-bas ce matin."

Cela le frappa durement, il grimaça et inspira profondément. "Déchets!" il murmura.

"Je m'en suis assuré. Je viens juste de rentrer de ton appartement, souviens-toi," dis-je d'un ton significatif.

"Avez-vous répandu ce mensonge à mon sujet ?"

"Me prenez-vous pour un idiot pour laisser quelqu'un vouloir demander où je l'ai trouvé ?"

Il était satisfait, et son soulagement se manifesta par son changement immédiat d'attitude. "Très bien, nous allons enterrer la hache de guerre si tu veux", dit-il dans une très mauvaise tentative de me tromper.

« Vous pouvez y aller alors ; » et j'ai décidé de le laisser partir. J'avais hâte de me débarrasser de lui maintenant, car il était temps pour moi de me rendre à la gare. J'ai dû trahir mon impatience d'une manière ou d'une autre, car il sursauta, regarda un instant et s'assit. "Vous êtes vraiment pressé."

« C'est l'heure du dîner et j'ai faim. Dégagez.

"Vous avez une belle chambre ici, Lassen," répondit-il en plissant les yeux et en recommençant alors que ses yeux tombaient sur ma valise. "O-ho, c'est le jeu, n'est-ce pas ?" il en riant. "Tu vas t'enfuir ? Pas bon, mon ami, pas bon du tout."

Son gros rire insolent réveilla le diable en moi. "Tu ferais mieux de baisser ce ton avec moi, von Erstein , et de ne pas interférer avec mes mouvements."

"On va dîner ensemble ?" ricana-t-il. "Ce sera plus sûr, car il y a quelques amis curieux qui attendent dehors."

J'avais remarqué un ou deux hommes qui traînaient autour du bâtiment en entrant, et il ne suffirait pas d'être suivi. Alors je suis sorti, j'ai verrouillé la porte d'entrée et j'ai mis la clé dans ma poche.

"C'est pour quoi ?" grogna-t-il avec inquiétude.

"Pour que notre conversation ne soit pas perturbée. J'ai déjà échantillonné tes amis, souviens-toi," dis-je sèchement.

"Laisse-moi partir", cria-t-il dans un ragoût .

"Tu voulais arrêter, et tu vas arrêter."

À ma grande joie, il est venu me chercher et m'a ainsi épargné la tâche désagréable de l'assommer de sang-froid. Je l'ai fait de manière tout à fait satisfaisante et, en tombant , il s'est cogné la tête contre le coin d'un bureau et m'a épargné la peine de le frapper à nouveau.

Ensuite, j'ai attaché ma valise, je suis sorti par la fenêtre de la salle de bain jusqu'à l'escalier de secours et je me suis enfui par un passage dans une rue secondaire. Un simple coup d'œil m'a convaincu qu'aucun de ses « amis » ne m'avait vu et je me suis précipité vers la gare.

J'y parvins avec seulement quelques minutes d'avance, et Nessa m'attendait devant la porte de la salle d'attente.

"J'avais peur que tu sois en retard et que quelque chose se soit passé", dit-elle nerveusement.

"Tout va bien. Nous avons tout le temps. Ne soyez pas nerveux et pas encore trop amical. Il se peut qu'il y ait des regards autour. Nous trouverons une voiture immédiatement."

C'était bien de lui dire de ne pas s'énerver, mais j'étais aux prises avec des fourmillements, me demandant si mon vol de billets avait été découvert, s'il fallait nous arrêter au dernier moment, et cent autres interrogations.

Mes yeux étaient partout alors que nous marchions vers le train ; et, à mon infini désarroi, j'aperçus le vieux juif planté près de la barrière par laquelle nous devions passer. Ce n'était d'ailleurs pas le pire. Il parlait à un homme qui avait écrit « policier » partout sur lui.

Et puis, comme si cela ne suffisait pas, sur le quai juste au-delà de von Welten se promenait en fumant.

CHAPITRE XXI

DÉSACTIVÉ!

La vue du vieux juif, de son compagnon de police et de von Welten m'a mis en pièces pour un moment. Nous avions fini. C'était une certitude. J'aurais probablement pu bluffer le Juif avec l'autorité officielle que von Gratzen m'avait donnée ; mais von Welten était ce que Jimmy Lamb aurait appelé une proposition très différente.

"Je pense que je vais prendre une cigarette", dis-je; et je me suis arrêté pour l'allumer et essayer de réfléchir quoi faire.

"Qu'est-ce qu'il y a, Jack ?" murmura Nessa. "Ta main tremble comme n'importe quoi et tu as l'air horrible."

" Rien à voir avec ce que je ressens. J'ai bien peur que tout soit fini. Je ne peux pas tout vous dire maintenant. Serrez-moi simplement la main et retournez à la salle d'attente. Si vous me voyez arrêté, attendez que le train a effectivement démarré, bien sûr – faites une ligne droite vers les von Reblings . Si tout va bien, je vous ferai signe.

"Mais s'il y a un problème, pourquoi devrais-je te laisser seul ?" » protesta-t-elle, comme la brique qu'elle était.

"Laissez-moi être le patron maintenant. Si vous êtes avec moi, vous ne pourrez peut-être jamais vous en sortir; et si vous ne l'êtes pas, cela ne signifiera peut-être qu'un report. Soyez gentil. Au revoir, Miss Caldicott;" et j'ai tendu la main.

Elle l'a pris à contrecœur. "Je préférerais être avec toi", répondit-elle avec un regard pour lequel j'aurais pu l'embrasser. Puis elle a fait ce que je souhaitais.

J'ai pris les choses avec autant d'audace que possible, j'ai marché d'un pas rapide jusqu'à la barrière, mettant la main dans ma poche comme pour mon ticket.

"Bonsoir, monsieur", dit le juif à mon approche.

"Bonjour, tu es là, Graun ?" très étonné.

« Monsieur Johann Lassen ? demanda son compagnon.

"C'est bien mon nom. Qui es-tu et que veux-tu ? J'ai hâte de prendre le train."

"Je suis détective et je dois vous poser quelques questions."

"Venez- les , aussi vite que possible, s'il vous plaît."

" Rien n'est si pressé que ça. Vous ne pouvez pas prendre ce train. Vous avez rendu visite à cet homme aujourd'hui. "

"A ce tarif, nous resterons ici la moitié de la nuit. Je suis allé acheter une carte d'identité et il m'en a vendu une au nom de Liebe."

"Votre objet ?"

"C'est mon affaire. Je ne l'ai pas avec moi et je ne vais pas m'en servir."

"C'est ton histoire. Je n'y crois pas. Donne-la-moi."

"Je vous l'ai dit, je ne l'ai pas."

"Donne le moi."

"Je le ferais si je l'avais. Dans l'état actuel des choses, je ne peux pas."

« Abandonnez tout de suite », répéta-t-il très sèchement.

Cela ressemblait à une impasse et les moments passaient vite. Il n'y avait rien d'autre à faire que de tester l'effet de mon autorité officielle, et j'étais en train d'y toucher, lorsque von Welten m'aperçut et se précipita dans notre direction. J'ai vomi l'éponge. Produire l'autorité en sa présence ne ferait qu'aggraver le mal, alors je l'ai mis dans la poche de mon gilet.

Le détective connaissait von Welten et le salua.

"Eh bien, Grossbaum , qu'est-ce qu'il y a ? Comment ça va, Herr Lassen ?"

"Cet homme a conclu un accord avec Graun aujourd'hui et est en voyage..."

Von Welten intervint avec colère. "Taisez-vous, imbécile. J'ai toujours pensé que votre tête était la plus boisée de la force. Je suppose que vous avez amené ici ce vieux scélérat peu recommandable. Partez tous les deux. Pensez-vous chanceux si je ne signale pas ce dernier votre intelligence. Partez, dis-je ; » et le précieux couple s'enfuit comme deux chiens fouettés. « Je suis terriblement désolé pour cela, Herr Lassen ; mais pourquoi diable n'avez-vous pas montré à cet imbécile le papier que le chef vous a donné ?

"J'allais le faire", balbutiai-je, complètement déconcerté par la tournure des choses et bouche bée, me demandant ce qui allait se passer ensuite. J'étais prêt à presque tout, sauf à ce qui arrivait.

"Je savais que tu prendrais ce train et j'ai pensé que j'aimerais être certain que tout allait bien à propos de l'anneau ;" et il baissa la voix pour devenir un murmure.

"Oui. Il est venu dans mes appartements et je le lui ai donné."

"Le diable astucieux ! Bien sûr , il a caché là certaines affaires de la femme. J'ai dit au chef que je pensais qu'il le ferait ; et j'y veillerai demain matin. Mais où est Miss Caldicott ?"

"Hein ?" Ai-je demandé bêtement.

"Voulez-vous dire qu'elle n'y va pas après tout ?"

"N-non. Je veux dire, oui. Elle est là-bas," balbutiai-je.

"Eh bien, elle ferait mieux d'être là si tu souhaites prendre le train. Il ne reste plus qu'une minute et ils commenceront au bon moment."

Oh, je rêvais sûrement. Dans un rêve, je fis signe à Nessa, qui arrivait en toute hâte ; dans un rêve, von Welten fut présenté et nous précipita à travers la barrière jusqu'à un compartiment qu'il nous avait déjà réservé ; dans un rêve, il resta près de la portière jusqu'à ce que nous partions, disant qu'il pensait qu'il valait mieux que nous voyageions seuls ; et dans un rêve, nous nous serrâmes la main par la fenêtre du wagon, et il nous fit signe tandis que le train quittait la gare.

Même lorsque nous accélérions à travers la périphérie de la ville, j'avais du mal à me réveiller de ce rêve extrêmement splendide. Mais Nessa était bien éveillée et bouillonnait d'excitation, de curiosité et de plaisir. "Qu'est-ce que tu as, Jack ? N'es-tu pas juste fou de joie ? Je le suis."

"Ça va," j'acquiesçai.

"Mais tu as l'air si bizarre."

"Seulement un peu ivre."

"Vous n'avez sûrement pas pris une drogue ou une autre ! Vous êtes arrivé sur le quai comme si vous marchiez dans un rêve."

"Tu es sûr que ce n'en est pas un ? Sommes-nous vraiment dans un wagon ?"

" Bien sûr que ça l'est, et c'est très confortable aussi. Mais que veux-tu dire ? Essayez-vous de m'effrayer ou juste de me tromper comme d'habitude ? "

"Je ne sais pas, mais je n'arrive tout simplement pas encore à y croire."

"Pourquoi ? Comprenez-vous que je déborde de curiosité ? Réveillez-vous et dépêchez-vous de la satisfaire, si vous ne voulez pas me faire perdre la raison. Mon Dieu, vous êtes en feu !" s'exclama-t-elle avec inquiétude, alors qu'elle enveloppait sa main dans son manteau et la pressait contre mon côté avec enthousiasme.

Cela m'a effectivement réveillé. Mon gilet fumait et j'ai plongé ma main dans la poche et j'en ai découvert la raison. Dans ma stupide distraction, j'avais fourré le bout allumé de ma cigarette dans la poche et cela avait mis le feu à quelques papiers et roussi le tissu.

"Il n'y a pas de quoi s'inquiéter", dis-je. Mais il y avait. Lorsque j'ai déplié l'un des papiers, j'ai découvert qu'il s'agissait de l'autorité que von Gratzen m'avait donnée. Un trou de bonne taille avait été carbonisé à travers les plis et l'amadou est tombé lorsque j'ai ouvert le drap. C'était désespérément illisible et donc inutile. "Je ne pensais pas que je pouvais être un idiot aussi magnifique", m'exclamai-je en regardant les ruines avec fatuité.

"C'est sérieux alors ?" » demanda Nessa, qui m'avait observé avec inquiétude.

"Essayez si vous pouvez en tirer quelque chose."

Elle l'étudia et secoua la tête. "Un mot ou deux ici et là sont lisibles. C'est tout. Qu'est-ce que c'est ?"

"La preuve que je devrais être enfermé dans un asile d'aliénés. Mais c'était *quelque* chose qui m'aurait emmené n'importe où dans ce pays bestial et qui aurait forcé tout le monde à m'aider."

"C'est délicieusement intelligible", s'écria-t-elle en riant. « Est-ce que tu vas continuer comme ça encore longtemps, ou me dire des choses ?

"Je vais tout te dire, mais mon stupide tour de passe-passe m'a frappé. Je vais fumer une cigarette. Ça ne te dérange pas ?"

"À condition de ne pas mettre le bout dans une autre poche", a-t-elle interrogé. "Je pensais qu'il était convenu que nous ne devions pas prendre les choses trop au sérieux", a-t-elle ajouté alors que je m'éclairais.

"J'ai appris ma leçon." J'en avais effectivement. Cela m'avait coûté le meilleur sauf-conduit qu'un homme pouvait souhaiter, et si un problème inattendu survenait, il n'y avait plus aucune possibilité de réparer le mal. Alors que le garde passait dans le couloir un peu plus tard, j'ai décidé de signaler immédiatement la perte et je lui ai fait signe. "J'ai eu un malheureux accident", dis-je. "Je voyage pour des affaires spéciales d'État et j'ai brûlé ce papier très important ;" et je le lui ai remis.

Il le regarda, le retourna et haussa les épaules. "J'ai bien peur de ne pas pouvoir être d'une grande aide, monsieur."

"C'est mon pouvoir signé par le comte von Gratzen ; vous pouvez à peine distinguer une partie du sceau officiel ; et vous aurez vu que Herr von Welten était sur le quai lorsque nous avons quitté Berlin."

"Oui, monsieur. Il m'a donné l'ordre de vous réserver ce compartiment, mais———"

" Vous ne pouvez rien faire, je sais ; mais je veux que vous preniez note que je vous ai informé de la perte. C'est tout. "

« Voudriez-vous télégraphier à Son Excellence, monsieur ?

"Où est le premier arrêt ?"

" Pas avant Hanovre, monsieur ; mais comme c'est une affaire d'État et si importante, je pourrais m'arrêter à la prochaine gare pour que vous envoyiez un message, et vous auriez une réponse télégraphiée à Hanovre, ou à Osnabrück, si vous allez aussi loin. ".

"C'est une bonne idée, garde. Je vous suis très reconnaissant. J'y réfléchirai ; donnez-moi juste un formulaire." Il en sortit un de sa poche et s'en alla en disant qu'il reviendrait chercher le message.

Nessa avait écouté avec le plus grand étonnement. « Avec qui diable est-ce que je voyage ? » elle a pleuré. "Voulez-vous dire que vous pouvez faire arrêter les trains d'un simple signe de tête ?"

"Je vais vous dire avec qui vous voyagez dans un instant, mais laissez-moi réfléchir si j'ose envoyer ce télégramme." Il ne m'a pas fallu longtemps avant de décider de prendre le risque. Von Gratzen lui-même m'avait suggéré de m'éloigner pendant un certain temps, même de m'éloigner : et il comprendrait l'importance de l'autorité ruinée, puisque je ne pourrais pas revenir quand il aurait besoin de moi sans elle. Il me télégraphierait donc tout ce dont j'aurais besoin, en attendant la réception d'une nouvelle autorisation. Tout cela était assez clair.

Mais il y avait une difficulté dans la pommade. Il aurait pu découvrir le vol des papiers. Mais même dans ce cas, il n'y avait pas beaucoup de risque, car l'affaire von Erstein était tellement plus importante qu'il hésitait avant de m'envoyer des instructions susceptibles de me causer des ennuis. J'ai donc écrit le message et l'ai remis au gardien, avec un pourboire de dix points, et le train a donc été arrêté pour qu'il soit expédié .

J'étais alors prêt à satisfaire la curiosité aiguë de Nessa. "Maintenant, vous voulez savoir qui est votre compagnon de voyage , hein ? Je vais vous le dire. C'est un individu composite : un Anglais, un Allemand, un fonctionnaire de l'État , un espion, un voleur et un meurtrier présumé. J'espère que vous" Je suis fier de lui."

"Je me fiche de ce qu'il est s'il veut me faire quitter l'Allemagne. Je n'ai pas besoin de le connaître par la suite, je suppose."

"Si tu es irrespectueux et que tu ne te comportes pas correctement, je vais—je vais——"

"Réduire mon salaire, mon pote ?" » est-elle apparue avec sa voix argotique.

"Ça me rappelle. Il y a une petite chose à faire en cas d'accident;" et j'ai pris son sac sur le siège.

"Tu ne veux pas me dire que tu vas me faire attendre plus longtemps !"

"Je ne vais pas faire retrouver les vêtements du jeune Hans en votre possession ; c'est beaucoup trop risqué ;" et je les ai mis dans ma valise.

"Mais ton risque ?"

"Il n'y en a pas pour moi. Je voyage pour affaires et j'aurai peut-être besoin de déguisements de toutes sortes. Et maintenant, je vais vous lire les énigmes, mais il va falloir y aller vite."

"Si tu oses te dépêcher et ne pas me raconter chaque petit détail, je ne te parlerai plus jamais, Jack", déclara-t-elle avec beaucoup d'énergie.

"Nous devons laisser tomber cette histoire de Jack et parler dans ma langue. Et je dois être rapide car il est presque l'heure de se coucher."

"Vous n'imaginez pas un instant que je vais sûrement dormir dans une couchette ce soir ! Je n'ai pas pu dormir un clin d'œil. Je ne veux rien faire d'autre que parler."

« Très bien, n'en parlons pas ; » et j'ai commencé la longue histoire. Il va sans dire que son intérêt était vif. Elle avait littéralement faim de chaque détail et l'interrompait avec d'innombrables questions, de sorte qu'il lui fallait des heures pour le raconter, et je n'avais pas encore tout à fait fini lorsque nous arrivâmes à Hanovre, où je m'arrêtai pour nous chercher quelque chose à manger.

Un certain nombre d'officiers et de soldats se trouvaient là sur la plate-forme, dont beaucoup me regardaient fixement ; surpris sans doute de voir un homme en âge de servir en civil. Je n'y ai pas prêté attention ; mais il y eut un incident assez désagréable à mon retour à la voiture. Quelques officiers ont eu une vive altercation avec le garde parce qu'il ne leur permettait pas d'entrer dans notre compartiment.

Ils grommelaient, déclarant qu'il n'y avait de place nulle part ailleurs ; mais il tint bon, et à la fin ils partirent avec une telle colère qu'on pourrait s'attendre à ce que les officiers prussiens en fassent preuve.

Nessa fut grandement soulagée de les voir partir, et dès que le train démarra , nous commençâmes notre repas.

« Je ne suis qu'une idiote nerveuse », dit-elle ; "car je déclare que j'avais terriblement peur et que je ne pouvais m'empêcher de penser qu'ils étaient au courant pour les billets. Croyez-vous vraiment que von Gratzen ne savait pas que vous les aviez pris ?"

"Je suis complètement énervé à ce sujet. Parfois, je pensais qu'il savait que j'étais un fraudeur, parfois qu'il ne le savait pas ; il agissait dans les deux sens, et..."

"Mais ce von Welten était à la gare", interrompit-elle.

"Évidemment, il savait que je les avais, mais il a dû penser que le vieux Gratz me les avait donnés. Il a dit qu'il était venu pour s'assurer que j'avais posé l'anneau sur von Erstein , d'accord. Sinon, il nous aurait arrêtés ; mais il " En fait, je m'ai demandé où tu étais. Cela m'a renversé. "

"Je parierais qu'il savait tout, tout comme von Gratzen . Je suppose que la vérité est qu'après que vous ayez sauvé sa femme et Nita ce jour-là, il a tout deviné et a décidé de vous donner une chance de sortir de ce monde. Eh bien, il vous a presque dit de les prendre quand vous étiez avec lui le matin. Et puis cette autorité qu'il vous a donnée ! C'est aussi clair qu'un bâton qu'il voulait dire pour éviter tout ennui en chemin ; et, comme Et comme si cela ne suffisait pas, il y avait von Welten à la gare pour veiller à ce que nous nous en sortions sans problème."

"Espérons que vous avez raison."

" Bien sûr que je le suis. Naturellement, au vu de tout ce qui s'est passé, il ne pouvait pas vous révéler ouvertement ces choses, sinon il aurait pu se retrouver dans un pétrin qui ne pouvait pas être expliqué. Mais tout le reste le pouvait. Son plan concernant von Erstein , la brute, lui a donné une excellente excuse pour vous permettre de quitter Berlin ; en fait , vous pouvez voir qu'il était assez intelligent pour brouiller les traces à chaque pas. C'est sûrement assez clair.

"C'est peut-être pour toi, mais j'ai renoncé depuis longtemps à essayer de le comprendre, et si tu l'avais vu autant que..."

"Je ne veux pas le revoir, de toute façon, pas avant la guerre, même s'il est l'être le plus cher d'Allemagne. Si jamais je le revois, j'aurais envie de le serrer dans mes bras."

« Embrassez-le autant que vous le souhaitez, bien sûr ; tout ce que je souhaite, c'est qu'il ne me serre pas dans ses bras comme il le ferait probablement s'il en avait l'occasion. Et maintenant, ne feriez-vous pas mieux d'essayer quarante clins d'œil ? Je suggère.

"Quelle heure est-il?"

"Près d'une heure."

« À quelle heure passerons-nous la frontière ?

"Environ une heure après avoir quitté Osnabrück, et nous y arrivons à trois heures et demie."

"Alors je m'endormirai à quatre heures. Pas un instant avant. Je ne pouvais tout simplement pas. Oh, dire que dans quatre heures tout le suspense et les horreurs des derniers mois prendront fin ! Quand "Nous rentrons à la maison ? Pensez-y, Jack ! À la maison !"

" Cela dépend de notre capacité à trouver un bateau. Nous irons jusqu'à Rotterdam et y arriverons vers neuf ou dix heures demain matin, disons avant midi de toute façon ; mais nous devrons peut-être attendre un bateau. "

"Ça ne me dérangera pas. Nous devons télégraphier à notre mère dès que nous aurons franchi la frontière. Nous n'aurons probablement aucun problème là-bas, n'est-ce pas ?"

"Je n'en vois aucun. Nous avons tous les papiers nécessaires."

"Comme c'est parfaitement glorieux ! Et dire que je te dois tout."

"Ça enlève plutôt la crème, n'est-ce pas ?"

"Ne pêche pas. Je pourrais dire quelque chose qui te fera rougir. J'en suis tout à fait capable et je ne suis pas du tout responsable de ce que je dis. Je veux me délecter de la pensée de tout cela."

"Les affaires d'État, n'est-ce pas ? Qu'est-ce que les affaires d'État m'importent ? Je veux un siège et je vais en avoir un", interrompit une voix dure et colérique venant du couloir.

"Je vais avoir des compagnons de voyage à Osnabrück", dis-je. "Certains de ces officiers qui sont entrés à Hanovre. Mieux vaut les laisser entrer."

Il n'était pas question de les laisser faire. L'homme dont nous avions entendu la voix entra. « Nous devons nous asseoir ici ; il n'y a pas d'autre siège dans le train », dit-il sans détour.

"Bien sûr", ai-je accepté. Il n'y avait rien d'autre à faire.

"Allez, les gars", a-t-il appelé en regardant dans le couloir. "Il y a beaucoup de place ici."

Je me raidis en apercevant l'un de ses compagnons. C'était un homme nommé Freibach qui avait été à Göttingen avec moi, et Nessa et moi l'avions connu à Londres avant la guerre. J'ai essayé de prévenir Nessa, mais c'était inutile ; et son sursaut tel qu'elle le voyait suffisait à tout révéler.

Nous reconnaîtrait-il ? S'il l'a fait… quoi ?

Une minute a réglé le problème et le jugement est tombé contre nous. Il nous connaissait tous les deux.

"Bonjour ! C'est une surprise si vous voulez. Comment allez-vous, Miss Caldicott, et vous aussi, Lancaster ?" s'exclama-t-il en anglais, et après avoir serré la main de Nessa, il me tendit la main.

CHAPITRE XXII

ÉCHEC ET MAT

Je ne suis pas une personne particulièrement assoiffée de sang, mais compte tenu du nombre de compatriotes de Freibach tombés pendant la guerre, j'ai certainement amèrement regretté qu'il ait été épargné.

Pauvre Nessa ! Juste au moment où elle était au comble de l'extase à la perspective prochaine d'une évasion, cette chose infernale était venue la replonger dans l'abîme. Cela semblait la briser.

Et bien c'est possible ! S'il s'agissait de n'importe quel autre homme que Freibach , il aurait peut-être été possible d'y faire face. En effet, s'il avait été seul, ou s'il avait même réfléchi à ce qu'il faisait, je crois qu'il aurait été assez honnête pour tenir sa langue. Mais sa surprise nous avait trahis.

Et que nous étions trahis, les regards de ses compagnons le prouvaient clairement. L'homme qui était entré le premier leva les yeux avec un air renfrogné tandis que je serrais la main de Freibach .

" Qu'est-ce que c'est, lieutenant ? Voulez-vous dire que ces gens sont Anglais et osent essayer de nous tenir à l'écart d'ici sous prétexte d' affaires d'État ? Qu'est-ce que cela signifie, et que diable faites-vous ici ? "

Mon ami réalisa alors le mauvais tour qu'il nous avait fait et regarda le regret qu'il n'osait pas exprimer.

J'ai mis le meilleur visage possible. "Il n'est pas nécessaire d'adopter ce ton avec moi, monsieur..."

"N'est-ce pas ? Oh ! J'ai l'habitude d'utiliser le ton qui me plaît avec votre anglais. Je suis le major Borsch du 23e régiment de Potsdam ; et c'est mon affaire de tout savoir sur vous deux." Il était évident qu'il s'agissait d'un tyran du meilleur type prussien. "Qu'est-ce que c'était que cette farce sur les affaires de l'État ?"

Comme j'ai regretté cette autorité brûlée à ce moment-là ! "Cette dame, Miss Caldicott, est en route pour l'Angleterre. Elle était à Berlin avant le déclenchement de la guerre et revient sur ordre du baron von Gratzen ; et agissant sous ses instructions, je l'escorte jusqu'à la frontière. "

Il éclata d'un rire grossier qui fit grimacer Freibach . "Une jolie histoire, mais pas assez bonne pour moi. Et qui êtes-vous, je vous prie, pour que vous soyez envoyé comme escorte ?" Le ricanement sur le dernier mot était digne même de von Erstein .

"Je voyage sous le nom de Johann Lassen. J'ai tous mes papiers ici. Je suis en mission spéciale pour le baron von Gratzen , qui m'a donné une autorisation écrite à cet effet."

" Vraiment ? Très gentil de sa part. J'aimerais voir cette autorité spéciale. Un porc d'Anglais chargé d'une affaire spéciale d'État ! Et ensuite, j'aimerais savoir. "

Ce n'était pas facile de se mettre en colère contre ce genre de brute ; mais il fallait penser à Nessa. " Malheureusement, je l'ai partiellement brûlé. "

"Cher moi ! Quel malheur, hein ?" ricana-t-il. "Laissez-moi regarder les précieux fragments et vos autres papiers."

J'ai remis le papier brûlé. "J'ai déjà signalé l'accident au baron von Gratzen par télégraphe." J'ai traîné le plus possible le nom du baron, car j'avais remarqué que cette mention avait fait quelque impression même sur lui.

Il examina l'autorité et secoua la tête. « Un faux, bien sûr ; » et il allait le déchirer quand je suis intervenu.

"Je devrai bien sûr en signaler la destruction au baron", dis-je doucement.

L'officier qui était assis à côté de lui a murmuré quelque chose et le journal n'a pas été détruit. « Et vos autres papiers ? Il faut que je les voie.

Je n'ai pas répondu et il a réitéré sa demande avec colère. Mais j'avais pris sa mesure à ce moment-là. Il n'avait pas osé détruire le reste de l'autorité ; et même si sa destruction n'avait pas d'importance de toute façon, il importait beaucoup de voir qu'il était suffisamment impressionné par von Gratzen pour s'abstenir.

"Veux-tu que je te les prenne ?" tonna-t-il.

"Faites-le, si vous pensez que c'est sécuritaire", dis-je sur un ton très différent.

"N'ose pas me menacer, espèce de porc ", rugit-il.

"Allez aux flammes !" J'ai répondu sur le même ton. " Qui diable es -tu pour venir ici fanfaronner de cette façon ? Je m'occupe des affaires du baron von Gratzen , pas des vôtres ; je n'ai pas pour instruction de montrer ses papiers à tout clown grossier qui oserait les demander. Si vous voulez les voir, télégraphiez-lui, et quand il me demandera de vous raconter ses affaires, je le ferai, et pas avant.

Je lui ai tiré dessus avec toute la puissance de mes poumons et j'ai essayé d'avoir l'air encore plus en colère que je ne le ressentais, et je l'ai crié quand il essayait de m'interrompre une ou deux fois.

Il jura avec volubilité.

"Si vous ne vous comportez pas correctement , je vous ferai descendre de la voiture", m'écriai-je. « Imaginez-vous que le baron von Gratzen ait envoyé son secrétaire de confiance pour sécuriser ce compartiment pour moi et cette dame afin que nous puissions être insultés par une brute aussi grossière que vous ? Posez vos questions poliment, et j'y répondrai ; Je n'imagine pas que tu puisses m'intimider.

Que ses trois compagnons appréciaient tout cela se voyait à leurs regards ; mais l'effet sur l'intimidateur lui-même était un pur plaisir à voir. Il essaya de fanfaronner, mais il avait peur. Le point culminant de mon attaque était la référence à la réservation du compartiment par von Welten , et je l'ai immédiatement reconduit chez moi en demandant à Freibach d'appeler le garde.

Il hésita ; l'autre homme était bien sûr son officier supérieur et il se tournait vers lui. "Il pourra confirmer ce que je dis", ai-je ajouté.

Le major hocha la tête et plus rien ne se passa jusqu'à l'arrivée du garde.

"Qui a accompagné ces gens à Berlin ?"

"Herr von Welten , monsieur, et il m'a dit que le compartiment devait leur être strictement réservé par ordre du baron von Gratzen . J'ai expliqué que le train était sûr d'être plein; mais il a dit qu'en aucun cas je ne devais permettre à quiconque un pour y entrer.

Le visage du major s'effondra. "Vous pouvez y aller", ordonna-t-il.

"Attendez une minute, garde. Parlez du télégramme au major Borsch."

L'homme raconta succinctement son histoire ; et cela eut un excellent effet sur l'intimidateur, et une conversation chuchotée s'ensuivit entre lui et l'homme à côté de lui. J'ai commencé à espérer. Le pire était apparemment passé pour le moment ; et la scène suivante devait probablement se dérouler lorsque nous aurions atteint Osnabrück. Ce qui se passerait là-bas était du ressort des dieux.

La seule chose qui comptait vraiment était de trouver un moyen pour que Nessa puisse continuer le voyage, et il n'était pas impossible que Freibach puisse y veiller. Il serait tout à fait disposé à le faire, car il avait été très gentiment traité par les Caldicott à Londres. De plus, il nous avait mis dans ce pétrin et en était manifestement affligé.

La conférence chuchotée de l'autre côté de la voiture se termina lorsque le major sauta et quitta la voiture en marmonnant quelque chose sur le fait de ne pas pouvoir respirer le même air que nous, puis son compagnon se tourna vers moi.

"Vous comprendrez le sérieux de la situation pour nous, Herr Lassen, et le fait que nous sommes obligés d'enquêter à ce sujet", a-t-il déclaré. Son ton était un peu sec, mais plus officiel qu'offensant.

"Certainement."

"Nous devons comprendre que le baron von Gratzen vous a employé pour une mission spéciale, sachant que vous êtes Anglais ?"

"Je vous ai déjà exposé les faits, mais bien entendu, je ne suis pas libre de vous expliquer toutes les raisons de Son Excellence. Autrement, il ne m'aurait pas donné cette autorité."

"Il est malheureusement trop mutilé pour être intelligible."

"Il était rédigé dans les termes les plus larges. Il s'agissait d'informer toutes les personnes concernées que je serais autorisé à aller où bon me semble et que toute l'aide devra m'être apportée. Vous pouvez encore voir une partie du cachet officiel."

"C'est tout à fait extraordinaire. Incompréhensible."

"Pas si j'étais libre d'expliquer pourquoi on me l'a donné."

"Qui te l'a donné ?"

"Le baron von Gratzen l'a écrit lui-même en ma présence. Si vous connaissez son écriture, il en reste suffisamment intact pour que vous puissiez l'identifier."

"Non."

" De nouveau, en ma présence, il le remit à son secrétaire, Herr von Welten , pour qu'il le tamponne, et von Welten me le remit lorsque je quittai le bureau. Vous avez entendu dire qu'il était à la gare et qu'il réservait lui-même ce compartiment à Miss Caldicott. et moi."

"C'est la chose la plus remarquable de toutes."

"Au contraire, c'était une démarche tout à fait naturelle. Il y avait une affaire que je devais régler avant de partir, et son chef tenait à savoir que cela avait été fait exactement conformément à mes instructions."

"Ca c'était quoi?"

" C'est une question à poser au baron. Mes lèvres sont scellées. "

"Et vous êtes Anglais ! Cela semble incroyable."

« Pensez-vous que j'aurais dû télégraphier au baron von Gratzen si c'était incroyable ?

Cela ne l'inquiétait pas peu, et il restait assis à réfléchir, la main appuyée sur sa tête. N'ayant pas la clé de l'énigme, il pourrait bien être dérouté. "Et votre compagne, Miss Caldicott, va en Angleterre ?"

"Certainement. Vous avez été très courtois et je n'ai aucune objection à vous montrer ses papiers ;" et je les ai sortis et je les ai remis. "Vous verrez qu'ils portent également le poinçon officiel du bureau du baron von Gratzen ."

Il était visiblement impressionné. « Les deux billets sont valables pour Rotterdam, je remarque. Vas-tu aussi en Angleterre ?

"Mes instructions sont d'accompagner Miss Caldicott de l'autre côté de la frontière et de retourner à Berlin dès que ma tâche sera terminée, à moins que Son Excellence ne m'envoie chercher plus tôt."

C'était un si beau mélange de vérité et d'autre chose que cela semblait tout à fait impeccable, et il ne pouvait pas y comprendre la tête ou la queue. " Bien entendu , vous comprenez que vous devrez rester à Osnabrück pendant l'enquête ? " dit-il enfin en rendant les billets.

"C'est à vous d'en décider, et en ce qui me concerne, cela n'a pas la moindre conséquence. Mais c'est différent avec Miss Caldicott. Il est essentiel que son voyage ne soit pas interrompu."

Nessa sursauta et parla pour la première fois. "Je ne continuerai pas sans toi", protesta-t-elle.

"Je dois vous demander de vous en souvenir, Miss Caldicott, s'il vous plaît. Je serai, bien sûr, placé sous une sorte de contrainte jusqu'à ce que ce gentleman..."

"Je suis le capitaine Brulen ", intervint-il.

"Jusqu'à ce que le capitaine Brûlen soit satisfait. Les instructions de Son Excellence sont que vous procédiez immédiatement ; et que vous restiez là-bas serait extrêmement odieux et peut-être désagréable."

"Je ne continuerai pas si vous êtes arrêté", a-t-elle insisté. C'était dans son genre de souhaiter rester à mes côtés dans les ennuis à venir, mais c'était impossible, alors j'ai adopté un ton officiel.

« Si vous persistez dans votre refus, Miss Caldicott, cela m'obligera à prendre une ligne que je regretterais profondément. Mes instructions *doivent* être exécutées ; elles étaient très péremptoires.

"Je me fiche de ce que tu fais. Je ne continuerai pas sans toi", a-t-elle déclaré.

"Tout retard à Osnabrück me rendra impossible de vous voir personnellement de l'autre côté de la frontière, et je devrai demander au capitaine Brulen de détacher quelqu'un à cet effet, Miss Caldicott. Je peux, bien sûr, compter sur vous pour le faire ? " Je lui ai demandé.

Le pauvre homme ne savait que penser de ce petit intermède et répondit par un geste perplexe.

"Je n'irai pas", s'écria Nessa avec obstination. "Et si vous m'envoyez prisonnier, je reviendrai tout de suite. J'ai absolument pris ma décision."

Cette attitude obstinée devenait dangereuse et il devenait nécessaire de l'expliquer. J'ai donc demandé au capitaine de venir dans le couloir, et il a obéi après une légère hésitation.

"Je ferais mieux de vous expliquer un point à propos de cette jeune dame. Jusqu'à tout récemment, j'ai vécu à Londres - sur les instructions du baron von Gratzen , bien sûr. J'y ai rencontré fréquemment les amis de Miss Caldicott ; ce sont des personnes influentes et extrêmement utile à savoir, vous l'aurez compris. Ils m'ont toujours considéré comme un Anglais, et à une époque il y a eu une sorte de fiançailles entre nous. C'est à ce moment-là que votre collègue le lieutenant Freibach m'a rencontré. Il me prend aussi pour Anglais. Vous comprendrez maintenant son attitude à l'instant.

Il l'a avalé comme du lait maternel. "Pourquoi diable ne nous as-tu pas dit tout ça avant ?"

" En partie à cause des manières dégoûtantes du major Borsch, mais surtout pour la raison qui apparaît en surface, sûrement. Il n'est pas impossible que je reçoive un télégramme pour me rendre en Angleterre. Vous voyez ce que je veux dire. En aucun cas aucun des deux ne doit savoir. " Ce que je vous ai dit. Vous comprendrez maintenant pourquoi Miss Caldicott doit partir ce soir et ne doit pas être autorisée à revenir. Tout mon travail à Londres serait complètement ruiné si elle et ses amis savaient que je suis Allemand. "

"Bien sûr. Je suis libre de le dire au major Borsch ?"

" Certainement pas. C'est pour vos propres oreilles uniquement. Je n'ai jamais confiance en ce genre d'homme. Personnellement, tout ce qui m'importe, c'est de me débarrasser de Miss Caldicott ; et le plus tôt sera le mieux. Cette affaire à mon sujet sera éclaircie dans une demi-heure lorsque nous arriverons à Osnabrück ; mais pas à temps pour que je continue dans le train, probablement. Il y aura un télégramme du baron ; mais cela peut ne pas être considéré comme suffisant. Je ne vous en veux pas du tout ; mais Je ferai certainement rapport de la conduite du major.

"Je peux probablement demander à Freibach de s'occuper de Miss Caldicott."

"Rien ne pourrait être mieux. S'il vous plaît énormément à von Gratzen ", répondis-je en souriant. "Et si vous nous laissez à nouveau seuls, je pourrai sans aucun doute persuader Miss Caldicott d'accepter."

Il a fait cela ; et dès que Nessa et moi étions seuls, je lui ai expliqué l'arrangement et j'ai commencé la campagne de persuasion.

Sa réception de la nouvelle était exactement ce à quoi on aurait pu s'attendre. Elle était furieusement indignée. Était-ce mon opinion sur elle, demanda-t-elle. Est-ce que je pensais qu'elle était allemande et prête à abandonner quiconque avait couru tous ces risques pour l'aider ? Est-ce que je l'ai prise pour une lâche méprisable ? Était-elle une chose si abominablement méchante à mes yeux ? Et bien d'autres choses encore dans le même sens.

Il est toujours préférable de laisser ce genre de chose vider le réservoir d'essence ; alors j'ai simplement écouté avec une douceur convenable qui semblait maintenir le moteur en marche longtemps après que le réservoir soit épuisé. Puis : « Et comment penses-tu pouvoir m'aider ? Ai-je demandé doucement.

Nouvelle explosion vigoureuse. Elle s'en fichait. Personne ne devrait pouvoir dire qu'elle s'est enfuie dans un tel cas ; et ainsi de suite.

"Maintenant, écoute-moi un instant. Je ne pense rien de tel. C'est splendide de ta part, Nessa. Mais———"

"Je ne peux pas te laisser tomber, Jack, et je ne le ferai pas", l'interrompit-elle.

" S'il y avait la moindre utilité à votre arrêt, je ne vous demanderais pas d'y aller. Ce n'est pas le cas. Au contraire, cela rendrait les choses infiniment plus gênantes. Cela devenait gênant à l'instant, et c'est pourquoi j'ai pris cela. Je lui ai dit que vous me preniez pour un Anglais et que Freibach nous a connus à Londres lorsque nous étions fiancés, et...
"C'est vrai."
"Oui, mais il le comprend différemment : j'étais à Londres en tant qu'espion allemand."
"Il ne le fait pas!"
" En effet , c'est le cas, et cela a complètement modifié son ton. J'ai dit que je voulais me débarrasser de vous le plus tôt possible... "
"Est-ce aussi vrai ?" intervint-elle avec un tel sourire.

"Pour le moment, oui."

"Merci. Presque assez pour me faire dire que j'y vais," cria-t-elle en hochant la tête.

" Naturellement. Mais c'est vrai, pour cette raison. Quand nous arriverons à Osnabrück, il y aura probablement un télégramme du vieux Gratz ; mais ces gens voudront probablement quelque chose de plus que cela ; et je suis sûr d'être retenu pendant qu'ils communiquent. Mais il ne peut pas me décevoir, même s'il suppose que je me suis servi de ces billets, car je lui suis nécessaire dans l'affaire von Erstein : une affaire bien plus vitale pour lui que les billets. tout sera éclairci et je pourrai vous suivre chez vous. Très probablement vous rattraperez avant de quitter Rotterdam.

"Alors si ça doit être si facile, pourquoi ne devrais-je pas arrêter ?"

"Pour la simple raison que les papiers qui vous sont destinés ne doivent être utilisés qu'à cette date particulière, et qu'il n'y aurait pas de fin à en obtenir d'autres."

"Tu souhaites vraiment que je continue ?"

sécurité vous tient à cœur, vous n'hésiterez plus un instant."

Elle avait l'air très troublée. "Si je le fais, je n'irai pas plus loin que la première ville de l'autre côté de la frontière, et si vous ne me rejoignez pas bientôt , je reviendrai", a-t-elle déclaré. "Je le ferai. Je dirai à tout le monde que vous vous êtes mêlé de tout cela uniquement à cause de moi et que je suis tout à fait prêt à aller même dans un camp d'internement."

Connaissant sa haine pour une telle chose, je pouvais comprendre tout ce qui se cachait derrière cette déclaration. Cela m'a trop touché pour que je puisse répondre immédiatement. Dieu merci, elle ne serait pas autorisée à revenir ; mais il n'était pas nécessaire de le lui dire. "Laisse tomber ça, Nessa. La première ville où tu t'arrêteras sera Oldenzaal , et je viendrai vers toi là-bas. Tu dois y être vers cinq heures du matin, mais tu n'y arriveras pas à cette heure-là. Il est temps si nous continuons à nous arrêter de cette façon. Ce ne peut pas encore être Osnabrück ; il reste une demi-heure avant notre arrivée. J'aimerais qu'ils se dépêchent.

Nous nous étions arrêtés à une gare dont je ne pouvais pas voir le nom et sommes restés là quelques minutes.

"Il ne peut y avoir rien de mal, n'est-ce pas ?" » demanda nerveusement Nessa.

"Probablement un train de troupes. Tout va bien, nous repartons."

Mais ce n'était pas un train de troupes qui nous avait arrêtés. C'était une cause bien différente, comme nous le savions bientôt, lorsque la brute d'un major fit irruption dans notre compartiment en brandissant un télégramme et en me maudissant volubilement.

" Nous avons donc enfin la vérité sur vous, M. Anglais. Espèce de scélérat infernal ", s'écria-t-il méchamment. "Vous vouliez un télégramme de votre ami et patron, von Gratzen , n'est-ce pas ? Eh bien, lisez ça !" avec une autre série de serments.

Il a brandi le message et je l'ai lu, avec des sentiments que l'on peut peut-être imaginer, même si je ne peux pas les décrire. C'était au garde.

"Arrêtez les passagers Johann Lassen et son compagnon. Soupçonnés de meurtre. Informez la police au prochain poste et faites-les arrêter. — VON GRATZEN ."

CHAPITRE XXIII

À UN CHEVEUX

Le major Borsch se réjouissait de moi pendant que je lisais le télégramme. "Eh bien, que penses-tu de ton ami le Baron, maintenant ?" ricana-t-il.

Il s'attendait à ce que je sois complètement écrasé, alors j'ai repoussé mon premier sentiment de consternation et j'ai levé les yeux avec un sourire fade. "Je vous suis très reconnaissant de me l'avoir montré", répondis-je comme si c'était une bagatelle. J'ai dû le faire plutôt bien, car même Nessa, qui avait été bouleversée par la nouvelle, a été surprise et s'est ressaisie.

"Peut-être que tu seras aussi obligé pour ce qui va suivre", rugit-il, aggravé par mon sang-froid.

"Quelle personne extrêmement désagréable c'est", dis-je à Nessa. "Je suis désolé qu'il ne puisse pas se comporter correctement, mais vous devez essayer de ne pas vous laisser inquiéter. Je suppose qu'il n'y peut rien."

"Il ne m'inquiète pas du tout, merci", répondit-elle avec mépris.

"Tu tiens ta langue, espèce de bagage", cria-t-il en se tournant vers elle.

« Major Bortsch ! » J'ai pleuré en me levant.

« Asseyez-vous, porcin infernal ! Et quant à vous, vous… »

La phrase n'était pas terminée. Mon caractère s'est envolé par la fenêtre. Si je devais être accusé de meurtre, un petit plus, comme une gifle sur la bouche, même d'un major, ne ferait pas beaucoup de différence, alors je lui en ai donné une et j'en ai mis assez pour le mettre à terre.

Un cri involontaire de Nessa fut noyé dans ses cris pour ses hommes ; et deux d'entre eux se sont précipités et m'ont saisi. Il ne s'est pas levé jusqu'à ce que je sois ainsi rendu impuissant, puis tenu suffisamment à l'écart, déversant un torrent d'injures pendant qu'il éteignait le sang sur ses lèvres coupées.

Le capitaine Brûlen arriva au milieu, suivi de près par Freibach ; et l'intimidateur a déclaré que j'avais tenté de l'assassiner pour m'échapper. C'était une absurdité si palpable que Freibach détourna le visage pour sourire.

"Cet homme insultait la dame dont j'avais la charge et je l'ai frappé, capitaine Brûlen ", expliquai-je. "Vous le connaissez probablement assez bien pour comprendre que c'est exactement ce qu'il ferait."

"C'est une position très grave", a-t-il répondu. "Très grave en effet."

"Vous voulez dire à cause de ce télégramme ? C'est absurde. C'est un faux visible."

Le major éclata d'un rire bruyant. "Faux ! Faux, n'est-ce pas ? Eh bien, faux ou pas faux, vous répondrez de cette attaque contre moi. Fouillez-le, et s'il résiste, frappez-le à la tête", ordonna-t-il aux deux soldats.

"Est-ce que cet homme est l'officier supérieur du train, capitaine Brûlen ?"

"Tenez votre langue insolente; et, capitaine Brulen , restez où vous êtes. Faites ce que je vous ai dit ", ordonna-t-il aux hommes.

Cela aurait été une folie de résister. Il n'y avait rien sur moi d'aucune conséquence ; et comme Nessa était assise sur la valise, sa robe la recouvrant entièrement, rien d'important n'a été trouvé, sauf les passeports et nos billets. C'est ce que l'intimidateur a immédiatement empoché.

« Puis-je vous parler un instant, Major ? dit alors Brulen .

"Non. Occupez-vous de vos affaires. C'est mon affaire, pas la vôtre."

"Très bien, monsieur", et sur ce, lui et Freibach s'en allèrent. Tous deux semblaient très perturbés, bien que pour des raisons très différentes, comme je le savais.

" Conduisez l'homme à l'autre bout de la voiture ; veillez à ce que les deux prisonniers n'aient aucune chance de se parler ; restez entre eux au milieu jusqu'à ce que nous arrivions à Osnabrück, et si l'on tente de s'échapper, utilisez vos baïonnettes. Vous en êtes responsable."

« Je vais dormir », dit Nessa tandis que la brute descendait de la voiture ; et elle posa ses jambes sur le siège avec une insouciance parfaitement jouée.

"Bonne idée, moi aussi", et je me jetai de tout mon long sur le siège.

"Silence", rugit la brute. "S'ils parlent, matraquez-les tous les deux", et avec cet aimable ordre adressé à nos gardes, il nous quitta.

Les hommes lui auraient probablement obéi à la lettre, aussi prudemment ne leur en avons-nous pas laissé l'occasion.

Hormis l'envie d'essayer de rassurer Nessa, il n'y avait rien à dire. Le télégramme désastreux avait tout gâché. Qu'est-ce que cela signifiait ? Il ne semblait pas possible que von Gratzen ait pu envoyer un tel message. C'était une chose trop brutale, trop grossière et tout à fait trop brutale pour correspondre à tout ce que j'avais vu de lui. Il était en vérité assez rusé, mais une telle méthode manquait tellement de finesse, si dénuée de ruse, que je ne pouvais pas croire qu'elle vienne réellement de lui.

Il était possible qu'il ait été furieux de découvrir que j'avais volé les passeports ; mais même alors, il aurait eu recours à des moyens bien plus adroits pour m'arrêter. Il y avait aussi une autre considération. Ce n'était pas conforme à ses projets de me dénoncer ainsi comme meurtrier. Son objectif n'était pas de me faire accuser, mais d'attraper von Erstein dans la toile si subtilement tissée.

En même temps , il devait être envoyé par quelqu'un ayant une haute autorité, car le train avait été arrêté pour qu'il puisse être remis au garde. La police aurait pu le faire. Le détective de la gare avait probablement signalé mon vol et, si von Erstein m'avait déjà accusé, ils pourraient recourir à un tel moyen pour me faire arrêter. Mais dans ce cas, le message n'aurait pas été envoyé au nom de von Gratzen . Cela a donc tué cette théorie.

Il n'y avait qu'une seule suggestion alternative : que le télégramme était un faux et que von Erstein s'était aventuré à utiliser le nom de von Gratzen , comptant sur son influence pour le tirer d'affaire. Il avait deviné que j'allais m'enfuir, et il n'aurait aucune difficulté à découvrir où j'étais allé ; J'aurais même pu être suivi jusqu'à la gare sans le savoir ; et c'était exactement une mesure qui ferait appel à sa nature rusée et vindicative.

La vérité allait bientôt éclater, puisque quelques minutes nous verraient à Osnabrück au rythme auquel nous nous sommes précipités toute la nuit ; et jusqu'à ce que nous y arrivions, rien ne pouvait être fait. Malgré le mystérieux télégramme, j'avais toujours confiance dans l'assurance finale de von Gratzen : « Quoi qu'il arrive, je serai à tes côtés, mon garçon.

C'était tout de même une affaire déplorable, surtout pour Nessa ; et cela m'inquiétait désespérément. Nous étions tous deux sûrs d'être enfermés ; et l'Allemagne est un de ces pays insalubres où il est très difficile de sortir de prison une fois les portes fermées. Même si la chose s'expliquait à Osnabrück, il lui serait impossible de continuer son voyage cette nuit-là ; et quand elle en serait capable, Dieu seul le savait.

C'était un tel désastre qu'aucune plaisanterie ne suggérait une issue qui n'impliquait pas beaucoup de retards et de problèmes. Mais le nœud fut néanmoins coupé, de la façon la plus inattendue.

Nous approchions d'Osnabrück, roulant à une vitesse de trente ou quarante milles à l'heure, lorsque la locomotive siffla furieusement, et nous étions assez loin en avant du train pour sentir le grincement des freins serrés rapidement. Cependant, avant qu'ils puissent faire grand-chose pour réduire la vitesse, il y eut un énorme accident, le lourd wagon s'effondra comme un château de cartes, les lumières s'éteignirent et la voiture bascula un instant, sembla se cabrer, puis bascula sur le sol. son côté.

J'ai été projeté d'une demi-douzaine de façons à la fois ; contre le côté opposé du compartiment, puis de nouveau et ensuite vers le bas, de sorte que je m'étendais en travers de la porte. Quelque chose m'a frappé à la tête et quelque chose d'autre est tombé sur moi, au milieu d'une pluie d'éclats de verre et d'autres fragments.

Le "quelque chose d'autre" s'est avéré être Nessa, comme je l'ai découvert lorsque je l'ai appelée avec une peur mortelle qu'elle ait été tuée. Dieu merci, nous étions tous les deux indemnes, à l'exception des quelques contusions et légères coupures causées par les secousses du volant que nous avions subies.

Nous avons dû notre évasion au fait que nous étions allongés les jambes relevées. Le résultat pour nos deux gardes l'a montré. Ils avaient été coincés et gisaient en gémissant et en gémissant pitoyablement dans une agonie désespérée.

Nessa était trop submergée par le choc pour pouvoir bouger pendant un moment. Mais elle était terriblement courageuse ; pas un cri n'était sorti de ses lèvres ; et bien qu'elle tremblait au point de pouvoir à peine parler, elle m'assura qu'elle n'était pas du tout blessée. "Je vais bien dans un instant, Jack. Je ne suis pas blessé. J'avais peur que tu sois tué", balbutia-t-elle.

C'est alors que j'ai découvert que la première chose qui m'avait frappé était ma valise ; et jamais rien n'a été plus bienvenu. Il y avait une flasque de cognac et une lampe flash, et j'ai réussi à les obtenir tous les deux. L'esprit nous revint bientôt, et j'éclairai la lumière autour du compartiment et pris mes repères.

C'était un spectacle horrible. Les deux malheureux soldats étaient inconscients ; terriblement blessé, saignant terriblement et dans un désordre tel qu'il faisait penser aux tranchées. La voiture était couchée sur le côté et le couloir au-dessus de nos têtes. C'était le seul moyen de s'échapper, et pour l'atteindre, je devais me tenir debout sur les corps des hommes. Je parvins ainsi à saisir le côté de la porte donnant sur le couloir. Je me suis relevé et j'ai traversé l'ouverture. Tout a été réduit en miettes ; il y avait une odeur menaçante de gaz ; une partie du train était déjà en feu, les flammes illuminant la scène étrangement horrible ; et le vent les poussait jusqu'sur notre voiture. Il n'y avait pas une seconde à perdre si nous n'étions pas rôtis vivants.

Allongé de tout mon long pour trouver une prise pour mes pieds parmi les décombres, je me suis penché pour aider Nessa à sortir.

Elle gardait magnifiquement la tête. Elle a eu la présence d'esprit de se souvenir de la valise, elle me l'a tendue, m'a attrapé la main et je l'ai balancée à côté de moi. C'était déjà un contact et c'était parti, car les flammes ont franchi l'espace intermédiaire à ce moment-là et une torche de gaz a rapidement tout embrasé.

Il nous fallait encore descendre de la voiture et, bien que les gens accouraient en toute hâte avec de l'aide, nous n'avions pas le temps de les attendre. En rampant sur les décombres jusqu'à un endroit où le côté de la voiture avait été brisé, j'ai jeté la valise, j'ai bondi après elle et j'ai tendu les bras, appelant Nessa à sauter. Elle l'a fait sans une seconde d'hésitation, tombant juste sur moi avec suffisamment de soudaineté et de force pour nous envoyer tous les deux étalés au sol.

Nous étions de nouveau debout en un instant. Nessa rit étrangement et hystériquement. "Je vais bien, Jack," cria-t-elle à bout de souffle. « Attention à la valise ; » puis il m'a saisi convulsivement et s'est évanoui.

Ce n'était pas surprenant, étant donné que nous avions eu un cri si étroit, et je pouvais estimer l'effet sur elle par mon propre tremblement général. Ce qui m'a étonné, c'est que dans une telle crise, alors que la mort n'était presque qu'une question de secondes, elle avait semblé penser davantage à cette sacrée valise qu'à sa propre sécurité. Mais elle m'en a expliqué la raison par la suite ; et bien sûr, c'était pour mon compte.

Je n'étais pas désolé qu'elle se soit évanouie. La scène entière était si douloureuse et horrible que c'était une pitié qu'elle n'en ait pas eu la vue, l'odeur et les sons. Là encore, cela m'a aidé à me rallier, car je devais m'occuper d'elle. Je l'ai ramassée et je l'ai portée immédiatement à une distance où ni la vue ni le bruit du désastre ne risquaient d'être trop pénibles, j'ai trouvé un hangar, je lui ai donné de l'eau-de-vie et j'en ai moi-même bu une gorgée.

Elle revint bientôt à elle, mais était beaucoup trop bouleversée pour être émue longtemps, ni même pour parler. Alors je l'ai laissée s'allonger là où elle était, je l'ai enveloppée dans certains des vêtements de la valise, j'ai allumé une cigarette et je me suis mise au travail pour réfléchir à ce que nous ferions mieux de faire ensuite.

Ce n'était pas le problème le plus simple. Nous n'avions aucune chance de franchir la frontière cette nuit-là, car nous n'avions ni billets ni passeports. Ce tyran de major les avait gardés. Bien sûr, on ne pouvait même pas deviner ce qui lui était arrivé lors du fracas ; mais quoi qu'il en soit, il n'était pas possible de récupérer nos papiers. C'était une certitude.

Pourrait-on en avoir d'autres ? Pas à Osnabrück. Ce télégramme avait été envoyé au gardien du train condamné et, s'il était vivant, il en informerait sans doute la police ; et à l'instant où je me présenterais sous le nom de Lassen, nous serions tous les deux mis en prison .

Il semblait extrêmement malsain de tenter de demander un message à von Gratzen . Un poseur très agaçant. Il était exaspérant de penser qu'un message pouvait nous attendre, qui nous ouvrirait effectivement la voie, sans pour autant pouvoir le parcourir.

De plus, il y avait la désagréable éventualité qu'il ne soit pas là ; auquel cas je devrais mettre ma tête dans la gueule du lion, avec une grande probabilité que les mâchoires se referment dessus. Un risque très gênant. Cela ne m'a pas autant affecté que Nessa. Même si la police me détenait en tant que meurtrier présumé, ce ne serait qu'un problème temporaire. Mais Nessa ? Ce qui lui arriverait était impossible à prévoir ; j'ai donc exclu ce cours.

Si nous devons quitter le pays, cela devra se faire sous un patronage strictement officieux. Notre propre. Moins nous dérangeons von Gratzen ou qui que ce soit d' autre, mieux c'est. Cela signifiait continuer sous nos déguisements ; et puis j'ai réalisé à quel point l'idée de Nessa sur l'affaire avait été inestimable.

Ce n'était pas une perspective particulièrement joyeuse ; mais il y avait un gros avantage en notre faveur . Notre voiture avait été incendiée ; presque personne n'était sur place à ce moment-là ; certainement personne qui pourrait nous reconnaître ; et la conclusion que chacun en tirait était que nous avions péri dans les flammes. C'était une autre quasi-certitude ; mais en notre faveur .

Cependant, il y en avait plus qu'assez de l'autre côté du grand livre. Je n'avais pas de carte d'identité ; Nessa était plutôt en mauvais état, et il semblait qu'elle allait devoir se coucher et s'arrêter là pendant un certain temps, alors que si nous devions nous éloigner, nous devrions être à quelques lieues d'Osnabrück avant le jour ; et aller dans n'importe quel hôtel ou autre endroit dans ce but, c'était un peu comme demander plus de problèmes alors que nous en avions déjà assez.

En même temps, sa sécurité était le pivot autour duquel tout le reste tournait ; ce serait idiot d'essayer de s'enfuir, si cela impliquait de la mettre définitivement en cloque ; et cela doit être la première et principale considération. Elle était si immobile et semblait si faible et épuisée qu'il était clairement nécessaire de faire quelque chose au lieu de simplement y penser.

"Peux-tu faire un effort, Nessa ?" Murmurai-je en me penchant sur elle.

"Faire un effort ? Bien sûr que je peux. Je pensais que tu étais bouleversé. C'est pourquoi je suis resté silencieux. Je vais bien," et à mon grand soulagement surpris, elle s'assit aussitôt. "Que devons-nous faire?"

"Je pensais que tu étais presque déprimé," m'exclamai-je.

"Parce que je me suis évanoui ? C'était la réaction, je suppose. Je n'ai jamais fait une chose pareille auparavant, d'aussi loin que je me souvienne. Mais je vais bien à nouveau maintenant. J'ai réfléchi."

"J'ai fait un peu ça moi-même. Es-tu sûr d'être en forme ?" C'était difficile d'y croire après ce qu'elle avait vécu.

" Bien sûr que je le suis, sauf que j'ai été un peu secoué. C'était une affaire horrible tant que cela a duré ; mais c'est fini et cela nous a sorti de tous ces ennuis. Bien sûr tout le monde croira que nous avons été brûlés vifs. » Et elle frissonna. « Je suppose que c'est un terrible désastre.

"Mieux vaut ne pas y penser. Le dernier aperçu que j'ai eu a montré que notre voiture et celle derrière elle étaient en flammes. Vous pouvez voir l'éclat à travers la porte là-bas."

"Oh, Jack ! Et ils étaient remplis de monde !"

"Nous ne pouvons rien faire pour l'aider, et nous ferions mieux de penser à nous-mêmes", et pour distraire ses pensées des horreurs de l'accident du train, je lui ai expliqué les raisons qui ne lui permettaient pas de s'aventurer à Osnabrück.

"Je pense la même chose. Il n'y a sûrement qu'une seule chose à faire ?"

"Bien?"

"La 'troisième roue', bien sûr. Elle m'est venue à l'esprit dès le moment même de la collision. Je ne sais pas comment c'était, mais cela m'est immédiatement venu à l'esprit ; et quand tu n'étais pas blessé, je pouvais ne pensez à rien d'autre qu'à cela ; » et elle montra la valise.

"C'est le dernier mot que tu as prononcé avant de t'évanouir."

"Et le premier quand j'ai repris conscience. J'étais tellement reconnaissant quand j'ai vu que tu l'avais bien emporté. Je m'en fichais après ça. Tu ne semblais pas vraiment blessé; seulement secoué; je savais que je devrais être tout bientôt ; et j'avais une sorte de certitude que la troisième roue nous mènerait en sécurité. Ne ferions-nous pas mieux d'y aller ? »

"Oui, si tu te sens apte à faire quelques kilomètres avant le jour ?"

"Vous le verrez bientôt, si vous allez dans votre propre chambre, vous changez et me laissez faire de même."

Ma « chambre » était à l'arrière du hangar, à l'extérieur, et je n'ai pas perdu de temps pour me déshabiller et enfiler la robe d'ouvrier par-dessus ce que mon ami volant avait appelé le « coussin abdominal ». Puis je me suis allumé et j'ai attendu, pensant à quel point Nessa était courageuse, jusqu'à ce qu'elle m'appelle.

"Comment ça va, mon pote ?" » elle a demandé dans son nouveau personnage et a ri.

C'était en effet une merveilleuse transformation ! Je n'aurais jamais dû la reconnaître ; et les quelques petites égratignures sur son visage causées par le verre brisé lors de la collision, combinées à quelques taches artistiques qu'elle avait ajoutées, ont fait d'elle un jeune ouvrier réaliste .

"Qu'as-tu fait de tes cheveux ?" M'écriai-je.

"Je l'ai juste gâché sous le capuchon. Bien sûr , il faudra l'enlever ; mais nous ferions mieux de ne pas perdre de temps avec ça maintenant, n'est-ce pas ? Nous pourrons nous en occuper plus tard dans la matinée."

"Bien sûr", ai-je accepté ; et nous nous mimes au travail pour terminer les autres préparatifs. Nous devions bien sûr nous débarrasser de nos propres vêtements ; nous les avons donc bien enroulés, avons mis la combinaison dans la valise et nous étions prêts.

"Maintenant, la frontière", dis-je. "Espérons que la chance soit avec nous."

" Bravo , mon pote ; si ce n'est pas le cas, tu nous en sortiras d'une manière ou d'une autre, " répondit-elle avec la confiance la plus courageuse .

Je l'aimais pour cela, car je savais qu'elle comprenait aussi bien que moi les difficultés et les risques qui l'attendaient. J'ai alors perdu la tête pendant une minute ; et juste au moment où nous étions sur le seuil du petit hangar miteux, je passai mon bras autour d'elle, l'attirai rapidement vers moi et l'embrassai sur les lèvres.

Elle s'est accrochée à moi un instant, m'a embrassé en retour, puis s'est éloignée rapidement.

"Pas tellement, mon pote . Tu me prends pour une fille ? Tu m'as fait tomber ma casquette, maladroit", cria-t-elle en riant et en rougissant, tandis que ses magnifiques cheveux tombaient sur ses épaules et jusqu'à sa taille.

"Vous feriez une belle sorte de fille, et ne vous y trompez pas," répondis-je en ramassant la casquette et en la lui donnant.

En quelques instants, elle le remit en place, abaissa le capuchon dessus et était de nouveau prête.

"Allez, maladroit," appela-t-elle en sortant dans la nuit.

Et c'est ainsi que nous avons commencé notre voyage vers la frontière.

CHAPITRE XXIV

LA CHUTE DE NESSA

L'événement principal des heures qui ont suivi l'accident ferroviaire était plus histrionique que sérieux, même si Nessa le considérait à la fois humiliant et tragique. Et cela aurait facilement pu être tragique.

Son courage était merveilleux. Rien ne pouvait refroidir son moral ni diminuer sa grande confiance en elle. Elle se moquait de l'idée des risques ou du danger, se moquait des difficultés et se moquait de chaque obstacle comme si notre séjour n'était qu'une simple escapade. Une optimiste jusqu'au bout de ses jolis doigts.

Être Hans, le mécanicien, n'était qu'une joie délicieusement ridicule ; elle était fière de son habileté à jouer le rôle et était si désireuse de me montrer avec quel soin elle l'avait étudié que je n'avais pas le cœur d'être un critique franc et de souligner que c'était une chose de jouer un rôle pendant un certain temps. une heure ou deux sur une scène amateur ou lorsque nous étions seuls, et une autre encore de le conserver pendant des jours dans des circonstances où même un léger trébuchement pourrait entraîner de graves ennuis.

Et il était certain que notre situation était pleine de difficultés et même de dangers. Elle souffrait encore du choc inévitable du crash ferroviaire ; elle était épuisée et avait cruellement besoin de repos ; il était hors de question de songer à chercher un logement à Osnabrück ; le mieux que nous puissions espérer était de nous abriter dans une grange ou un hangar à l'écart ; il y avait cinquante milles ou plus entre nous et la frontière, dont n'importe quel mètre pourrait apporter quelque incident qui impliquerait une découverte ; et même si nous réussissions à passer la frontière en toute sécurité, la tâche consistant à traverser la frontière serait la plus difficile et la plus dangereuse de toutes.

Le petit incident survenu dans le hangar au moment où nous partions nous garda tous les deux silencieux pendant un moment. C'était le premier signe depuis notre rencontre à Berlin qui suggérait le renouveau de nos anciennes relations ; et ce n'est que lorsque nous atteignîmes un bon endroit pour nous débarrasser de nos propres vêtements que le silence fut rompu.

Nous nous dirigeâmes vers le nord de la ville et tournâmes sur un sentier qui nous ferait contourner la périphérie. Cela nous a fait traverser un large ruisseau et Nessa s'est arrêtée sur le pont pour nous suggérer de couler les vêtements. Nous les fîmes en deux parcelles, mettons de lourdes pierres dans chacune, et je les coulai sous des arbres qui surplombaient le ruisseau à une certaine distance le long de la berge.

« Et quand proposez-vous de réfléchir à nos projets, Jack ? elle s'est ébréchée quand je l'ai rejointe.

"Je ne penserai à rien d'autre à partir de cette minute."

« Écoutez, écoutez. Le « autre chose » doit attendre, hein ? s'écria-t-elle avec un de ses rires argentés et brillants.

"Cela ne ressemble pas vraiment au rire d'un hobbledehoy allemand, n'est-ce pas ?"

"Bien sûr, mon pote , j'ai oublié. C'était Nessa ; voici Hans ;" et elle éclata de rire à la manière de Hans.

"Pas tellement d'oubli, jeune homme. Ce n'est peut-être pas un simple pique-nique."

"Gardez vos cheveux, mais je vais passer un moment inoubliable. Au fait, quel est votre nom?"

"J'ai été baptisé si souvent ces derniers temps que je ne suis pas très clair à ce sujet. Vous pouvez m'appeler patron."

"Patron, hein ? Alors tu t'attends à être maître, je suppose ?" avec un petit rire malicieux. "Dois-je toujours continuer comme ça ?"

"Jack est l'Anglais pour ça."

"Rien d'autre?" elle rit encore.

"Attends que le moment vienne, mon garçon;" et elle a décidé de laisser tomber la balle.

"Et qu'en est-il de nos projets, patron ?" » demanda-t-elle après une pause.

"Je ne vois rien d'autre à faire que de le piétiner, si vous pouvez le tenir."

"Jusqu'à quel point?"

"La route la plus proche de la frontière est d'une trentaine de milles environ ; mais comme nous ne pouvons pas la parcourir, nous pouvons la mettre à cinquante, disons. Il n'y a pas besoin de précipiter les choses, et si nous pouvons en gérer dix ou quinze chaque jour, ça devrait faire l'affaire."

"Rien dans tout cela ne me fait de mal, patron. J'en ai souvent fait vingt ou vingt-cinq par jour, à la recherche d'un travail, vous savez. Mais qu'est-ce qui nous attend au bout du vagabond ?"

" J'aimerais pouvoir vous le dire. Mon idée générale est de me diriger vers un endroit appelé Lingen . Il y a deux petits creux dans la frontière hollandaise qui descendent à proximité, et cela semble être un assez bon point de départ. " Je m'en sortirai, si nous ne nous heurtons pas à certains des trafiquants là-bas, et le meilleur plan auquel je puisse penser est d'essayer de rejoindre certains d'entre eux et de traverser de cette façon.

"Ça a l'air bien. Si nous pouvons y arriver, bien sûr."

"Ne vous inquiétez pas pour ça, jeune homme. Nous pouvons le piétiner la nuit, au pire, mais nous ne risquons pas d'être gênés. Nous pouvons toujours nous rendre à un travail quelques kilomètres plus loin. Je J'ai toujours pensé à Osnabrück comme à l'endroit où nous devions peut-être commencer notre vagabondage, et j'ai une feuille de route. Ce que nous voulons en ce moment, c'est un endroit où nous pouvons nous reposer pendant une heure ou deux.

Nous avançâmes d'un pas régulier, évitant les routes autant que possible, jusqu'à ce que nous ayons laissé Osnabrück bien derrière nous, puis Nessa nous désigna une maison à la lisière d'un bois, qui semblait déserte.

"On dirait que c'est l'endroit parfait pour nous, jeune homme. Arrête-toi ici et je vais y jeter un œil."

" Soyez prudent, patron, je commence à avoir un peu de jambes et je pourrais me contenter d'un dossard pendant une heure ou deux. "

J'ai reconnu l'endroit avec précaution depuis l'arrière, où se trouvait un jardin en friche, et j'ai d'abord fait assez de bruit pour réveiller un chien, s'il y en avait un. Tout restait silencieux ; alors je me suis glissé dans le jardin et j'ai allumé ma lampe torche à travers une vitre cassée d'une fenêtre arrière. La pièce était assez nue, j'ouvris la fenêtre et traversai la maison.

C'était assez désert, c'est vrai. Une cabane de quatre pièces, sale et délabrée, mais suffisante pour servir d'abri ; alors je suis allé chercher Nessa. "Un magasin difficile, jeune homme, mais mieux que rien."

« Je parie que les logements sont meilleurs que ceux des porcs anglais dans les camps de concentration », dit-elle alors que nous montions les escaliers branlants menant à une chambre haute.

"Planches nues uniquement. C'est une bonne chose que vous puissiez les mettre à rude épreuve."

« Rien à voir avec ce que nos braves gens doivent supporter au front », répondit-elle ; et sans plus tarder, elle s'allongea avec la valise comme oreiller et s'endormit bientôt profondément.

Je suis sorti de la pièce, j'ai allumé une pipe et j'ai fait le tour de la maison en essayant d'élaborer un plan d'opérations précis. La question la plus pratique était celle des approvisionnements. Il n'y aurait pas de risque sérieux d'ennuis avec la police même si nous nous en tenions aux grands axes routiers

; et cela réduirait à la fois le temps de vagabondage et nous permettrait de trouver de la nourriture dans des auberges isolées.

La seule chose qui posait des difficultés était le déguisement de Nessa. Elle surjouait considérablement son rôle et, ce qui était bien pire, s'était involontairement repliée de temps en temps sur elle-même. L'affaire des garçons était une erreur. Elle doit redevenir femme. Il serait bien plus sûr qu'elle se fasse passer pour ma sœur ou même pour ma femme, ou peut-être les deux tour à tour, selon les circonstances.

Elle s'y opposerait probablement un peu, compte tenu des efforts qu'elle avait pris et de la fierté et du plaisir qu'elle ressentait dans ce rôle. Mais la sécurité doit primer. Il y avait une autre considération. Si nous étions arrêtés, on me demanderait ma carte d'identité ; et son absence pourrait signifier des ennuis. En tant qu'épouse, elle n'en aurait pas besoin. Je dois donc être rebaptisé et devenir Hans Bulich .

Au cours d'une seconde pipe, la prudence du changement est devenue plus évidente, et j'ai regretté la hâte avec laquelle nous avions été de nous débarrasser de sa robe, me rendant compte de la difficulté de la remplacer sans éveiller les soupçons. Nous devrions trouver de nombreux endroits où de telles choses pourraient être achetées ; mais pour un homme et un garçon, acheter de telles choses était presque certain de susciter des questions embarrassantes, surtout à proximité de la frontière.

Il faisait grand jour avant que j'aie fini de m'occuper de ces nouveaux problèmes, et comme il valait mieux ne pas courir le risque d'être vu aux alentours de la chaumière, j'entrai dans un petit hangar qui en appartenait, me calai dans un coin et m'assoupis. J'étais fatigué et j'avais dû dormir lourdement, et j'ai été réveillé par un coup de pied et le cri de colère d'un homme me demandant ce que diable je voulais dire en dormant chez lui. "Lève-toi et pars avec toi, espèce de clochard paresseux", dit-il lorsque je me frottai les yeux et clignai des yeux.

"Je ne suis pas un clochard, chef ," protestai-je en me levant.

"Alors je ne suis pas un agriculteur, espèce de rôdeur ;" et il avait l'air de répéter le coup de pied.

"Stable, mec, stable. Gardez votre sang-froid. Je suis mécanicien et je vais travailler à Osnabrück. Mon garçon et moi nous sommes perdus dans le bois là-bas et sommes venus ici pour demander la route. Trouvant l'endroit vide, nous J'ai décidé de le faire jusqu'au jour. Mon compagnon n'est qu'un jeune et il était régulièrement maquillé.

"De toute façon, tu as l'air assez sale pour un clochard," grogna-t-il. "Je suis harcelé par eux. Vous avez de l'argent sur vous ?" Un test approximatif de sa théorie du clochard.

"Je l'espère. C'est plus que suffisant pour payer ce genre de lit. Les temps sont plutôt bons pour nous, les gars, maintenant ;" et j'ai sorti une poignée d'argent.

Son air maussade s'éclaircit. "Je n'en veux pas. Quel genre de mécanicien vous appelez-vous ?"

"Des moteurs, des avions et ce genre de choses."

"Tu es le diable !" » s'écria-t-il, et après une pause : « Voulez-vous gagner un ou deux points ?

"Ça ne me dérange pas si je le fais ? Comment ?"

« Mon moteur est dans la voie là-bas, et quelque chose ne va pas. Pensez-vous que vous pourriez le réparer ?

"Je vais y jeter un œil pour vous. Je ferais mieux de prendre les outils que j'ai avec moi. Ils sont avec mon garçon."

Il a ouvert la porte d'entrée du cottage et j'ai couru chercher Nessa, lui attachant fermement les cheveux. Je lui ai parlé du fermier et je l'ai trouvé qui nous attendait en bas des escaliers. Il regarda Nessa avec une telle curiosité que je craignis qu'il soupçonne son sexe.

"Je m'appelle Glocken ", dit-il alors que nous nous dirigions vers la voiture.

Je n'ai pas répondu à l'invitation évidente. « Etes-vous fermier ?

Il acquiesca. "J'en ai quelques-uns. Un ici; la maison est juste de l'autre côté de la colline, là-bas;" donner un coup de pouce dans la direction ; "et un vers Lingen ."

"C'est là que nous le rembourrons, n'est- ce pas, patron ?" demanda Nessa.

Une vilaine erreur, mais de ma faute, car je ne lui avais pas dit que j'avais dit que j'allais à Osnabrück. Le fermier l'a bien sûr remarqué. "Je pensais que tu parlais d'un travail à Osnabrück ?" » dit-il d'un ton significatif.

" Vraiment ? Je devais être à moitié endormi, je suppose. C'est vers Lingen que nous allons. "

"Cela ne me concerne pas. Nous y sommes. Voyons maintenant ce que vous pouvez faire."

C'était un curieux composite ; un croisement entre une voiture de tourisme et une camionnette de livraison. Les sièges du tonneau avaient été retirés pour faire de la place aux marchandises, et il y avait un dispositif mobile pour relever les côtés selon les besoins. Il y avait quelques rutabagas et une petite botte de foin à l'intérieur, suggérant l'usage qui en était fait ; mais il y avait autre chose qui incitait à des pensées très différentes.

"Ils ont pris tous mes chevaux, alors je dois me contenter de ça pour transporter le fourrage", dit-il en remarquant ma curiosité.

J'ai hoché la tête et j'ai rejeté le capot pour trouver le problème. C'était un moteur splendide, de 40 ch mais très sale ; et la saleté avait causé l'arrêt. Une demi-heure remettrait tout en ordre ; mais je l'ai bricolé et m'en suis occupé, car je voulais enquêter sur ce que j'avais remarqué dans le tonneau.

Le fermier m'a observé pendant un moment ; puis j'ai parlé à Nessa, qui a fait un grand jeu avec l'imitation de Hans ; et j'ai trouvé ma chance. J'avais raison. Le fermier nourrissait son bétail avec une alimentation très originale ; le café, le sucre et le cacao semblaient être des ingrédients considérables, à en juger par les traces que j'ai trouvées sous les rutabagas et le foin. Et son autre ferme était à Lingen ! Et Lingen était proche de la frontière néerlandaise !

Si des preuves circonstancielles pouvaient prouver quoi que ce soit, cela signifiait que la voiture était principalement utilisée pour la contrebande et que les produits agricoles servaient à tromper les curieux.

J'ai terminé mon travail rapidement, en essayant de voir comment mettre à profit les connaissances acquises. Cela semblait être une chance pour nous, car c'était peut-être l'homme que nous souhaitions trouver près de la frontière.

"Ça va le faire maintenant, fermier", ai-je appelé et j'ai démarré le moteur pour le prouver.

"Vous connaissez votre travail, je vois", dit-il très content et il me donna cinq marks que j'empochai.

"Elle a vraiment envie de nettoyer si vous ne voulez pas qu'elle s'effondre en courant vers et depuis votre ferme à Lingen ."

"Vous n'avez pas peur de ça, n'est-ce pas ?" » demanda-t-il avec inquiétude.

"Je ne répondrais à aucun moment à sa place dans l'état dans lequel elle se trouve."

« Pourriez-vous faire le travail à ma place ?

"Pas maintenant, mais j'aurai peut-être un peu de temps libre quand j'arriverai à Lingen . Je pense que tu lui mets aussi du poids de temps en temps. Les courses s'additionnent, tu sais. Quelle est notre route pour Lingen ?"

« Qu'entendez-vous par épicerie ?

Je lui ai fait un sourire et un clin d'œil. "Cela ne me concerne pas, fermier. Je ne parle jamais des affaires des autres."

"Je vais passer par le chemin et vous montrer un raccourci", dit-il avant de partir. "Qu'est-ce que vous cherchez tous les deux ?"

"Grub", s'est exclamé Nessa promptement. " Je n'ai pas mangé depuis hier matin, à part quelques baies que j'ai cueillies pour donner à mon ventre quelque chose à faire." Cela a été dit très naturellement, mais une erreur, bien sûr.

"C'est drôle. Vous avez dû souvent sortir de la piste", a-t-il déclaré. "Il y a plein d'endroits partout. Par où es-tu venu ?"

"C'est la direction que nous devons prendre qui compte maintenant, fermier", dis-je.

"C'est vrai, et voici le sentier. Vous me semblez être le genre d'homme avec qui on pourrait travailler. Venez me voir quand vous arriverez à Lingen ;" et il m'a expliqué comment trouver la ferme et m'a offert sa main.

Il nous a laissé faire quelques mètres puis m'a rappelé. " Cela ne me regarde pas, mais c'est un de vos jeunes délicats ; on le prendrait plutôt pour une fille que pour un garçon, quand il est par surprise. Quoi qu'il en soit, venez me voir à Lingen ; " et sans attendre ma réponse, il s'en alla.

« Que voulait-il ? demanda Nessa.

"Je t'ai repéré pour une fille."

"Jack ! Il ne pouvait pas !" » protesta-t-elle avec indignation.

"Il a fait;" et j'ai utilisé ce fait comme texte pour insister sur le changement que j'avais dans mes pensées. Elle y a donné un coup de pied, comme il fallait s'y attendre ; mais un peu plus tard, nous avons eu une puissante preuve pratique de sa nécessité.

Nous nous dirigeâmes vers la première auberge où nous arrivâmes pour prendre un petit-déjeuner et j'en parlais à la femme de la maison, une personne maternelle à l'air très gentil, quand il y eut du tumulte dehors. Je suis sorti en courant et j'ai trouvé Nessa maltraitée par un homme qui essayait de lui arracher sa casquette. Un mot ou deux stoppèrent toute méchanceté, mais cela attira également l'attention de la femme sur Nessa.

"Vous pouvez prendre votre petit-déjeuner dans ma chambre, si vous le souhaitez", a-t-elle dit et, lorsque je l'ai remerciée, elle m'a ouvert le chemin, a fermé la porte et s'est tenue dos à elle. "Tu as enlevé ta casquette, le garçon ne peut-il pas faire de même ?" » elle a demandé de manière très significative.

"J'ai un point sensible, maman; j'ai peur d'un frisson", a déclaré Nessa.

"Je suis doué pour guérir des endroits de ce genre, laissez-moi y jeter un œil."

"Non, merci, quand même, je n'aime pas trop les câlins", répondit Nessa en coloriant .

La femme sourit. "Tu le fais très bien, ma fille, mais je suis moi-même une femme et je connais mon sexe", répondit-elle sèchement. Puis à moi : "Tu es un honnête homme, je parie, à en juger par ton physique. Ne ferais-tu pas mieux de me dire ce que cela veut dire ?"

"C'est ma femme", dis-je. "Elle est anglaise et———"

"Gloire à Dieu!" » intervint-elle avec enthousiasme, en anglais, avec un fort accent. « Si je ne l'avais pas deviné à l' instant où j'ai posé vos yeux sur vous deux ! et les larmes lui montèrent aux yeux tandis qu'elle se précipitait vers Nessa, enlevait la casquette et l'embrassait. " Ah, vous, pauvre Mavourneen, vous ! Et, saints vivants, regardez ces jolis cheveux. Et dire que vous venez d'Angleterre, seulement j'aimerais que ce soit ce cher vieil Oireland , ce que je fais ! Pourquoi maintenant, ou Oi' Je vais me ridiculiser . Nous ferions mieux de parler en allemand. Que je devrais vivre jusqu'à ce jour ! Et dehors dans ce diable de trou ! Vous vous dirigez vers la frontière, bien sûr ! Et je suis heureux de pouvoir vous aider, donc je peux. Et c'est le petit-déjeuner que vous voulez, n'est-ce pas ? Bien sûr , j'y veillerai ; mais je dois d'abord me sécher les yeux et devenir sobre.

Elle embrassa à nouveau Nessa et m'embrassa presque aussi dans sa joie, s'essuya les yeux, regarda dans le verre pour voir si tout allait bien et sortit en toute hâte pour s'occuper du petit-déjeuner.

« C'est comme un coup de chance, dis-je ; mais Nessa était trop abattue par son échec dans ce rôle pour répondre, alors j'ai regardé par la fenêtre pour lui donner le temps de s'en remettre.

Elle se leva aussitôt et je sentis sa main sur mon épaule. "Je suis un échec, Jack," dit-elle avec nostalgie, luttant pour sourire.

"Et remercie le Ciel pour cela, chérie."

"Mais même cette brute de fermier m'a découvert. Je m'en ficherais si cela n'avait été que cette bonne âme."

"Elle m'a aussi repéré comme étant anglais", lui ai-je rappelé.

"Je sais. Tu essaies de me faciliter la tâche, mais cet homme ne t'a pas repéré, la bête !" Elle sourit alors de sa propre véhémence. "Eh bien, c'est au revoir, Hans, je suppose," dit-elle avec un soupir.

"Et bon débarras aussi."

"Et pourtant tu as dit que je le faisais si bien."

"Et c'est ce que tu étais, mon enfant, pour la scène, mais là, c'est différent."

"Cela m'a enlevé tout le plaisir du pique-nique."

"Quoi ? Être ma femme ?"

Elle rit et secoua la tête. "Eh bien, il y a une chose, tu ne seras plus le patron."

"Nous verrons cela, jeune homme."

"Ne le fais pas, Jack. N'ose plus jamais faire référence à ça ou je vais-je vais-je ne sais pas ce que je vais faire!" s'écria-t-elle en tapant du pied. Puis elle aperçut la casquette de Han. "C'est cette chose horrible qui est la cause de tout cela ;" et elle le ramassa et le jeta loin d'elle.

C'était l'acte manifeste de renonciation au rôle ; et comme elle se tournait vers moi , je l'entourai de mon bras et je l'embrassai.

"Je pensais qu'il n'y aurait plus rien d'autre", a-t-elle ri.

"Un homme ne doit-il pas embrasser sa propre femme ?" J'ai pleuré.

"J'espère que ce sera le cas, Jack," murmura-t-elle.

Et c'était la cérémonie funéraire de Hans.

CHAPITRE XXV

UN AMI DANS LE BESOIN

Lorsque la femme est revenue vers nous , elle s'était complètement débarrassée de son accès d'émotion lors de notre rencontre, et ses premiers mots étaient un avertissement de ne pas parler un autre mot d'anglais.

"Au début, je n'ai pas pu m'en empêcher, j'étais tellement excitée ; mais cela me ruinerait si l'on savait que je suis britannique", a-t-elle déclaré, et pendant le petit-déjeuner, elle nous a raconté son histoire.

Elle était originaire de Cork, où elle avait épousé un boulanger allemand nommé Fischer, était arrivée en Allemagne quelques années plus tard, était veuve depuis cinq ans et avait continué à gérer l'auberge. Elle était très curieuse de connaître la vérité sur la guerre ; et quand je l'eus satisfaite, nous nous mîmes à l'étude de ses propres affaires.

Nous avons rendu confiance pour confiance : que Nessa et moi étions fiancés ; comment j'étais venu d'Angleterre pour la retrouver ; le sort dans lequel elle s'était trouvée en raison de la persécution de von Erstein ; que nous avions été impliqués dans l'accident de train et que nous avions échappé à nos vies, mais que nous avions perdu nos passeports.

Elle connaissait suffisamment bien l'allemand de type von Erstein pour sympathiser profondément avec Nessa et écouta en larmes cette partie de l'histoire.

« Je peux vous aider tous les deux, et je le ferai ; mais vous devrez être aussi prudent qu'un couple d'oiseaux sauvages. Ils se contentent d'attraper les hommes dans l'armée à deux mains, pour commencer, et ils les prendront. à ta vue, et alors que ferait-elle, la pauvre ?

"Mais n'y a-t-il pas beaucoup de mécaniciens qui en sont exemptés ?"

« Est-ce que tu sais vraiment quelque chose à ce sujet ?

"Il y a tout ce qu'il y a à savoir sur les moteurs et les avions ."

"Oh, c'est mieux", cria-t-elle en se frottant les mains. "Ils fabriquent ce genre de choses maintenant à un endroit appelé Ellendorf , près de Lingen ; et ils ont cruellement besoin d'hommes. Vous pouvez dire que vous en avez entendu parler et que vous êtes en route vers là-bas, et cela peut vous aider à passer à travers." ... Mais sachez que tous les étrangers par ici sont suspects et que la police est très curieuse ; et plus on se rapproche de la frontière, plus c'est pire. As-tu réfléchi à la manière de passer ?

"Si nous avons autant de chance là-bas qu'ici, ce ne sera peut-être pas si difficile. Mon idée était de rejoindre certains des gens qui font passer des choses en contrebande et de chercher une chance de passer."

"J'y avais pensé aussi et je peux t'aider", dit-elle, puis elle expliqua son plan.

Elle a déclaré que presque tout le monde à proximité de la frontière participait au jeu de la contrebande et que les autorités, tant policières que militaires, non seulement y faisaient un clin d'œil, mais l'encourageaient secrètement. Mais dernièrement, en raison du regroupement plus radical des hommes pour l'armée, il y a eu une grande partie des dérapages que nous souhaitions faire, et des mesures sévères ont été prises en conséquence.

"Cela rend les choses plus difficiles", a-t-elle poursuivi ; "mais le frère de mon défunt mari, Adolf Fischer, habite là-bas. Je te donnerai un mot et il t'aidera."

"Est-ce qu'il en fait partie ?" J'ai demandé.

Elle sourit et hocha la tête. "Il devient riche grâce à cela et plusieurs personnes travaillent avec lui. Je vais devoir mentir pour toi, mais ça ne me dérange pas. Je lui dirai que je sais tout sur toi et que tu veux le rejoindre, mais ne le fais pas." Ne dites pas un mot sur le fait de sauter, sinon il mettra la police sur vous. Il est très impliqué avec eux, mais cela ne doit pas vous effrayer. Ils ne toucheront pas un de ses hommes.

"Nous vous sommes terriblement obligés."

"J'aimerais seulement pouvoir faire plus. Bien sûr, je vais te trouver des vêtements", dit-elle à Nessa. " Ce ne seront que des travaux difficiles ; mais alors rien d'autre ne suffira ; et si vous êtes tous les deux guidés par moi, vous ne penserez pas à risquer la marche jusqu'à Lingen . Ce que vous feriez mieux, c'est de vous arrêter ici. et reposez-vous jusqu'à demain matin, partez tôt et partez à pied jusqu'à Massen ; ce n'est qu'une question de quatre ou cinq milles ; et prenez le train là-bas ; et ce serait tant mieux si vous portiez une salopette. Je peux vous procurer vous en avez."

"J'en ai déjà", dis-je.

" Tant mieux, mais quoi que vous fassiez, ne portez pas cette poignée avec vous. Autant écrire qui vous êtes sur votre dos. Beaucoup mieux avoir un ou deux outils à la main comme si vous partiez travailler dans un dépêchez-vous, et elle aura peut-être un petit panier de marché. Elle sera votre femme jusqu'à ce que vous atteigniez Lingen , et n'oubliez pas que la plupart des Allemands traitent leurs femmes d'une manière plutôt bourrue. Il y a beaucoup d'espions avec des yeux perçants pour des bagatelles de ce genre. "Ils pourraient même voir que tu ne manges pas comme eux. J'aurais dû te reconnaître", a-t-elle déclaré.

Nous avons tous les deux ri en la remerciant à nouveau ; et peu de temps après, elle emmena Nessa pour s'occuper du changement de tenue vestimentaire.

Nous étions tombés sur nos pieds en toute vérité. Son aide a été littéralement inestimable. Chacune de ses suggestions était pratique et m'a ouvert les yeux sur les nombreux petits détails difficiles et les pièges auxquels nous n'avions jamais pensé lors de la planification de notre évasion.

Une heure ou deux plus tard, elle est revenue en disant qu'elle avait laissé Nessa apporter quelques modifications nécessaires à la robe et qu'elle voulait me parler seule. "Tout comme moi, j'ai mis les pieds dans le bain avec elle. Je lui ai dit que ce n'est que la vérité, que vous ne pourrez jamais franchir la frontière ensemble, et elle jure que rien ne la fera partir seule. Vous devez parlez-lui ou..." et elle secoua la tête d'un air dubitatif.

"Tout ira bien."

"Peut-être. Elle est tout simplement la chérie la plus courageuse du monde, mais mon Dieu, quelle volonté !" et elle leva les mains et sourit. "Les frontaliers feront toujours un clin d'œil à une femme qui traverse, mais s'ils surprennent un homme en train d'essayer, ils lui tirent dessus et c'est fini. Maintenant, que ferez-vous si elle ne cède pas ?"

J'ai haussé les épaules.

"Eh bien, je vais vous le dire. Allez à cette usine d' Ellendorf et trouvez du travail. Vous y serez tous les deux en sécurité ; ils vous trouveront un chalet et vous devrez attendre qu'une occasion se présente pour vous enfuir. Dites à mon beau-frère que vous allez là-bas et que vous pourrez faire son travail de là. Mais si elle se démarque, n'essayez rien de Lingen , il en entendra sûrement parler, et alors vous pourrez regarder N'oubliez pas cela et pensez que parce qu'il vous parle honnêtement, il est doux. Il ne l'est pas. Il n'ose pas l'être non plus.

Elle m'a ensuite donné une foule de détails sur la contrebande et j'en ai profité pour lui poser des questions sur l'agriculteur dont j'avais réparé la voiture.

" Vous voulez dire le vieux fermier Glocken . Il est aussi profond qu'un puits et aussi dangereux que Saint Patrick a trouvé les serpents. S'il peut se servir de vous, d'accord ; il le fera tant que cela le paiera ; mais il... " Je vendrais sa propre femme, la pauvre malheureuse, pour quelques marks. Ne t'approche pas de lui.

"Il fait un peu de contrebande ?"

" Un peu ! Il est dans le coup jusqu'aux yeux. Il pourrait vous faire passer tous les deux assez facilement, si vous le payiez, à condition qu'il ne prenne pas d'abord votre argent pour ensuite vous vendre. Et c'est aussi probable qu'improbable. "

Quelqu'un frappa alors à la porte et elle sortit, revenant avec un domestique qui se rassembla bruyamment après elle et commença à préparer le couvert pour le dîner.

"Faites attention, Gretchen," dit-elle brusquement alors que la jeune fille faillit laisser tomber quelques verres. C'était une fille corpulente, plutôt sale, avec des ongles particulièrement sales et un châle sur la tête qui cachait la majeure partie de son visage. Elle était également très maladroite et écrivait tout maladroitement en riant.

« Que penses-tu de Gretchen ?

J'ai commencé et ils ont tous les deux ri. C'était Nessa, bien sûr, et elle ôta son châle, frappa dans ses mains et se retourna complètement pour que je puisse étudier sa tenue.

"Mieux que le garçon, hein ?" » rit Mme Fischer.

"C'est merveilleux. J'aurais dû la croiser dans la rue avec ce châle sur la tête."

"C'est comme ça que les workgirls le portent."

"Regarde mes bottes, Jack", cria Nessa en levant un pied. "Ne sont-ils pas tout simplement adorables ?" C'étaient de superbes choses maladroites à semelles épaisses.

" Les siennes n'étaient que des signaux de danger. Mais elle fera ce qu'elle est. Maintenant, j'ai dit à mes domestiques que vous êtes de vieux amis à moi et que vous serez ici jusqu'à demain matin. Vous feriez mieux de ne pas sortez. Une journée de repos et une longue nuit de sommeil ne feront de mal à aucun de vous ; et sur ce, elle s'enfuit en toute hâte.

"N'est-ce pas une vieille âme chérie ? Elle m'a materné là-haut, comme si elle ne pouvait pas en faire assez pour moi, et a fouillé tous les coins et recoins pour repêcher ces choses."

"C'est aussi une vieille femme très astucieuse."

"Et es-tu fier de ta femme, ou de ta sœur, quelle que soit celle que je vais être ?"

« Lequel préféreriez-vous ? »

"Ne sois pas stupide. Tu ne penses pas que c'est déchirant ? Et elle m'a expliqué comment me comporter. Je pense qu'elle est merveilleuse."

"De quel genre de forage s'agissait-il ?"

"Les choses n'en finissent pas. Comment manger; que faire; comment marcher; avoir toujours mon tricot à la main; ne pas parler aux étrangers, surtout aux femmes; une ou deux phrases que je devais utiliser; comment porter mon panier de marché " Une répétition régulière de tout, et nous en aurons une autre ce soir. Regardez mes mains. " et elle les tendit.

"J'ai vu tes ongles quand tu as posé le plateau sur la table."

"Oui, mais regarde comme elle a réussi à les rendre grossiers. Nous les avons frottés partout avec de la brique de bain, puis nous avons frotté la terre. Ils sont brûlants, comme s'ils étaient gercés. Et regarde mes cheveux, plaqués jusqu'à mes pieds." tête. Avez-vous déjà vu une frayeur comme moi ? Et puis cette affaire de paquets sur mes hanches ; » et elle rit en se regardant dans le verre.

"C'est tout ?"

"Pas du tout. Il y avait régulièrement une conférence sur le comportement approprié des femmes d'hommes qui travaillaient; elles allaient en quelque sorte chercher et porter des chiens avec la queue toujours entre les jambes et ne remuaient jamais sauf lorsque le maître daignait leur faire un signe de tête ou deux. ".

"Tu vas tout faire ?"

Elle se touchait les cheveux et commença en me regardant brusquement dans le verre. "Les sœurs ne le font pas du tout. Mais je connais votre ton. Vous voulez dire quelque chose. Qu'est-ce que c'est ?"

"Mme Fischer m'a dit qu'elle vous avait donné quelques indices."

Elle fit une pause, puis se tourna et me fit face, mettant ses mains derrière son dos, la tête bien rejetée en arrière – une pose que je connaissais bien. "Je pense que je sais ce que tu veux dire et je ne vais pas le faire, Jack."

"Faire quoi?"

"Innocent ! Mais ça ne sert à rien, Jack, je ne le ferai pas."

"Très bien."

"Tu ne veux pas vraiment dire ça. Je sais. Tu veux dire tout le contraire. Il s'agit de mon passage seul à la frontière. N'est-ce pas ça ?"

"Elle m'a dit quelque chose à ce sujet."

"Bien sûr. Elle a fait tout ce qu'elle pouvait pour me persuader et maintenant elle s'en prend à vous, bien sûr. Je suis prêt à vous écouter ; mais je vous préviens, cela ne fera pas la moindre différence."

"Très bien."

"Oh, ne me dis pas très bien sur ce ton. Tu ne t'attends pas à ce que je t'abandonne quand tu as fait tout ça et que tu t'es retrouvé dans ce pétrin uniquement pour moi, n'est-ce pas ?" elle a pleuré avec véhémence.

"Nous ne nous en soucierons pas pour le moment ; mais il y a juste un point que vous pourriez garder à l'esprit. Cela pourrait s'avérer nécessaire pour ma sécurité. Et alors ?"

Son visage s'assombrit à cela. "Comment cela pourrait-il être?" elle a demandé.

"Nous pourrons mieux répondre à cette question plus tard," dis-je avec un haussement d'épaules. "Mais si c'était le cas ?"

"Est-ce que Mme Fischer vous a dit quelque chose à ce sujet ?"

J'ai hoché la tête. " Il a dit que ce serait peut-être assez facile pour vous de vous en remettre, mais qu'il serait très risqué pour nous deux d'essayer ensemble. Il a suggéré que si vous tenez bon, je ferais mieux de trouver une place à Ellendorf ; mais il y a la question de mon congé. C'est presque fini. , et soit vous, soit moi devons être en mesure de transmettre des explications de Hollande dans un délai d'un jour ou deux.

"Je n'y avais jamais pensé. Que se passerait-il ?"

— Peut-être rien ; mais ça n'aide pas un homme de jouer à l'absent. On a un vilain terme pour ça dans l'armée.

"Tu veux toujours dire beaucoup quand tu parles sur ton ton décontracté", s'est-elle exclamée. " Bien sûr, si mon arrêt vous causait des ennuis, ce serait différent. Rien d'autre ne me ferait partir. Et si vous dites cela uniquement pour me forcer, vous êtes... eh bien, c'est lâche et vous devriez le faire. avoir honte de le faire. »

"Eh bien, réfléchis-y et nous verrons comment le chat saute. Je te le promets, fidèlement, je ne te demanderai pas de le faire si ce n'est pas nécessaire."

Elle fit une pause puis vint poser une main sur mon épaule. "Tu ne me demanderas pas d'y aller à moins que cela ne soit nécessaire pour toi, n'est-ce pas, Jack ? Ce serait horrible pour moi de sentir que tu es laissé ici en danger. Je sais que tu penses à moi et pas à toi. , et... oh, Jack, je ne crois pas que je pourrais le supporter.

"Nous ne nous en soucierons plus jusqu'à ce que le moment soit venu. Je trouve que c'est magnifique de votre part de vouloir le coller, mais il vaut mieux vous le dire;" et nous laissons tomber l'affaire.

Mais Nessa s'en inquiéta énormément pour le reste de la journée. Elle parlait très peu et semblait s'être désintéressée des choses ; et juste avant d'aller se coucher , elle m'a suggéré que nous fassions au moins une tentative pour traverser la frontière ensemble. J'ai cédé à contrecœur, car cela signifiait la ruine d'une grande partie de nos projets. Mais elle était si abattue, si troublée et suppliait avec une telle ardeur mélancolique que je n'eus pas le cœur de refuser.

Mme Fischer a déclaré que c'était une pure folie ; que si nous l'essayions, nous ne devions pas nous approcher de son beau-frère ; et que nous ferions mieux d'aller directement à Ellendorf .

Nessa était de bien meilleure humeur tôt le lendemain matin lorsque nous avons dit au revoir à notre nouvel ami.

"Comment allons-nous vous rembourser pour tout cela ?" J'ai demandé.

"Ce n'est pas de l'argent que tu veux dire, n'est-ce pas ?" » demanda-t-elle presque avec indignation, bien qu'elle fût si émue de nous quitter que les larmes brillaient dans ses bons yeux maternels.

"Aucun argent ne pourrait récompenser toute votre gentillesse et votre aide."

"Alors ne me le propose pas. Bien sûr, il suffit que nous soyons tous du même sang, et tout ce que je veux, c'est savoir que tu rentres sain et sauf à la maison. J'aimerais le savoir," dit-elle avec nostalgie. " Bien sûr que mon cœur est toujours là-bas. Là-bas, pars avec toi, ou je vais me ridiculiser. "

"Je vais vous écrire, Mme Fischer", dit Nessa en l'embrassant.

"Pas sur ta vie, mon enfant. C'est en prison , je serais en un rien de temps, les diables qu'ils sont tous !" s'exclama-t-elle en retombant en anglais.

"Nous réussirons à vous le faire savoir", promis-je en lui serrant chaleureusement la main; et nous nous tournions pour quitter la pièce lorsque Nessa eut une pensée des plus heureuses.

"Nous t'enverrons un brin de trèfle, ma chérie."

Cette pensée a complètement brisé la chère âme. "Oh, ma bienheureuse chérie !" cria-t-elle en saisissant Nessa et en l'embrassant à nouveau. "Qu'est-ce que mes vieux yeux donneraient pour le voir !" et elle éclata en sanglots. « Partez maintenant, partez tous les deux, ou je vais... » Les sanglots étouffèrent sa voix et elle appuya sa tête sur la table, nous faisant signe de partir.

Nessa m'a touché le bras et nous nous sommes enfuis, tous deux profondément émus par l'émotion que l'offre de Nessa avait suscitée dans le cœur de l'exilé irlandais solitaire.

CHAPITRE XXVI

LA HUE ET LE CRI !

Sur la route vers Massen nous avons concocté notre histoire. Je devais être Hans Bulich et Nessa ma sœur ; nous étions seuls au monde, à l'exception d'une tante en Hollande ; Nessa avait récemment perdu son amant sur le front russe, et son prétendu chagrin à ce sujet expliquait son sombre silence ; J'étais susceptible d'être appelé, et comme cela la laisserait sans amis ni argent, elle avait hâte de rejoindre sa tante en Hollande.

C'étaient des rôles faciles à jouer, grâce à notre chaleureux ami irlandais ; nous avons assez bien regardé les personnages pour réussir. L'absence de tout bagage, ma combinaison, mes outils et une grosse pipe en porcelaine allemande , ainsi que le panier de marché et le tricot de Nessa étaient de petites touches de réalisme astucieuses qui nous ont permis de traverser sans problème les difficultés préliminaires.

Il y avait plusieurs personnes dans la voiture avec nous, dont l'un, un vieil homme assis à côté de moi, allait jusqu'à Lingen . Les hommes parlèrent bientôt et le seul sujet était l'approvisionnement en nourriture, ce qui devenait évidemment une question sérieuse. Je n'y ai pas prêté beaucoup d'attention jusqu'à ce qu'une question soit posée sur la contrebande aux frontières. La question les intéressait tous vivement, et je faisais de temps en temps une remarque pour attirer le reste.

Le vieil homme à côté de moi semblait en savoir beaucoup sur le sujet, et quand nous étions tous les trois seuls dans la voiture, il laissa échapper une remarque qui montrait qu'il avait remarqué mon intérêt pour le sujet, puis il me demanda si j'étais là. devant encore.

"Ils pensent que je suis plus utile dans mon métier", répondis-je en jouant avec la clé à la main.

"Un ingénieur mécanicien, peut-être ?"

J'ai hoché la tête. "Moteurs, avions , etc."

"Tu vas à Lingen , n'est-ce pas ?"

"Oui. Jusqu'où est Ellendorf à partir de là ? »

"C'est une question d'une lieue ou deux. J'ai entendu dire qu'ils construisaient ces nouveaux avions là-bas. Vous avez un travail là-bas ?"

"Je ne le saurai pas avant d'arriver à Lingen ; j'ai une autre petite affaire à régler d'abord, de toute façon."

"Beaucoup de gens ont de petites affaires à faire là-bas, ces jours-ci", répondit-il sèchement, avec un regard suggestif du coin de l'œil. "J'habite là-bas, et tu peux me croire que si tu es bon dans ton travail, il y a beaucoup de travail qui t'attend."

« Un travail gouvernemental ?

"S'ils n'étaient pas tous aveugles, oui;" » et il se lança dans une description de l'extrême difficulté d'effectuer des réparations. "Je ne peux pas enfoncer ne serait-ce qu'une vis sans un de leurs permis infernaux. Je suis allé à Osnabrück à ce sujet et j'essaie maintenant de trouver un homme. J'aurais aussi bien pu demander la lune !" » dit-il avec dégoût, et il continua à s'en plaindre, par intervalles, pendant le reste du voyage.

Lorsque nous sommes arrivés à Lingen, il m'a dit qu'il aimerait discuter avec moi et m'a suggéré d'aller dans son magasin. " Cela ne vous fera pas de mal non plus d'être vu avec moi ; je suis bien connu ; et avec les prisonniers évadés et nos rôdeurs qui tentent de franchir la frontière, la police est plutôt curieuse au sujet des étrangers de votre âge et surtout de votre construction. "

Il était bien connu, comme il l'avait dit. Plusieurs personnes lui ont fait signe sur la plate-forme et un homme est venu après lui. "Bonjour, Père Fischer, puis-je vous parler ?" et ils s'arrêtèrent pour parler ensemble.

« Tu entends ça, Nessa ? Ai-je demandé avec enthousiasme. "Par Jupiter, nous avons de la chance si c'est notre homme !" et lorsqu'il nous rejoignit , je lui demandai s'il était Adolf Fischer.

"Je le suis. Tout le monde à Lingen connaît Adolf Fischer."

"As-tu un frère du côté de Massen ?"

"Je l'avais fait, mais il s'est saoulé à mort il y a environ cinq ans, pauvre imbécile. Pourquoi tu demandes ?"

"J'ai une lettre pour toi;" et je le lui ai donné.

Il le lut et le rangea dans sa poche avec un petit rire de plaisir. "Ça ne pourrait pas être mieux. Les amis de Martha sont mes amis. Venez."

Nous n'avions pas quitté la gare que nous avions eu la preuve de notre bonne chance. Nous étions devant lui en sortant et le sergent de police qui se trouvait à la porte nous a arrêtés et commençait à m'interroger lorsqu'il est intervenu.

"Tout va bien, Braun. Ce sont des amis à moi. Une chance aussi", dit-il avec un clin d'œil, suggérant qu'il y avait une entente mutuellement satisfaisante entre eux.

Nous avons été autorisés à passer immédiatement et il est resté à parler au sergent pendant quelques minutes. "Heureusement que tu m'as donné cette lettre à ce moment-là", dit-il en nous rattrapant. "Ils ont reçu l'ordre de surveiller particulièrement un couple comme vous. Mais ils ne vous inquiéteront pas tant que vous serez avec moi."

Une nouvelle inquiétante compte tenu de ce qui s'était passé juste avant l'accident du train à l'extérieur d'Osnabrück, et cela m'a rendu plus impatient que jamais de faire passer Nessa en toute sécurité à la frontière.

"Vous resterez avec moi, bien sûr", nous dit-il lorsque nous arrivâmes chez lui, une épicerie florissante située dans la rue principale de la petite ville. "Je n'ai personne à la maison les soirs. Nous prendrons une bouchée et nous en discuterons ensuite."

Il resta silencieux et pensif pendant le repas, et la tendance de ses pensées se manifesta dans une question qu'il posa.

"Il n'y a rien de noir contre toi, n'est-ce pas ?"

"Rien ne me fait peur d'affronter un homme de l'Empire," répondis-je positivement. C'était la vérité, même si ce n'était pas exactement comme je voulais qu'il la comprenne.

"J'ai seulement demandé parce que je dois être très prudent", a-t-il déclaré. et plus rien ne se passait jusqu'à ce que nous fumions, tandis que Nessa avait repris le tricot qu'elle n'avait cessé de tricoter dans le train.

"Maintenant, tu aimerais me raconter ton histoire", ouvrit-il.

Je lui ai raconté l'histoire que nous avions préparée et il a posé une ou deux questions auxquelles il a été facile de répondre.

"Je suis désolé pour toi, ma fille," lui dit-il. "Vraiment désolé ; vous n'êtes qu'un parmi des milliers d'autres ; et vous vous en sortirez très bien. Ils ne s'intéressent pas particulièrement aux femmes et aux filles, vous savez", m'a-t-il ajouté. "Mais c'est différent avec les hommes. Leurs ordres sont de tirer d'abord et de poser des questions ensuite. Trois d'entre eux ont été surpris en train d'essayer de franchir la frontière la semaine dernière et ont été abattus. Deux la semaine précédente ; et l'un d' eux était notre seul ingénieur. Alors si c'est le cas, Qu'est-ce qui t'a amené ici, je ne peux pas t'aider. Nous avons eu tous les ennuis que nous voulions lors de la dernière affaire.

"Je ne suis pas un farceur, je vous l'assure. S'ils les appellent , je suis prêt à tout moment."

"Tu me donnes ta parole de m'arrêter ici alors ?"

"À moins que je doive aller ailleurs. Je suis plutôt doué dans mon travail, tu sais."

Il a semblé satisfait, puis m'a fait part de ses projets.

Nessa devait partir ce soir-là. Il avait un neveu qui, dans le régiment de la Landwehr, gardait actuellement une partie de la frontière particulièrement prometteuse pour le projet, et nous devions y courir en voiture. Je devais rester avec lui à Lingen , en partie pour aider aux opérations de contrebande, mais en grande partie pour maintenir en ordre ses moteurs et ceux de ses associés. Il y avait un certain nombre d' habitants de Lingen dans l'affaire, ce à quoi les autorités ont fait un clin d'œil, qui ne poseraient aucune question à mon sujet si l'on savait que j'étais dans la nage.

Il m'a donné une foule de détails, m'a emmené plus tard voir l'endroit où je devais travailler ; C'était aussi un endroit très bien équipé, mais avec seulement un garçon et un vieux bonhomme gâteux comme personnel : ils expliquèrent qu'ils perdaient souvent beaucoup à cause des pannes ; puis il me quitta pour retourner auprès de Nessa, me disant qu'il devait aller organiser l'aventure de la nuit.

J'ai trouvé Nessa très déprimée, plongée dans ses pensées, avec son tricot sur ses genoux.

"Ça a l'air assez bien, hein ?" J'ai dit de l'encourager.

Ce n'était pas un succès. Elle n'a pas répondu pendant un moment. « Est-ce que tu lui fais confiance ? » demanda-t-elle en levant longuement les yeux.

"Pourquoi pas ? Il a été assez franc ; et nous aurions été dans un sacré pétrin sans lui. Cela ne peut pas être pire même s'il nous trahit. Mais il ne le fera pas. J'en suis sûr."

"Mais à propos de toi ?"

"Signification?" Mais je savais ce qui allait arriver.

"Vous avez entendu ce qu'il a dit à propos de ces hommes qui ont été abattus. Cela m'a fait monter le cœur dans la bouche."

"Ce n'est rien de plus que ce que nous avons entendu à Massen ."

"Nous étions d'accord pour essayer ensemble, souviens-toi."

"Je n'ai pas oublié. Nous verrons ce qui se passera ce soir."

"Tu ne veux pas que j'y aille seul ? Tu l'as promis, Jack."

« Mieux vaut un qu'aucun de nous, sûrement. Cela me rappelle. Vous devez avoir de l'argent au cas où j'échouerais ; » et je lui ai offert quelques notes.

Elle secoua la tête et les repoussa. "J'en ai plus qu'assez pour mon objectif."

Je savais ce qu'elle voulait dire. Elle était résolue à ne pas y aller seule, et cela m'inquiétait beaucoup. C'était merveilleusement fidèle, adorable et courageux, mais néanmoins chimérique et une grave erreur. "Vous avez entendu ce que ce sergent de police avait dit au vieux Fischer ?"

"Bien sûr," acquiesça-t-elle avec désinvolture, comme si cela ne faisait pas la moindre différence.

"Tu régleras ça toi-même, Nessa." Il n'y avait alors rien à gagner à essayer de la dissuader, alors j'ai attendu jusqu'à ce que le moment d'agir vienne. Après ma promesse, il m'était impossible de songer à l'accompagner.

Fischer revint en riant. "Nous avons de la chance", a-t-il déclaré. "J'ai rencontré mon neveu Fritz tout à l'heure en ville. Il s'en sortira très bien. Il montera la garde sur l'une des routes, à l'endroit même de toutes les autres pour nous ; près d'un petit fourré qu'on appelle le Pike Wood. Nous devons y être vers neuf heures. Je lui ai tout expliqué et, bien sûr, j'ai promis que seule votre sœur viendrait. C'est vrai, hein ?

" Tout à fait ", lui ai-je assuré.

Les aiguilles de Nessa ont cessé de claquer pendant un instant et je l'ai entendue reprendre son souffle. Cela augurait mal pour l'entreprise de la nuit ; mais si j'avais voulu renouveler l'effort de la persuader, je n'aurais pas pu le faire, car nous ne nous trouvâmes de nouveau tout à fait seuls que lorsque fut venu le moment de partir.

J'ai conduit la voiture avec Fischer à mes côtés et, selon ses instructions, Nessa s'est allongée sur le fond du tonneau qui était construit à peu près comme celui du fermier que j'avais réparé à Osnabrück. Elle était cachée sous un tapis et une bâche, et il lui a dit de se couvrir même la tête si quelqu'un nous parlait en chemin.

Nous avions quelques dizaines de kilomètres à parcourir et, sur la plus grande partie du trajet, personne n'essayait de nous gêner. Le vieil homme semblait extrêmement satisfait de la façon dont je manipulais la machine délabrée ; et encore plus lorsque j'ai expliqué la raison de certains bruits et sauts étranges que le moteur développait. "Tu es l'homme qu'il nous faut !" s'exclama-t-il plus d'une fois.

Lorsque nous atteignîmes les abords d'un village proche de la frontière, il se pencha et dit à Nessa de se cacher complètement. « Nous serons interrogés ici ; mais cela n'a pas d'importance. Allez-y doucement, » m'a-t-il ajouté ; "et arrêtez-vous immédiatement s'ils nous l'ordonnent."

Le village était plein de soldats et je commençai alors à réaliser sérieusement les difficultés de nous échapper sans son aide. Nous avons été arrêtés deux fois dans le village, mais nous avons été autorisés à continuer dès qu'il a été reconnu et a montré une certaine autorité dont il disposait.

Après avoir quitté le village derrière nous, il y avait beaucoup de monde, hommes et femmes, tous tournés vers la frontière . "Que font-ils tous ?" J'ai demandé.

"Chasseurs de miettes, comme nous les appelons ." Assez descriptif aussi ; et il m'a dit qu'ils étaient dehors par tous les temps pour ramasser des bagatelles du côté hollandais, et que des laissez-passer leur étaient donnés à cet effet.

"Et qu'en est-il des gardes hollandais ?"

"Je grossis dessus", répondit Fischer en se frottant la paume puis en mettant un doigt sur le côté de son nez. " Saignez-nous aussi sur un ton. Leurs gens essaient de l'arrêter ; changez les hommes assez souvent ; mais cela signifie seulement que Pierre aura une paume grasse à la place de Paul. Nous tournons dans la prochaine ruelle à droite : elle traverse la frontière ; le Pike Wood est juste là ; mais il faudra s'arrêter un peu avant pour faire tourner la voiture.

Nous avons couru environ 800 mètres le long de l'allée jusqu'à l'endroit où j'ai tourné et nous sommes tous sortis. Il nous a ouvert la voie à travers un champ ou deux et, comme nous étions un peu en avance sur l'heure (neuf heures), il nous a postés à un endroit dans le fourré d'où nous pouvions voir les gardes à la porte qui marquait la frontière sur la frontière. côté allemand, puis nous a quittés.

À ce moment-là, je commençais à être un peu excité, mais Nessa ne semblait pas du tout émue, sauf qu'elle frissonnait une ou deux fois, car l'air de la nuit était pincé. Si elle persistait dans son intention de ne pas partir sans moi, je ne saurais le dire. Elle m'avait entendu dire au vieux Fischer que je n'irais pas ; mais elle gardait un silence de sphinx pendant tout le temps qu'il était absent.

Il s'est approché des gardes et j'ai pu distinguer leurs silhouettes pendant qu'il leur parlait ; et bientôt il disparut dans l'obscurité par la porte. Une minute ou deux plus tard, des coups de feu furent tirés de l'autre côté de la barrière ; peu après, un chariot chargé arriva en courant de ce côté, les trois chevaux galopaient à toute vitesse, et un homme que je pris pour être Fischer en sauta.

Une exposition d'organisation a suivi. Un certain nombre d'hommes surgirent de nulle part ; le wagon fut déchargé presque instantanément ; et ils s'enfuirent dans la nuit avec des caisses, des tonneaux et des paquets de toutes sortes et de toutes tailles. Cela s'est fait comme un éclair ; et le chariot repartit au galop vers la frontière. Il venait de disparaître lorsqu'un officier est arrivé à cheval, probablement pour connaître la cause de la fusillade. À ce moment-là, Fischer nous rejoignit, essoufflé, mais extrêmement content.

"C'est presque une chose", haleta-t-il. "Si cet officier avait été là une minute plus tôt , il aurait réquisitionné le tout. C'est un chien de porc . Vous devez mentir jusqu'à ce qu'il soit parti; mais tout va bien. Fritz vous donnera le pourboire. Vous devez avancer dès que vous entendez-le siffler « La Garde sur le Rhin ». Ne perds pas une seconde. Donne-lui un billet de vingt marks, c'est pour ses deux copains. Et maintenant, je ne peux pas m'arrêter avec toi, il faut que je m'occupe. Je t'attendrai à la voiture.

"Qu'est-ce que c'était que ce tir ?" Ai-je demandé alors qu'il se détournait.

« Pour tromper les officiers hollandais », dit-il par-dessus son épaule en s'éloignant.

L'intention de Nessa restait encore une énigme. Elle se tenait appuyée contre un arbre, immobile comme une statue et jusqu'ici aussi silencieuse. Mais le moment était venu où je devais savoir ce qu'elle avait l'intention de faire.

"Tu y vas, Nessa ?" J'ai chuchoté.

Pas de réponse; pas même un haussement d'épaules.

"Nessa, chérie, tu y vas ?"

"Es-tu?"

"Non. J'ai donné ma parole. En plus, j'ai à moitié l'impression que c'est une sorte de test. Fischer a dit aux hommes que ce n'était pas le cas, et même s'ils ne nous tiraient pas dessus tous les deux, je serais ruiné avec lui. ... Et vous pouvez constater par vous-même qu'il n'y a pas une chance sur cent que nous réussissions.

Elle écouta mais ne répondit pas.

"Nous aurons ce signal dans un instant. Cet officier s'en va."

Un long soupir tremblant de sa part. "Veux-tu que j'y aille, Jack ?"

"Oui, certainement. C'est la chance la plus chanceuse du monde."

"Vraiment ?"

"Vous pouvez le constater par vous-même, ma chérie." J'ai essayé de la prendre dans mes bras, mais elle s'est éloignée.

"Ne le fais pas, Jack ! Après ce que tu viens de dire."

Il y a eu une pause pendant laquelle nous avons pu capter les tons gutturaux des gardes et les entendre taper du pied. De précieuses secondes s'écoulaient et j'entrais dans une fièvre positive d'impatience et d'anxiété.

"Je ne pense qu'à toi, Nessa. Tu le sais. Décide-toi d'y aller. Tu dois sûrement voir que c'est la seule voie pour toi. Il y a la route de l'Angleterre et de ta mère et…"

"Et tu dois t'arrêter ici, seul face à tout ce danger."

Ma patience a commencé à faiblir. "Je sais que tu penses à moi, mais je peux m'en sortir bien mieux seul. Mais là, si tu ne le fais pas, tu ne le feras pas, et c'est fini."

"Vous avez promis de faire une tentative ensemble. L'avez-vous fait ?"

"Pour l'amour du ciel, Nessa, ne nous laissons pas couper les cheveux en quatre dans un moment comme celui-ci. Voici une chance pour vous, et vous n'en aurez peut-être jamais d'autre. Si vous souhaitez un jour revoir l'Angleterre, ou en tout cas jusqu'après la guerre est finie, tu la prendras.

"Cela montre le peu de chances que vous pensez avoir de vous en sortir", rétorqua-t-elle, me faisant souhaiter de dire autre chose.

"Je ne voulais rien dire de tel, seulement que ce serait infiniment plus facile pour moi seul."

Elle ne répondit pas et, pendant la pause, les premières mesures de la "Veille sur le Rhin" furent sifflées d'une voix grave et prudente.

"Viens, ma chérie", murmurai-je et je passai mon bras autour d'elle.

"Oh, je ne peux pas y aller, Jack. Je—je ne peux pas être aussi lâche !" murmura-t-elle, tremblante d'agitation.

"Pour l'amour du ciel, ma chérie !"

Le sifflement avait cessé, mais elle hésitait encore.

Après un intervalle très court, le coup de sifflet revint, un peu plus fort.

Il n'y avait qu'un dernier plaidoyer auquel je pouvais penser. "Cela pourrait me coûter la vie si tu n'y vas pas, Nessa."

Je la sentis frissonner convulsivement tandis qu'elle cédait et s'accrochait à moi un instant. "Je vais y aller. Oh, mon Dieu !" gémit-elle pitoyablement dans sa barbe.

Je l'ai précipitée à travers le champ intermédiaire, et alors que nous atteignions l'autre côté, l'homme à la porte nous a appelé avec impatience de nous dépêcher.

Mais Nessa s'est arrêtée. "J'ai oublié, Jack," murmura-t-elle. "Je dois avoir cet argent après tout."

Je l'avais préparé, je le lui ai mis dans la main et je l'ai aidée à franchir la porte du champ. Dans son agitation, elle tomba et laissa tomber les notes. Il faisait noir comme de la poix sur le sol à cet endroit et j'ai dû tâtonner avec mes mains pour les trouver.

L'homme m'a appelé d'urgence pour que je vienne immédiatement, et je venais de les retrouver lorsque nous avons entendu le bruit d'un cheval galopant dans notre direction.

"Retour au bois", grogna l'homme presque violemment. "Si le capitaine vous flaire, vous serez abattu."

J'ai soulevé Nessa par-dessus la porte et nous nous sommes précipités pour nous mettre à l'abri tandis que l'officier arrivait. Nous avons attendu quelques minutes anxieuses et haletantes qu'il parte, espérant que le signal pourrait être répété.

Mais il n'y est pas allé ; et peu après, la garde fut changée.

L'occasion était passée et il n'y avait plus qu'à retourner à la voiture.

L'échec fut amèrement décevant, mais Nessa était contente et riait. "Voici l'argent, Jack", dit-elle alors que nous quittions le bois.

Je l'ai empoché en silence.

"Je suppose que tu es terriblement en colère et déçu et tout ça, mais pas moi. La seule chose que je regrette, c'est d'avoir été persuadé d'y aller."

"Je ne suis pas en colère contre cela. C'est vraiment dommage, mais la seule chose à faire est d'attendre une autre opportunité. J'ose dire que Fischer peut y arriver."

"Vous n'avez pas besoin d'en chercher un, si vous voulez que j'y aille seul. Je ne le ferai pas. Vous ne me ferez plus jamais consentir; et vous avez dit que je devais régler cela, rappelez-vous."

"Je me souviens," répondis-je.

"Je suis absolument déterminée", a-t-elle déclaré ; mais quelque chose allait se produire cette nuit-là qui ébranlait cette détermination.

Fischer exprima une grande surprise en la voyant ; mais j'expliquai qu'au dernier moment l'argent avait été perdu et que l'officier était revenu à temps pour empêcher la fuite de Nessa.

La voiture était maintenant chargée d'une partie du butin du chariot et Nessa devait monter devant nous avec nous. Nous avons fait un rapide retour en ville, où j'ai aidé au déchargement, puis avec Nessa, j'ai emmené la voiture à l'endroit où je devais la réviser le matin.

"Je me sens mille fois plus légère, Jack", dit-elle en glissant sa main dans mon bras alors que nous retournions à la boutique de Fischer.

"C'est comme ça que ça devrait être. J'étais plutôt pessimiste à ce sujet, j'en ai peur ; mais c'était une telle chance."

"Vous ne me demanderez plus de… Bon Dieu, écoutez, Jack, écoutez !" » s'est-elle interrompue, la voix secouée par l'agitation alors qu'elle me saisissait convulsivement le bras et me montrait une petite affiche à l'extérieur du commissariat.

Elle pourrait bien être agitée. L'affiche avait pour titre :

MEURTRE
RÉCOMPENSE de 1 000 Marks

Le meurtre était celui d'Anna Hilden et la récompense était pour ma capture.

Deux portraits étaient au milieu. L'une est une excellente reproduction de Nessa avec les mots : « Nessa Caldicott, Englishwoman » en dessous ; l'autre un dessin crapuleux : « Johann Lassen, allemand » ; qui étaient "connus pour avoir quitté Berlin ensemble dans la nuit du 23 dans le train qui avait fait naufrage près d'Osnabrück".

CHAPITRE XXVII

AGRICULTEUR GLOCKEN ENCORE

Cette affiche « Hue and Cry » a intensément alarmé Nessa. Cependant, ses craintes étaient toutes à cause de moi ; et en ce qui la concernait elle-même, elle ne semblait même pas regretter que sa chance de franchir la frontière ait été manquée.

Tandis que nous nous précipitions vers Fischer, j'essayai de la rassurer en lui disant que le problème n'était pas si grave qu'il y paraissait à première vue ; parce que la photographie d'elle était si belle que personne ne la reconnaîtrait dans son maquillage actuel, tandis que la mienne était suffisamment exécrable pour constituer un déguisement positif. Mais cela n'apaisa pas son agitation ; et une fois arrivés à la maison, il n'y eut plus aucune possibilité de discuter davantage.

Nous avons tous deux réalisé que les conséquences pourraient être très graves ; et après qu'elle se soit couchée, je me suis penché sur ce problème embarrassant. C'était soit l'œuvre de von Erstein , soit celle de von Gratzen ; et finalement je l'attribuai à von Erstein , dont l'influence était tout à fait suffisante pour lui permettre d'exciter ainsi la police.

Pour moi, il n'y avait que le risque d'être arrêté et jugé pour le meurtre ; extrêmement désagréable, bien sûr, mais pas dangereux, car von Gratzen savait qui avait tué la femme et en avait les preuves. Mais pour Nessa, c'était très différent, même si, bien entendu, elle n'avait rien à craindre en ce qui concerne l'accusation de meurtre. Mais elle serait certainement retenue à la campagne ; et Dieu seul savait quelles seraient les conséquences et quel prix elle pourrait avoir à payer pour sa fatale hésitation à la frontière cette nuit-là.

Je n'ai eu aucune chance de lui en parler jusqu'au lendemain, vers midi, lorsque Fischer l'a envoyée avec un déjeuner pour moi au hangar où j'avais remis en état sa voiture. Comme le « personnel » — le garçon maladroit et le vieillard décrépit — était présent, il était difficile de lui dire grand-chose, mais je parvenais par moments à lui faire savoir ce que je pensais.

Cependant, à mon grand souci, elle était déterminée à rester dans le pays. Au lieu de regretter son refus de partir, elle parut s'en glorifier. Si j'avais des ennuis, elle était résolue à les partager, déclarant qu'elle pourrait m'aider en avouant son rôle.

J'étais encore en train de faire ce que je pouvais pour ébranler cette détermination et lui montrer l'erreur de celle-ci, quand il y eut une autre surprise désagréable.

Fischer arriva avec le fermier Glocken dont j'avais réparé le moteur à Osnabrück. S'il y avait un homme dans toute l'Allemagne que je souhaitais éviter à ce moment-là, c'était bien Glocken .

"Bonjour ! Alors c'est toi, n'est- ce pas ?" il s'est excalmé.

Fischer était évidemment autant étonné que moi de cette reconnaissance. "Tu connais Bulich , alors ?" Il a demandé.

Glocken s'arrêta et sembla ressentir quelque chose de la situation et me répondit avec un regard rusé : « Je le connais pour être un ouvrier de première classe.

"Vous avez raison", acquiesça Fischer, puis il expliqua l'objet de la visite. Glocken faisait partie du réseau de contrebande et s'occupait d'un secteur très important et rentable : la contrebande de produits chimiques destinés à la fabrication de munitions. Ceux-ci ont été amenés par avion ; il est jugé trop risqué de recourir à la méthode ordinaire. Un envoi était arrivé la veille au soir, le pilote, un Néerlandais nommé Vandervelt , avait eu un accident à l'atterrissage, et on voulait arranger les choses.

Il n'y avait aucun moyen de s'en sortir, et les objections qu'il aurait pu y avoir furent plus que compensées lorsque Fischer me prit à part et me dit qu'il s'était arrangé avec Glocken pour que si ma sœur risquait le voyage en avion, elle pourrait partir avec le Hollandais. J'ai accepté sans demander à Nessa; et comme la voiture de Fischer était maintenant prête à prendre la route , nous sommes partis avec elle.

Glocken s'est assis devant moi et a rapidement commencé ses questions. Certaines questions étaient également très embarrassantes : sur notre précédente rencontre ; pourquoi je n'avais pas mentionné que je connaissais Mme Fischer à l'auberge ; pourquoi j'avais dit que je venais d'Osnabrück, alors que le vieux Fischer lui avait raconté une histoire bien différente ; et enfin assez pour montrer qu'il avait vu l'affiche du meurtre et qu'il était enclin à la relier à moi.

Après m'avoir ainsi complètement effrayé, comme il le pensait, il aborda le sujet de la fuite de Nessa et me demanda ce que cela valait, laissant entendre que Vandervelt était une sorte de sangsue. J'avais encore beaucoup d'argent ; environ deux cents livres, quelque quatre mille marks ; et étant prêt à donner chaque pfennig pour éloigner Nessa, ce fut un soulagement considérable de constater qu'il s'agissait d'une affaire de corruption.

"Quelques centaines de marks, ça suffit ?" Je suggère.

"Vous ne connaissez pas Vandervelt , sinon vous ne proposeriez pas une bagatelle pareille", dit-il en secouant la tête.

"Combien alors ? Je ne suis pas encore associé chez Krupp, souviens-toi."

"Qu'est-ce que ça vaut pour toi ?"

"Fischer allait le faire pour rien hier soir. Il est presque aussi désolé pour ma sœur que moi."

" Vandervelt n'est pas Fischer, " répondit-il sèchement. « Mille marks ne vous semblent-ils pas bon marché ? » dit-il avec un regard rusé et significatif. C'était le montant de la récompense !

" Hors de question, Glocken . Elle doit avoir quelque chose dans sa poche quand elle atterrira ; et de toute façon, Fischer va s'en occuper dans un jour ou deux. "

« Ne ferait-elle pas mieux de partir immédiatement ? Les retards peuvent parfois être dangereux, vous savez.

"Pourquoi?" Ai-je demandé en me tournant vers lui.

Nos regards se croisèrent dans un regard mutuellement attentif, et le sien tomba en premier. "Vous connaissez votre affaire," marmonna-t-il en haussant les épaules. "Mais tu ferais mieux de donner les mille, si tu veux qu'elle parte."

Il valait clairement mieux marchander, alors j'avançai jusqu'à cinq cents, puis sept cent cinquante et enfin jusqu'à mille, protestant que c'était une imposition. Il fit semblant de s'enflammer à ce mot ; mais ce n'était qu'une préface pour demander que l'argent soit payé immédiatement.

Bien sûr, tout allait dans sa propre poche ; et après quelques mots, j'ai accepté de lui donner la moitié de la somme lorsque nous arriverions à sa ferme si je découvrais que ma sœur risquerait l'aventure, et le reste dès qu'elle serait partie saine et sauve.

J'en ai parlé à Nessa dès notre arrivée, et elle y a d'abord répondu par un refus catégorique. "Je n'irai pas, Jack. Je pensais que quelque chose de ce genre voulait dire quand tu m'as demandé de venir ici. Je me fiche de ce qui m'arrive. Je ne peux pas y aller."

"Mais je veux que tu t'en soucies, Nessa. C'est——"

"Eh bien, je ne le fais pas — et je ne le ferai pas."

"Tu n'as pas peur du voyage ?"

"Je ne suis pas ce genre de lâche, merci", rétorqua-t-elle sèchement.

"Je vais m'arranger avec le pilote, Vandervelt est son nom, pour qu'il s'occupe de vous lorsque vous atterrissez et vous raccompagne à une station."

"Je ne m'intéresse pas du tout à tout cela."

"Tu ferais mieux de réserver jusqu'à Rotterdam et d'aller à notre consulat, et je t'y chercherai."

"Je n'y vais pas, Jack."

"Tu préférerais être enfermé dans un camp d'internement ?"

« Cinquante camps d'internement ne m'intéressent pas. Ils peuvent faire de moi ce qu'ils veulent, mais je ne serai pas assez lâche pour vous abandonner.

"Vous pouvez tout dire au Consulat et———"

"Est-ce un foyer pour les lâches égarés ?" s'écria-t-elle en se levant et en tapant du pied, les yeux brillant d'indignation.

"Non, c'est le meilleur lieu de rencontre pour nous et un refuge sûr pour les filles chimériques."

"Ils sont donc les bienvenus. Je ne les dérangerai pas. Si vous voulez que je vous déteste, vous persisterez dans tout cela."

"Je préférerais que tu me détestes plutôt que tu t'arrêtes ici."

"Comment peux-tu dire une chose pareille ?"

"Parce que je le pense ; chaque syllabe, Nessa, sur mon honneur ."

Cela semblait faire une certaine impression. Elle grimaça et pâlit légèrement. "Je n'ai jamais été considérée comme une lâche auparavant", dit-elle après une pause, mais sans autant de claquement d'avant.

"Ce que je pense, c'est que si ce dont vous parlez est de la lâcheté, je préfère être considéré comme un lâche plutôt qu'autre chose."

"Ça veut dire que tu l'approuves alors ?"

"Au contraire. Ne nous trompons pas. Il faut que je parte pour ce travail. Le problème est le suivant. Si je suis seul ici, je peux tout surmonter sans risque; et je ne peux pas si vous Arrêtez. C'est magnifique à vous de vouloir m'en tenir à cela, mais cela me sera fatal, fatal à nous deux, en effet.

"Je m'en fiche de moi."

"Alors prends soin de moi. Fais-le pour mon bien."

"En quoi mon arrêt te ferait-il du mal ?"

J'ai alors perdu patience. "Nous n'avons pas le temps de tout recommencer, Nessa. Mais si tu persistes dans cette voie, cela ne sert à rien de continuer une lutte inutile pour t'enfuir. J'ai pris un arrangement ; et si tu ne pars pas, je J'irai directement d'ici à la police, je leur dirai que je m'appelle Lassen et je les laisserai faire ce qu'ils veulent.

"Tu ne serais pas si en colère ! Tu dis ça seulement pour me forcer à céder", s'exclama-t-elle en tirant à nouveau.

"Appelle ça comme tu veux, mais je le ferai. Gardez cela à l'esprit lorsque viendra le temps de vous décider." et sans attendre de lui laisser le temps de répondre, je la quittai. Cela allait à contre-courant de devoir recourir à une telle menace, sachant que son motif n'était rien d'autre qu'une considération chevaleresque à mon égard ; mais la persuasion avait échoué, et les choses étaient trop sérieuses pour être trop gentilles dans le choix des moyens pour la convaincre.

Il n'y avait pas grand chose de mal avec le bus. Vandervelt , un garçon très honnête, était un bon pilote, semblait-il, mais peu utile en tant que mécanicien. Quelques heures environ suffisaient pour le travail ; mais comme j'espérais que Nessa serait sa passagère, j'examinai chaque pièce avec le plus grand soin et fis des essais jusqu'à ce que je sois satisfait. Cela m'a pris un temps considérable, de sorte que je n'ai fini que tard dans l'après-midi.

L'accord était que Vandervelt devrait partir vers le coucher du soleil, car cela lui donnerait le temps d'atteindre son lieu d'atterrissage avant la nuit. Il accepta volontiers d'emmener Nessa à la gare la plus proche et de l'accompagner en toute sécurité vers Rotterdam. Si tout se passait bien, elle devrait y arriver vers midi le lendemain.

Il n'a rien dit sur l'argent du passage de Nessa et j'ai évité le sujet. Tant que Nessa s'enfuyait, peu m'importe que le vieux Glocken ait escroqué ou non son compagnon. Ils pourraient régler leurs propres différends ; et ce serait un acte stupide de leur tenir les oreilles à un tel moment.

Tout ce que j'ai vu du fermier tendait à confirmer l'opinion que l'Irlandaise avait à son sujet. Il m'avait fait chanter au sujet du paiement de Nessa, et je ne doutais guère qu'après avoir récolté mille marks pour elle, il recommencerait une nouvelle tentative avec moi dans le même sens.

Il me regardait travailler la plupart du temps ; je me suis joint à Vandervelt pour louer mon talent ; répétant avec une fréquence inutile quelque chose sur la chance extraordinaire pour eux que j'étais venu à Lingen et son espoir que je resterais longtemps avec eux.

Il n'en pensait pas un mot, bien sûr, et m'a longtemps laissé deviner quel était le motif de tout ce gaspillage de souffle. Finalement, cependant, je compris que toute cette pourriture avait pour but de m'empêcher de traîner parce qu'il s'inquiétait du bus et qu'il souhaitait qu'il soit en bon état avant que quelque chose qu'il avait dans sa manche n'arrive.

Il avait mes cinq cents marks en poche et, s'il rompait le contrat et refusait de laisser Nessa partir à la dernière minute, il pourrait recevoir les mille en guise de récompense au lieu du solde de cinq cents de ma part. J'ai donc frappé cette petite esquive à la tête.

En attendant une répétition de son éloge grossier de mon talent, j'ai ri et j'ai dit : « Vous avez raison, fermier ; il faut savoir comment les manipuler. Ils sont parfois assez difficiles à réparer, mais faciles à endommager. Un ou deux coups de marteau au bon endroit, et je pourrais rendre ce vieux bus bon pour rien d'autre qu'à la ferraille ; » et je lui ai lancé un regard significatif et j'ai levé le marteau comme si j'allais briser des choses.

Il tomba dans mon sens et attrapa mon bras. "Fais attention à ce que tu fais, mec. Tu sais ce que ça coûte?" il pleure.

"Oh, oui. Beaucoup plus de mille marks. Je vous montrais seulement combien il serait facile de le faire valoir autant de pfennigs."

Il rit avec inquiétude et partit en grognant quelque chose que je n'ai pas compris. Mais il savait désormais ce qu'il lui en coûterait pour obtenir la récompense de la police.

Une demi-heure plus tard, mes soupçons furent confirmés. Le sergent de police de Lingen , Braun, est arrivé et Glocken l'a emmené dans la maison et nous l'a ensuite amené à travers champs. Je jouais bien avec le marteau lorsqu'ils sont arrivés jusqu'à nous.

Si le vieux mendiant l'avait amené là pour m'arrêter, je ne pouvais bien sûr pas le dire, mais aucune allusion à ce sujet n'a été laissée ; et après quelques questions sur le bus, les deux sont partis et j'ai vu Braun partir pour son retour à Lingen . Sans moi, Dieu merci.

Vandervelt approchait , et je devais encore voir Nessa et prendre sa décision finale. Soupçonnant une trahison, j'ai testé le moteur pour montrer à Vandervelt que tout allait bien, puis, à son insu, j'ai manipulé les choses, j'ai empoché un petit morceau du moteur pour qu'elle ne bouge pas et je suis entré dans la maison chez Nessa.

Son humeur avait changé entre-temps ; elle était abjectement misérable et malheureuse.

"Je me demande si vous pensez que cela vaut la peine de revenir vers moi", dit-elle.

"Le temps est presque écoulé, ma chérie, et Vandervelt se prépare."

Aucune réponse sauf un geste désolé.

"J'espère que tu as réfléchi à tout ce que j'ai dit."

"J'ai pensé à une partie de cela – la dernière partie ; la partie cruelle."

"Je suis désolé que tu regardes les choses sous cet angle. Ce n'était pas censé être cruel, Nessa; mais là, tu le sais. As-tu décidé?"

"As-tu réussi à me forcer, tu veux dire ?"

"Je ne vous ai dit que la pure vérité. La situation est déjà assez mauvaise telle quelle, sans rien de plus. Pour moi, je veux dire."

" Comme si je ne le savais pas ! Et comme si ce n'était pas ça qui me distrait ! "

"Nous n'avons pas le temps de revenir sur les choses, ma chérie. J'ai dit que c'était à toi de décider."

"Oui, puis j'ai utilisé des menaces pour me forcer !"

"Je ne t'ai pas menacé, Nessa."

"Peu importe comment vous l'appelez. Le changement d'un mot ne change pas l'acte. C'est ce que vous faites, pas ce que vous dites, qui m'importe."

"Tu y vas ? C'est ce qui m'importe."

"Si je ne le fais pas, vas-tu aller voir la police ?"

"Certainement."

« Comprenez-vous que ça me brise le cœur de partir – à moins que vous souhaitiez le briser ?

« Me donnerez-vous une chance de le réparer lorsque nous nous rencontrerons à Rotterdam ?

Elle s'adossa à sa chaise, le coude sur le genou, et posa son menton sur sa main. "Nous ne nous reverrons pas là-bas."

« Nessa !

"Tu n'y arriveras jamais. Je m'en fiche si——" Elle baissa les yeux vers le sol et laissa la phrase inachevée.

Je me suis agenouillé à ses côtés et lui ai pris la main. "Tu dois y aller, ma chérie," insistai-je.

Elle passa ses bras autour de mon cou et s'accrocha à moi. "Ne me force pas à partir, Jack ! Non, si tu m'aimes", plaida-t-elle. "Je—je ne peux pas supporter l'idée de te quitter."

"C'est parce que je t'aime de tout mon cœur que je souhaite que tu partes. C'est la seule façon pour notre amour de se terminer comme nous le souhaitons." J'ai pressé mes lèvres contre les siennes. Elle tremblait comme un tremble.

" Bulich ! Bulich ! Es-tu prêt ? " C'était la voix du fermier, et Nessa frissonna convulsivement à ce son.

"Tu feras ça pour moi, ma chérie ?"

"Oh mon Dieu, s'il y avait un autre moyen !" elle gémit.

"Il n'y en a pas, chérie. C'est la seule pour laquelle tu peux vraiment m'aider. Nous nous reverrons dans un jour ou deux. C'est tout."

"Je ne te reverrai plus jamais."

"Vous ne pouvez pas y aller à moins que vous y alliez. Vous êtes prêt ?"

Son étreinte s'est resserrée sur moi et elle n'a pas répondu.

" Boulich ! Boulich !" répéta la voix de Glocken , avec plus d'insistance.

"Dans une minute maintenant", ai-je appelé en réponse.

"Comment saurai-je un jour ce qui t'arrive ?"

"Je vous raconterai tout cela moi-même à Rotterdam ; nous en rirons ensemble."

"Rire!" répéta-t-elle. "Je ne rirai plus jamais. Je ne pourrai pas supporter le suspense, Jack. Je sais que je ne rirai pas. Je reviendrai."

"Eh bien, accorde-moi une semaine de grâce avant de le faire."

« Je pourrais revenir alors ? » demanda-t-elle en levant rapidement les yeux.

Je savais qu'elle ne serait pas autorisée à repasser la frontière ; mais il semblait que la vérité ne servirait à rien. "Oui," dis-je.

"Promesse?"

"Si tu ne viens pas plus tôt."

"Oh, quelle semaine de suspense ce sera !" elle gémit.

"Viens, Bulich . Vandervelt devient agité", a appelé Glocken .

"J'y vais, Jack." Ce n'était qu'un murmure, mais cela signifiait tellement. De sa propre volonté, elle m'embrassa encore et encore avec plus de passion qu'elle ne l'avait jamais montré, puis fit un effort désespéré pour retrouver son calme. "Quelle fin à notre pique-nique, Jack !" dit-elle en essayant de sourire. Un effort courageux, mais un échec ; et elle recommença à trembler, fermant les yeux et serrant fortement les mains sous l'effort inquisiteur de cette tension, et se détourna.

Pendant une bonne minute, elle resta dans ce silence tendu, jusqu'à ce que Glocken rappelle. Le son de sa voix la réveilla et lorsqu'elle me fit de nouveau face, elle avait repris le contrôle d'elle-même.

"Je suis prête, Jack," dit-elle d'un ton ferme.

J'ai mis quelques billets dans sa poche.

"Qu'est ce que c'est?"

"De l'argent. Vous devez l'avoir, ma chérie", dis-je alors qu'elle semblait sur le point de protester. "Et maintenant, au revoir, pour un jour ou deux."

"Au revoir. Ne m'embrasse pas, ou je m'effondrerai à nouveau ;" et là-dessus nous descendîmes vers les deux hommes qui nous attendaient avec impatience.

"Vous êtes là depuis longtemps", dit Glocken d'un ton maussade. "Il y a quelque chose qui ne va pas avec la machine."

"Comment savez-vous?"

"J'ai essayé de commencer", a déclaré Vandervelt . " Glocken m'a dit que ta sœur avait décidé de ne pas m'accompagner. "

"C'était un malentendu. J'ai oublié que j'avais ça dans ma poche ;" et je leur ai montré le petit morceau que j'avais emporté. "Plutôt chanceux, n'est-ce pas, Glocken ?"

Il avait l'air de m'avoir frappé avec plaisir et il marmonna quelque chose pour dire qu'il s'excusait de son erreur.

Nessa ne dit pas un mot pendant que nous traversions les champs, ralentissant d'un pas ou deux derrière nous et gardant les yeux rivés sur le sol. Elle n'aurait guère pu être plus abattue si elle s'était dirigée vers l'échafaud.

J'ai répété les instructions à Vandervelt concernant Nessa, et encore une fois il a promis de les exécuter fidèlement. Lorsque nous sommes arrivés au bus, une minute ou deux l'ont remis en position et j'ai fait un dernier test du moteur. Ensuite, je suis descendu, j'ai aidé Nessa à prendre sa place, j'ai attaché la sangle autour d'elle et je lui ai tenu la main pendant que le Hollandais montait à son siège.

Elle répondit à la pression avec un soupir étouffé, mais ne pouvait pas se permettre de parler.

Ensuite, j'ai serré la main du pilote, je l'ai remercié et en même temps j'ai puni le fermier pour sa trahison projetée. "Je sais que tu prendras bien soin de ma sœur, Vandervelt ; et n'oublie pas que je paie à Glocken mille marks en argent de passage. Bonne chance."

"Qu'est ce que c'est?" » demanda-t-il brusquement.

"Vous pouvez régler avec lui lors de votre prochain voyage. Vous n'entrerez pas avant la nuit si vous vous arrêtez pour en discuter maintenant."

"Je le ferai", dit-il avec un serment murmuré et un regard vers le fermier décontenancé.

Puis il a mis le moteur en marche, nous avons reculé, Nessa m'a fait un signe de la main et ils sont partis.

J'ai regardé le bus traverser le champ, se lever, faire demi-tour dans la montée, pointer son nez vers la frontière , et j'ai tendu mes yeux vers elle jusqu'à ce qu'elle entre dans un nuage et disparaisse.

CHAPITRE XXVIII

RECONNU

Glocken était furieux du tour que je lui avais joué. "Tu te crois très intelligent, n'est-ce pas ?" dit-il avec un serment alors que nous revenions.

"Un de trop pour toi, hein ?" J'ai ri. Le soulagement de voir Nessa en sécurité me rendait relativement indifférent à tout le reste. Le travail qui m'avait amené en Allemagne était terminé et, pour le moment, rien d'autre ne semblait avoir d'importance.

"Je te rendrai intelligent dans un autre sens, je te le promets," grogna-t-il.

"Tu ne peux pas le faire, Glocken , et tu ferais mieux de ne pas te ridiculiser. Il y a beaucoup de choses derrière tout cela que tu ne comprends pas. Voici ton argent;" et je lui ai donné le solde.

"Où l'avez-vous trouvé ? À Berlin, Johann Lassen ?"

"Tu n'es pas jolie quand tu grognes ainsi, Glocken ; et si tu crois que je suis Johann Lassen, tu es un homme plus courageux que je ne le pense. Nous sommes seuls ici ; et si j'étais cet homme, n'est-ce pas ? tu penses que je te laisserais vivre pour prévenir la police quand un simple coup de clé te ferait taire pour toujours ?"

Cela ne lui était pas venu à l'esprit et il s'est éloigné de moi comme s'il redoutait une attaque instantanée.

"Je ne vais pas te toucher, mec, au contraire, je vais te faciliter la tâche. Je te conduirai à Lingen dans la voiture de Fischer et nous nous arrêterons au commissariat, si tu veux." genre. J'ai vu ton jeu en une seconde ce matin et ça me convenait de jouer à la hauteur. On m'a dit que tu étais une mouffette perfide, mais je ne pensais pas que tu étais un imbécile aussi magnifique. Venez et nous aurons qui discute avec la police.

Il est resté en retrait, soit parce qu'il avait peur de se confier dans la voiture avec moi, soit parce que mon bluff l'intriguait. Il s'est avéré que c'était ce dernier.

"Je ne veux pas te faire de mal, Bulich ", marmonna-t-il.

" Espèce d'idiot, tu crois que je te laisserais faire, si tu le pouvais ? Viens à la police et raconte ton histoire ; mais je te préviens d'avance que si tu oses prononcer un mot contre moi comme ça, tu es un homme ruiné, serrure, crosse et tonneau. Derrière moi dans cette affaire se trouve l'un des hommes les plus puissants de tout l'Empire, dont le bras est assez long pour atteindre même le rusé fermier Glocken , le réduire en gelée et laisser les restes pourrir en prison . Et il le fera, Glocken , aussi sûr que mon vrai nom n'est pas Hans Bulich , dès que je lui raconterai les tours de scorbut que vous avez essayés avec moi aujourd'hui. J'ai dit cela avec toute la sévérité concentrée dont je disposais, et cela m'a touché directement et l'a effrayé de part en part.

"Quel... quel est ton nom, alors ?" balbutia-t-il.

J'ai rapproché mon visage du sien. "Regarde-moi, espèce de clown, regarde-moi bien, et puis demande-le, si tu l'oses."

C'était un beau bluff. Qu'il ait cru ou non reconnaître quelqu'un des innombrables princes de l'Empire, je ne saurais le dire ; mais il recula et ôta son chapeau en murmurant : « Je vous demande pardon, monsieur.

"C'est mieux. Maintenant, je suis à nouveau Hans Bulich ; et ne l'oublie pas", dis-je avec un changement de manière et de ton, alors que je montais dans la voiture et lui faisais signe de se lever à côté de moi. Nous sommes retournés à Lingen en courant en silence et je me suis arrêté juste avant d'arriver au poste de police. "Voici," suggérai-je.

« Je reviens en train, monsieur, s'il vous plaît, » répondit-il avec une délicieuse déférence ; et je l'ai emmené au chemin de fer et je l'ai renvoyé avec un dernier avertissement sévère pour qu'il se taise.

J'étais bien au-delà de cette clôture et, si le reste pouvait être négocié aussi facilement, je devrais bientôt m'en prendre à Nessa. Glocken était le seul homme que je craignais, car il nous avait vus si près d'Osnabrück. La frayeur qu'il avait eue le maintiendrait probablement tranquille pendant un jour ou deux, jusqu'à ce qu'il ait eu le temps de digérer l'affaire ; et il faut tirer le meilleur parti de l'intervalle.

Le vieux Fischer était heureux de me voir, s'enquit des événements de la journée et fut soulagé de savoir que Vandervelt avait pu faire le voyage de retour. Pendant la soirée, nous discutâmes de nos projets ; et après une nuit de sommeil vraiment réparatrice, je suis parti au hangar pour y continuer le travail.

Fischer était tellement ravi de sa découverte d'un mécanicien qu'il a fait venir plusieurs personnes dans la matinée ; des membres du réseau de contrebande, ai-je compris, car ils semblaient aussi heureux que lui : ils discutaient entre eux et avec moi tout en me regardant travailler, posaient toutes sortes de questions idiotes sur les voitures, les moteurs et les pièces détachées ; chacun d'eux s'affaire autour de moi comme une poule avec un poussin.

Vers midi, je suis allé dîner avec Fischer, et nous fumions ensuite la pipe lorsque le sergent de police Braun est arrivé d'humeur quelque peu excitée et a appelé le vieil homme hors de la pièce.

"Je ferais mieux de rentrer", dis-je; mais Braun m'arrêta en me disant qu'il s'en était pris à moi.

Cela m'a donné un pincement au cœur et j'ai passé dix minutes décidément inconfortables pendant qu'ils mâchaient la tête ensemble dans le magasin. Mais il s'est avéré qu'il n'y avait aucune raison de s'alarmer.

Fischer a tout expliqué. Ma renommée en tant que mécanicien aéronautique était parvenue aux oreilles du propriétaire de l' hôtel Halbermond où était arrivé un homme volant de l'armée, et lorsqu'il avait demandé un homme de ce genre, le propriétaire m'avait mentionné, et on m'avait ordonné d'aller à lui.

Fischer n'aimait pas du tout cette entreprise, craignant que cela n'interfère avec ses projets ; et c'était de cela que lui et Braun avaient discuté si sérieusement.

"Tu devras être très prudent, Bulich . S'il pense que tu es à moitié aussi bon que toi, il voudra probablement de toi pour l'armée."

« Je ferai attention. Savez-vous quel est le travail ? J'ai demandé à Braun.

" Pulitz ne le savait pas non plus", dit-il en secouant la tête.

"Qui est Pulitz ?"

"Le bavard qui garde le Halbermond ", répondit Fischer avec irritation. " Il a dû perdre la tête pour dire un mot sur toi. Cela n'aurait pas d'importance si tu avais vingt ans de plus ; mais là, il a toujours été un imbécile et le sera toujours, je suppose. "

"Qui est l'homme volant ?"

"Je ne sais pas. Un étranger ici ; il vient juste d'arriver dans sa voiture. S'il avait été quelqu'un que nous connaissions, nous aurions pu faire quelque chose."

"Est-ce que l' homme d'Halbermond , Pulitz , ne le connaît pas ?"

"Je ne l'ai jamais vu auparavant, et il n'était pas du tout nécessaire de lui dire un mot sur vous. Mais c'est un imbécile, qui essaie de s'attirer les faveurs et ne pense pas au mal qu'il pourrait faire", grogna Fischer.

"Eh bien, dois-je tenter ma chance et ne pas y aller ?"

"Cela ne suffira pas", s'écria Braun. "Il me dénoncerait et toute la ville te traquerait. Tu dois y aller, c'est vrai."

"Faites de votre mieux pour vous en sortir", a déclaré Fischer. "Laisse-le penser que tu ne vaux pas mieux qu'un imbécile maladroit."

"Très bien, je ferai de mon mieux", répondis-je en riant et je me dirigeai vers l'hôtel.

J'étais partagé à ce sujet. Il ne suffirait jamais d'être appelé en tant que classeur ordinaire ; mais devenir mécanicien aéronautique serait peut-être une autre affaire. Enrôlé au nom de Hans Bulich , je devrais être à l'abri des ennuis qui attendaient Johann Lassen. Il y avait d'ailleurs d'autres possibilités. Si je pouvais obtenir des informations précieuses sur le service aéronautique allemand et ses types de nouveaux avions, cela aiderait grandement les gens de chez moi à tolérer tout bris de mon congé. Je n'avais aucune envie de devenir espion, mais y être poussé était une proposition très différente.

Qui plus est, il n'était pas du tout improbable que lorsqu'ils découvriraient que je savais vraiment quelque chose qui valait la peine d'être connu sur un bus, on me dirait d'en prendre un ; et dans ce cas, eh bien, ils ne le reverraient plus, si j'étais à portée de vol de la frontière.

Il valait cependant mieux être prudent, comme Fischer l'avait conseillé, et ne pas trop en dire jusqu'à ce que je puisse savoir ce que voulait réellement l'homme volant. Je me suis donc dirigé vers le hangar avant d'aller vers lui, je me suis un peu sali avec de la graisse noire, en faisant particulièrement attention à mon visage, pour éviter une chance lointaine mais possible de reconnaissance, j'ai mis mes mains dans mes poches et je me suis affalé jusqu'à l'entretien.

La chance était avec moi au début. Le portier était sur le point de sortir, m'a indiqué précipitamment où se trouvait la chambre privée de l'officier, puis s'est enfui en disant qu'il devait prendre un train. Il fut donc le seul à me voir entrer dans l'hôtel : je compris plus tard l'importance de ce fait. L'officier était seul et avait déjeuné, et la gamme de boissons témoignait qu'il s'était remarquablement bien comporté. Ensuite, je l'ai reconnu; mais il avait trop bu pour se souvenir de moi. C'était un tyran à la langue grossière nommé Vibach , qui était à Göttingen de mon temps et qui avait une réputation bien méritée de lâche fanfaron.

"Qu'est-ce que tu veux dire en me gardant comme ça ?" dit-il avec colère. "Penses-tu que je n'ai rien d'autre à faire que de me battre en attendant des ordures comme toi ?"

"Je suis vraiment désolé, monsieur, mais je viens juste d'apprendre que vous souhaitiez me voir," répondis-je avec une nervosité servile appropriée.

"J'ai bien envie de vous mettre en état d'arrestation. Et êtes-vous l'homme que ces imbéciles de Lingen prennent pour un bon mécanicien ?

Vous ressemblez plus à un sale balayeur de rue, venant en ma présence dans cet état crasseux."

"Je pensais que c'était mieux——"

"Qui diable veut savoir ce que tu penses ?" » fit-il irruption, versant un nouveau verre de vin et le vidant d'un trait. "Réponds à ma question, n'est-ce pas ? Ne reste pas là à bafouiller comme un fou." Il n'y avait guère de phrase sans un serment pour la ponctuer.

"Je suis venu tout de suite sans m'arrêter pour me nettoyer, monsieur."

"Alors un autre imbécile a dû gâcher mon message. J'ai dit que vous deviez venir immédiatement, et quand je dis quelque chose, je le pense." Un autre serment de saisie-arrêt. "Quel est ton nom clownesque, tu es confus ?"

"Hans Bulich , monsieur."

"Connaissez-vous une charrue d' avion ?"

"Oui, monsieur," répondis-je avec une flegme teutonique.

« Avez-vous déjà été dans un ? »

"Pas dans une charrue, monsieur."

Il m'a lancé un juron. "Es-tu un imbécile, ou essaies-tu de plaisanter avec moi ? Cela ne te paiera pas, espèce de clochard."

"Je ne plaisante jamais avec mes supérieurs, monsieur. Je suis monté dans un avion , monsieur."

"Où?"

" Schipphasen , monsieur."

"Oh, tu es là, n'est-ce pas ? Combien de temps es-tu là ?" C'était une école de formation très connue et il a commencé à changer d'avis sur moi.

" Environ un an. J'ai mes certificats et... " J'ai fouillé dans mes poches comme pour les retrouver et j'ai dit : " Je les ai laissés chez moi, monsieur. "

"Pourquoi diable ne me l'as-tu pas dit au début ?"

"Vous ne me l'avez pas demandé, monsieur."

"Alors qu'est-ce que tu fais dans ce trou ?"

"J'allais à Ellendorf , mais ils m'ont demandé de rester ici environ une semaine pour faire quelques réparations et autres."

" Vraiment ? Comme leur insolence infernale dans un moment comme celui-ci. Je suis en route pour Ellendorf maintenant pour chercher une nouvelle machine, et mon imbécile de mécanicien s'est saoulé, ou s'est perdu, ou quelque chose comme ça. Pouvez-vous prendre son lieu?"

Ne pourrais-je pas ? Avec lui dans le bus, qu'est-ce que je ne pouvais pas faire ? Mais je secouai la tête, dubitatif. "Je ne sais pas si je pourrais piloter——"

« Espèce d'idiot à la tête de bois, tu supposes que je veux que tu le pilotes ? » rugit-il avec un éclat de rire. "Je te veux comme mécanicien, imbécile."

"Je ne savais pas, monsieur. Bien sûr , je pourrais tester l'avion et voir s'il vous convient. Cela faisait partie de mon travail à Schipphasen , monsieur ; cela et les vols d'essai."

"Si tel est le cas, vous devriez être dans l'armée. Avez-vous servi ?"

"Non monsieur."

"Pourquoi pas ? Vous avez été dans les rangs, je le vois."

Jusque-là, j'avais effectivement très bien réussi ; mais ensuite j'ai trébuché. "J'étais un homme d'un an, monsieur." Les hommes d'un an étaient un nombre relativement limité, issus de la classe supérieure ; n'avait servi qu'un an au lieu de trois, et avait soit réussi un examen, soit été dans l'une des universités, et s'était mêlé librement aux officiers.

« Quel régiment ? était la question suivante.

J'en ai nommé un au hasard ; Je pense que c'était le 54e Hanovrien. Ma chance était pure, car il se trouvait que c'était la même que celle dans laquelle il avait lui-même servi.

"C'est diablement drôle. Jetons un coup d'œil à vous ;" et il s'est redressé un peu et m'a regardé fixement. "Je ne me souviens d'aucun de vos noms . Bulich . Bulich . Il n'y a jamais eu d'homme de ce nom. Je veux en savoir plus sur vous, mon homme. Maintenant que je vous regarde de près, je crois que j'ai Je vous ai déjà vu. Vous me rappelez quelqu'un . Traversez simplement la pièce.

Étouffant une malédiction devant le changement de chance, j'obéis et m'avançai, en faisant probablement trop dans mon empressement et mon agitation.

"Arrêtez-vous là", ordonna-t-il. "Maintenant, retournez-vous et revenez dans votre démarche normale. N'essayez plus ce jeu avec moi. C'est un peu mieux, mais loin d'être juste, comme vous le savez bien. Maintenant, qui êtes-vous ? Finissez-en et n'essayez pas de jeux idiots avec moi.

"Je suis un peu descendu dans le monde et personne ne me connaît désormais sous un autre nom que Hans Bulich ."

"Je veux le savoir. Fini," cria-t-il.

J'étais à bout de nerfs et je n'ai pas répondu.

"Si vous ne me le dites pas, vous devrez le dire à la police, attention. Je vais mettre tout ça au fond. Vous m'avez menti une fois, rappelez-vous."

Soudain, une pensée m'est venue. J'ai pris un verre et j'ai fait un mouvement particulier avec celui-ci – le signe secret d'une société étudiante de Göttingen, mi-maçonnique, mi-club de buveurs, dont nous avions tous deux été membres.

Il rit, jura et tendit la main. Cela faisait partie du rituel que nous étions tenus d'observer par l'engagement de la société. Je lui ai serré la main de la manière approuvée.

"Alors c'est ça, hein ?" dit-il en remplissant à nouveau son verre et en me faisant signe d'en remplir un pour moi. La glace était encore des plus fines, car de mon temps il n'y avait pas plus d'une douzaine de membres, et je voyais qu'il cherchait mon nom dans sa mémoire. S'il s'en souvenait, que devais-je faire ? Je savais ce qu'il ferait : me faire arrêter comme espion, et ensuite... Il n'y avait qu'un seul « alors » possible en temps de guerre.

La longue pause pendant qu'il réfléchissait m'a donné le temps de réfléchir à l'avenir. Ma vie était en jeu, et il n'a pas fallu beaucoup de considération pour décider qu'il valait aussi bien mourir sous ses mains dans cette pièce en tentant de s'échapper que d'être placé contre un mur avec un peloton de tir devant moi. moi.

Dans un tel moment de crise, on réfléchit vite, et sous l'impulsion de celui-ci, une idée folle m'est venue à l'esprit et la manière de la réaliser s'est développée presque instantanément. C'était un homme de ma taille, de ma constitution et de ma couleur ; c'était un étranger; personne ne m'avait vu entrer dans l'hôtel ; son uniforme m'irait suffisamment bien pour passer le test ; et j'étais déjà bien convaincu que si je ne quittais pas les lieux avec ses vêtements, je ne le ferais jamais dans les miens, sauf en état d'arrestation.

Après une très longue pause, qui durait peut-être cinq minutes même si cela me paraissait une heure, il sursauta, me regarda et se leva. "Je ne me souviens pas de toi", dit-il avec un sourire nerveux, qui me disait que c'était un mensonge. "Sonne cette cloche pour moi."

Heureusement j'étais entre lui et ça. "Pourquoi?" J'ai demandé.

Il était toujours un lâche, j'étais heureux de le remarquer, par son mouvement de tressaillement, sa couleur déclinante et son léchage nerveux des lèvres. "Je veux encore du vin", dit-il d'un ton boiteux.

"Pourquoi ne pas dire que tu m'as reconnu, Vibach ? Tu le sais, et tu veux amener quelqu'un ici. Nous ne pouvons pas avoir ça."

Il a fait exactement ce qu'on attend d'un lâche. Il a menti en disant qu'il ne se souvenait pas du tout de moi, a essayé de me retenir en parlant de nos jours à Göttingen, et quand il a pensé que j'étais un peu par surprise, il s'est précipité vers la porte pour crier à l'aide.

Le cri est mort-né. Ma main était sur sa gorge avant qu'un son puisse s'échapper, et je me tenais avec une poigne de bouledogue qui lui coupait le souffle, alors qu'il s'agrippait à mes poignets dans des efforts frénétiques mais vains pour se libérer. J'avais deux fois sa force et j'étais dur comme des ongles, tandis qu'il était flasque et mou de boisson et de complaisance.

Il essaya d'en faire une sorte de combat et commença à tambouriner sur le sol avec ses talons ; alors je l'ai soulevé, j'ai verrouillé la porte, je l'ai déposé sur un canapé et je l'ai étouffé jusqu'à ce que ses luttes cessent et qu'il gisait à moitié mort de funk et d'essoufflement, faisant semblant d'inconscience.

Ensuite, je me suis assis sur lui, j'ai mis le coussin du canapé sur son visage pour qu'il n'essaye pas de crier à nouveau, j'ai détaché mon « coussin de ventre », j'ai sorti mon cordon de soie et la poudre « à vous envoyer par chez vous », j'ai poussé le coussin en arrière et le secoua.

"Ce n'est pas la peine de me faire honte, Vibach ; je n'ai pas le temps pour ça. Arrête ça, si tu ne veux pas que je te frappe à la tête et que j'en finisse", dis-je.

Il avait trop peur pour ne pas obéir, il ouvrit les yeux et commença à gémir et à implorer grâce.

"Tu peux aussi arrêter ça et m'écouter. Je ne veux pas de ton sang sur mes mains ; mais je te ferai souffrir comme je le ferais avec un rat, si tu pousses un seul cri et ne fais pas ce que je te dis. toi."

"Pour l'amour de Dieu, ne le faites pas", gémit-il.

"Enlevez votre uniforme et faites-le vite aussi."

Il tremblait de funk et pouvait à peine défaire les boutons, alors j'ai joué au valet de chambre et je l'ai aidé. Ensuite, j'ai enlevé mes propres affaires et je lui ai fait les mettre pendant que je montais dans les siennes. Ensuite, j'ai essuyé son visage avec la graisse et la saleté de mon propre visage et de mes mains et j'ai ébouriffé ses cheveux, ce qui lui a donné l'air d'un ouvrier. J'ai attaché ses bras et ses jambes solidement avec une longueur de ma corde et je l'ai bâillonné pendant que je mettais la poudre "by-by" dans un verre de vin.

Il faisait un peu d'histoires pour le boire, croyant que c'était du poison ; mais très peu de persuasion nécessaire parvint à vaincre ses scrupules ; et quelques minutes plus tard, il était parti, et je savais qu'il ne se réveillerait pas avant quelques heures.

Comme je n'étais pas un voleur, je fouillais dans les poches et je roulais son argent, ses objets de valeur, etc. dans une serviette, quand je trouvai un papier qui me donna une idée.

C'était l'autorité militaire qui avait confié à l'entreprise d' Ellendorf le soin de lui livrer le bus.

Un véritable cadeau des dieux ! C'était le raccourci vers la liberté, et je me suis décidé en une seconde à l'utiliser.

Il ne restait plus qu'à cacher l'homme. Il n'y avait aucun endroit dans la pièce, sauf sous le canapé, où il risquait d'être vu lorsque les domestiques viendraient débarrasser la table. La porte communiquant avec la pièce voisine était entrouverte et un coup d'œil suggérait des possibilités. C'était une chambre, et je l'ai accueilli, je l'ai rangé dans une grande armoire, j'ai posé la serviette des objets de valeur à ses côtés, je l'ai enfermé et j'ai jeté la clé sous le lit.

Ensuite, je me suis lavé les mains et le visage et je me suis préparé à affronter le prochain acte de la comédie ou de la tragédie, quel qu'il soit.

CHAPITRE XXIX

LIEUTENANT VIBACH

La première scène était une comédie. La voiture de Vibach attendait devant l'hôtel et le soldat chauffeur saurait certainement que je n'étais pas le lieutenant, et comment le tromper jusqu'à ce que nous soyons sortis de Lingen n'était pas un problème facile.

Ce n'était pourtant pas le moment de compter les risques ; alors j'abaissai bien ma casquette, boutonnai mon pardessus le plus haut possible sur mon visage et fis semblant d'être ivre.

Tout était ridiculement facile. Pulitz , le propriétaire de l'hôtel, m'a accueilli dans le hall avec une servilité obséquieuse, espérant que j'avais apprécié mon déjeuner. Je l'ai insulté dans le plus pur style Vibach , j'ai maudit le déjeuner, je lui ai dit de me donner la facture, j'ai encore juré contre l'accusation comme une imposition, et j'ai eu un hoquet de grossièretés et j'ai exigé ma voiture.

En vérité, les dieux étaient de mon côté, car il s'est avéré que le chauffeur était allé chercher quelque chose à manger. La voiture était à moi ; et c'était une très excellente voiture. Je me suis mis au volant avec l'aide de Pulitz , qui m'attendait tête nue, visiblement impressionné par l'uniforme, j'ai démarré le moteur, j'ai grogné pour donner l'ordre à l'homme de m'attendre, et toujours en hoquetant des grossièretés, j'ai tâtonné avec les leviers et je suis parti.

J'ai ri sous mes yeux en passant devant le magasin de Fischer et je l'ai vu avec Braun à la porte en train de discuter sérieusement, cherchant probablement la raison de ma longue absence. Braun m'a salué et j'ai levé la main en réponse. Qu'aurait-il fait s'il l'avait su !

J'ai laissé la voiture filer jusqu'à Ellendorf . Plus tôt j'arriverais à l'usine, plus vite je devrais m'enfuir – si je devais m'enfuir, bien sûr. Autant qu'on puisse en juger, un seul danger vraiment sérieux me menaçait : Vibach était connu des gens de l'usine, et même cela pourrait être évité en donnant un autre nom et en vampant une raison pour expliquer son absence.

Quiconque connaît l'attitude du civil allemand moyen à l'égard de l'armée comprendra la force des cartes que je détenais. L'uniforme d'officier, un moteur militaire, le fait que Vibach était attendu, la possession d'une autorité officielle dûment signée et tamponnée, tout cela était autant de preuves évidentes de ma bonne foi, bien propres à imposer même à un esprit vif. homme d'affaire. Si j'étais accepté comme Vibach , rien de moins qu'une simple erreur stupide pourrait faire échouer le projet. En fait, il n'y avait même pas de place pour une erreur, car le plan semblait presque infaillible.

Il était néanmoins prudent de réfléchir à ce qu'il faudrait faire si l'inattendu se produisait. Il valait évidemment mieux ne pas donner mon nom tant que je n'étais pas sûr que Vibach était inconnu et avoir une histoire prête à expliquer son absence. Son nom figurait dans l'ordre, et il ne fait aucun doute que des difficultés seraient soulevées pour livrer le bus à quelqu'un d'autre. On pourrait s'en remettre en disant qu'il m'avait dit de voir qu'il était prêt pour lui, et qu'un peu de manœuvre me permettrait probablement de faire un essai. Ils pourraient m'envoyer un mécanicien ou un représentant de l'entreprise ; mais ce ne serait pas une grande affaire. Une fois que nous avions décollé, nous pouvions nous en occuper facilement.

J'avais maintenant brûlé mes bateaux et j'étais dans une situation trop serrée pour m'en tenir à quoi que ce soit, même à la violence, pour gagner mon chemin pour m'échapper.

Même si le voyage d'essai était refusé, il serait toujours possible de s'en sortir sous prétexte de tester le moteur. Laissez-moi être à bord avec le moteur en marche, il faudrait beaucoup de mécanique pour m'empêcher de démarrer.

Mais il restait un risque que même cela ne soit pas possible et, dans ce cas, la seule chose à faire était de quitter les lieux sous un nuage d'indignation et de menaces vitupéraires. Pour cette possibilité, il fallait laisser le moteur là où je pouvais l'atteindre facilement et sans problème.

La scène d'ouverture était tout ce qu'on pouvait désirer. Le fait que j'étais attendu me fit immédiatement conduire chez le gérant, dont le nom était Harden ; il me reçut avec tout le respect dû à mon uniforme ; m'a mis à l'aise en exprimant le regret de n'avoir jamais eu le plaisir de me voir auparavant, bien qu'il ait entendu parler de mes prouesses dans les airs ; et a déclaré qu'il se sentait honoré de faire ma connaissance personnelle.

J'ai été condescendant, je l'ai remercié avec un peu de vantardise pour son compliment et je me suis mis au travail.

"Tu as tout prêt, bien sûr ?" J'ai demandé.

" Tout à fait . Je vais faire sortir l'avion", fut la réponse tandis qu'il sonnait à sa table et donnait l'ordre que le numéro 14 soit préparé immédiatement pour moi. "Avez-vous déjà essayé l'un des nôtres ?" » a-t-il demandé alors que l'employé sortait.

"Je m'y attendais, mais je n'en suis pas sûr. J'en ai participé à tellement de choses."

"Vous avez bien sûr vu les spécifications de la nouvelle marque."

"J'aimerais y jeter un nouveau coup d'œil."

"Ce sera un honneur d'expliquer les nouvelles améliorations;" et il produisit les plans et les dessins et me les raconta tout, en me signalant diverses différences et améliorations, surtout celles qui étaient ses propres inventions, sur lesquelles il s'étendit avec une immense satisfaction.

J'avais mes propres raisons d'étudier attentivement les dessins et j'ai daigné le flatter de son ingéniosité inventive. Tout cela a pris du temps et j'ai commencé à avoir hâte de commencer. J'ai suggéré que je ferais mieux de jeter un œil au n ° 14; et nous sommes sortis ensemble.

Elle était d'une beauté et ce n'était pas une erreur ; mais à mon grand regret, les hommes avaient légèrement endommagé l'un des avions en le sortant du hangar. Il s'agit simplement d'une question simple impliquant le renouvellement de quelques supports métalliques ; mais cela signifiait une perte de temps, et j'avais des spéculations inquiètes sur ce qui se passait dans cette chambre d'hôtel à Lingen .

J'ai ordonné aux hommes d'effectuer rapidement les réparations et je les surveillais lorsque quelqu'un est sorti pour dire à Harden qu'il était recherché au téléphone.

Ce n'était pas à l'ordre du jour et j'ai senti un désagrément. Il y avait deux autres avions sur le terrain à proximité du n°14, et je me suis promené pour voir si leurs réservoirs d'essence étaient pleins, sous prétexte de curiosité. C'était le cas de n'importe quel port en pleine tempête.

Il n'y avait pas un gallon dans les deux, donc ma curiosité s'est éteinte instantanément. Je suis revenu pour me dépêcher de travailler avec le numéro 14. Les hommes connaissaient leur travail et l'avaient presque terminé, quand Harden est sorti avec un air de perplexité inquiète.

« Puis-je vous demander un instant, lieutenant ? Il a demandé.

"Certainement. Qu'est-ce qu'il y a ? Rien ne s'est mal passé, j'espère."

« Cet appel téléphonique venait de Lingen , du capitaine Schiller ; au moins."

"Mon cher M. Harden, j'espère que je ne suis pas si stupide."

"Eh bien, il semble avoir l'impression que vous n'êtes pas là."

J'ai éclaté de rire. "Pauvre Schiller ! Il a toujours une abeille dans son chapeau ; il tient toujours une ruche régulière. Je me demande ce que diable lui a mis cette pourriture dans la tête."

"D'après ce que j'ai pu comprendre - j'espère que vous me pardonnerez même de le mentionner - il semble penser que vous l'étiez aussi - eh bien, que vous aviez bu plus de vin au Halbermond pour que vous puissiez y aller en toute sécurité."

J'ai maudit Schiller, quel qu'il soit, avec volubilité et sincérité, pour un crétin intrusif. "Je pense que tu peux régler ça par toi-même, Harden."

"Oh oui, je le lui ai dit, mais... mais sa réponse a été très singulière. Il a dit qu'il avait fallu vous faire aider à monter dans votre voiture à Lingen , qu'il n'était pas possible que vous ayez jeté les effets dans le peu de temps, et, en fait, que si vous paraissez l'avoir fait, vous ne pourriez pas être le lieutenant Vibach .

Encore une malédiction de Schiller de ma part. "Il devra répondre de cela, je peux vous l'assurer", m'exclamai-je avec férocité. "Qu'as-tu répondu ?"

"Je lui ai expliqué la situation extrêmement embarrassante dans laquelle cela me plaçait; et il m'a donné pour instruction très péremptoire de ne vous livrer en aucun cas le numéro 14, même face à l'ordre de l'armée. Bien sûr , j'étais perdu, alors je lui ai demandé pour vous parler au téléphone.

"Je ferais mieux de faire ça," répondis-je volontiers. "Il y aura le diable à payer si je ne me présente pas avec ça et que le colonel dit que j'étais trop ivre pour monter. Schiller doit être fou; austère, l'air fou. Il me fera caissier."

"Il tient la ligne, si vous voulez bien venir dans mon bureau."

C'était une véritable crise, et comment m'en sortir m'inquiétait. Mais alors que nous approchions du bureau, une pensée m'a frappé. "Écoutez ici, Harden, cela doit être satisfait d'une manière ou d'une autre. Je vais demander à Schiller de venir ici immédiatement et nous devons être prêts avec des preuves que je suis aussi sobre qu'un juge et parfaitement apte à prendre le numéro 14. Je Je comprends parfaitement votre position et je ne veux pas que vous soyez compromis de quelque manière que ce soit. Je ne vous demanderai pas de livrer le numéro 14 ; mais je serai personnellement obligé si vous avez le réservoir d'essence d'un de ces avions là-bas. rempli, ou tout autre que vous voudrez, bien sûr, et je lui montrerai si je suis apte à prendre le n° 14. Votre témoignage, aussi, peut me sauver d'un naufrage absolu.

"Je le ferai avec plaisir;" et il se retourna pour donner les ordres aux mécaniciens, pendant que j'allais téléphoner dans son bureau.

"Tiens!" J'ai appelé.

"C'est toi, Harden ?" fut la réponse sur un ton excité.

"Oui." J'étais susceptible d'obtenir plus d'informations en tant que Harden et j'essayais d'imiter sa voix.

"Je n'ai pas reconnu ta voix pour le moment. Tu ne t'es pas séparé du n°14, j'espère ?"

"Non. Le lieutenant Vibach vient vous parler."

"C'est bon. C'est mille fois plus grave que ce que je pensais tout à l'heure. Vibach est là."

" QUOI ! " m'écriai-je.

"C'est vrai. Je l'ai vu. Il a été à moitié tué, drogué et dépouillé de son uniforme. Il a été retrouvé enfermé dans une armoire d'une des chambres de Halbermond ."

"Bonté divine!" M'exclamai-je, à juste titre sidéré. "Alors qui est cet homme ici ?"

"Le voyou qui l'a fait, bien sûr. De toute évidence, il s'agissait d'un complot visant à mettre la main sur l'un de nos avions les plus récents. Le voyou a volé l' uniforme de Vibach pour se faire passer pour lui."

"Je n'ai jamais entendu une chose pareille de ma vie. Que dois-je faire ?"

"Gardez-le jusqu'à ce que nous puissions nous en remettre."

"Mais il est armé, je suppose."

"Il aura bien sûr le revolver de Vibach . Il faudra être prudent. Le mieux sera peut-être de le garder en jeu. Laissez-lui croire que vous allez lui confier le bus et laissez vos hommes bricoler." pendant un quart d'heure environ ; je serai alors avec vous ; et quand il me parlera, je le dissuaderai en lui disant que je ne peux pas m'en remettre avant une heure.

"Je peux gérer ça facilement. Il arrive maintenant", dis-je en entendant la voix de Harden dans la pièce extérieure. Je me suis arrêté un moment ou deux, j'ai traîné les pieds, puis j'ai parlé de ma propre voix. "Tu es là, Schiller ?" Ai-je demandé sèchement.

"Oui. C'est toi, Vibach ?"

"Je devrais le penser. Ecoute, c'est quoi cette histoire que tu racontes sur moi ?"

Il a répété l'essentiel de ce qu'il avait dit pour la première fois à Harden, expliquant qu'il était tout aussi inquiet pour ma sécurité que pour celle de l'avion. Harden entra au moment où il parlait, me dit que le bus était presque prêt et qu'il souhaitait dire un mot à Schiller quand j'aurais fini. J'ai hoché la tête; et comme il ne pouvait entendre que ma moitié de la conversation, bien sûr, je l'ai intégré pour l'adapter à la position. Le résultat était assez bon pour m'inciter à mettre une auréole de saint autour de la tête de l'homme qui a inventé le « téléphone ».

" Bien sûr , cela donne un aspect différent aux choses, mais tu devrais vraiment être plus prudent, Schiller. Je suis aussi sobre qu'un juge, mec ; Harden est à mes côtés maintenant et il te dira la même chose dans une minute. "

" Il me l'a dit ; mais j'étais obligé de prendre note de ce que j'ai entendu. Nous ne pouvons pas risquer la vie de l'un de nos meilleurs aviateurs et la perte de notre nouveau type d'autobus... "

"Ne parle pas de pourriture, mec. Je n'ai jamais été aussi en forme de ma vie qu'en ce moment. Je viens de m'arranger avec Harden pour le prouver en reprenant l'un des anciens ici."

Cela l'a réveillé. "Hein ? Qu'est-ce que c'est ?"

"Ne vous trompez pas comme ça. Bien sûr que non. Juste un petit tour pour lui montrer que je peux très bien prendre en charge le n°14."

"Tu ferais mieux de ne pas faire ça, Vibach ."

" Bien sûr que oui, mec. Penses-tu qu'il n'en sait pas assez pour dire si un homme est ivre ou sobre. Je ne peux pas te distinguer."

"Attends que je vienne, Vibach . Je ne peux pas m'enfuir directement ; mais je serai avec toi dans environ une heure."

J'ai ri. "Cela montre à quoi vous pensez le plus, le bus ou le pilote. Mais je suis quand même content que vous approuviez le projet. Je ne veux pas..."

"Laissez-moi parler à Harden un instant", interrompit-il très brusquement. "J'ai oublié quelque chose que je veux lui dire."

" Bien sûr que je ferai attention, espèce d'idiot."

"As-tu entendu ce que j'ai dit, Vibach ?" » demanda-t-il sur le ton d'une autorité impatiente. "Dites à Harden de me parler immédiatement."

"Est-ce que mon mécanicien est arrivé ?"

Quel que soit Schiller, c'était un homme colérique et des malédictions commençaient à circuler sur toute la ligne. Assez intelligible, vu que je lui avais expliqué comment j'allais m'échapper.

"Non, hein ? Eh bien, applaudissez-le en état d'arrestation quand il le fait. Et regardez, cet imbécile de Fritz qui m'a conduit a choisi de descendre de la voiture juste au moment où je voulais qu'il m'amène ici. Cela doit être réglé aussi. Cela pourrait " C'est très grave. N'importe qui aurait pu s'enfuir avec la voiture, vous savez. "

Même cette information supplémentaire gratuite ne l'a pas apaisé et d'autres malédictions sont apparues.

J'ai ri. "Je pensais que tu aimerais le savoir, Schiller."

Le rire le provoqua magnifiquement et stimula son blasphème alors qu'il m'ordonnait à nouveau de laisser Harden lui parler.

"Je ne peux pas très bien faire ça, n'est-ce pas ? Vous comprendrez pourquoi."

"Qu'est-ce que tu veux dire par là ?"

"Réfléchis, mec, réfléchis. Cela m'empêcherait de descendre à temps avec le numéro 14 pour atteindre Schipphasen avant la nuit, si j'attendais une heure avant de faire ce voyage d'essai."

"Mais tu ne dois rien faire avant mon arrivée, Vibach ", grogna-t-il.

"Bien. Je pensais que tu verrais ça." J'ai fait une pause et j'ai ajouté : "Bien sûr que je le ferai. Je lui ai dit que nous lui sommes terriblement obligés. Très bien, au revoir. Ne dépassez pas une heure. Les journées ne sont pas trop longues."

J'ai fait semblant de raccrocher le combiné quand Harden a tendu la main pour le prendre. C'était conforme aux spécifications ; et j'ai sursauté comme si je me souvenais qu'il voulait parler à Schiller, j'ai trébuché contre une chaise derrière moi, j'ai failli tomber, me tenant fermement au combiné et, en me reprenant, je l'ai retiré du câble et j'ai mis le téléphone hors service.

À une bouchée d'excuses pour ma maladresse fut répondu un sourire de la part du bon homme simple dont la conviction de ma bonne foi avait été assurée par la moitié de la conversation qu'il avait entendue.

"Cela n'a aucune conséquence. Mes gens vont arranger les choses dans quelques minutes", a-t-il déclaré, sans deviner ce que ces quelques minutes signifiaient pour moi. "Ce que j'avais à dire au capitaine Schiller peut très bien attendre son arrivée", a-t-il ajouté.

"Il est peut-être un peu contrarié, mais je vais lui expliquer que c'était entièrement de ma faute. Il estime qu'il sera là dans environ une heure", dis-je alors que nous retournions sur le terrain ; " et cela nous donnera du bon temps pour le petit vol expérimental – notre petite preuve convaincante, hein ? Il aime l'idée et vous en est autant reconnaissant que moi. "

"Je ne suis que trop heureux de vous rendre service, je vous l'assure. Je devrais moi-même être tout à fait prêt à vous remettre le numéro 14; mais j'espère que vous comprendrez ma position."

"Certainement, Harden, certainement. Tout aussi clairement que le mien. Je ne devrais pas penser à l'accepter jusqu'à ce qu'il vienne. C'est un homme bien avec qui rester; un peu crocheté , mais influent. Cela vous a placé dans une mauvaise situation. réparer, et vous ne pouviez pas faire autrement que ce que vous avez fait.

"C'est un grand soulagement pour moi de t'entendre dire cela, et s'il te plaît, ne parle pas d'obligation."

"C'est très bien, mais Schiller est un homme utile à obliger. De quel genre d'avion s'agit-il ?" Ai-je demandé alors que nous atteignions les hommes.

"Un type ancien, mais assez fiable. Nous l'utilisons principalement pour les cours. Le réservoir d'essence est plein, Max ?" il a demandé au contremaître.

"Oui, monsieur ; mais il y a quelque chose qui ne va pas avec le moteur ; le feu manque toujours", fut la réponse.

Une bonne nouvelle, sachant que dans une dizaine de minutes, le mystérieux Schiller serait sur les lieux pour élever Caïn !

"C'est long à arranger, Max ?" » demanda Harden.

"Je ne peux pas le dire exactement, monsieur. Je n'arrive pas encore à comprendre le méfait."

« Jetons un coup d'œil à elle », a déclaré Harden ; et lui et l'homme ont perdu cinq des précieuses minutes de l'examen.

Il n'y avait qu'une chose à faire. La sortie étant fermée, je dois m'enfuir en voiture.

"Ça n'a pas d'importance, Harden. Après tout, ce n'est pas nécessaire, tu sais."

"J'ai bien peur que cela prenne au moins une heure ou deux", dit-il en levant les yeux du moteur. "C'est vraiment très ennuyant pour moi."

"Eh bien, je vais retourner à ma voiture, j'y ai laissé quelques papiers que je veux ;" et je me suis détourné quand Max a fait une suggestion.

"Il y a une n°5 là-bas. Elle n'est pas aussi bonne que la n°2 ici, mais elle pourrait prendre le lieutenant. J'ai rempli son réservoir au cas où, quand j'ai découvert que la n°2 n'était pas bonne."

"Pourquoi ne l'as-tu pas dit avant, Max ?" s'écria Harden.

S'il l'avait fait, il m'aurait sauvé d'un très méchant spasme cardiaque. Dans l'état actuel des choses, il serait tout juste temps de repartir sain et sauf. Mais il aurait pu être fatal de paraître pressé, alors je me suis dirigé nonchalamment vers le numéro 5, j'ai fait semblant de l'examiner, comme si le temps n'était pas une considération, et j'étais en train de grimper dans le fuselage lorsque nous avons entendu le sifflement furieux. d'un klaxon de moteur au loin.

"Bonjour, qu'est-ce que ça peut être ?" s'exclama Harden.

"On dirait que quelqu'un a fait une dépression et demande de l'aide", suggérai-je avec un sourire.

Quelques secondes plus tard, le klaxon retentit à nouveau ; beaucoup plus proche cette fois. Schiller était pressé et ne s'y trompait pas. Mais toute cette précipitation ne l'aiderait pas maintenant. Le bus était d'un vieux type et avait besoin de l'aide des mécaniciens pour démarrer, et Max avait du mal avec l'hélice pour le démarrer.

Il y a eu une petite difficulté et j'ai retenu mon souffle. Ce n'était plus qu'une question de secondes ; des secondes qui signifiaient la vie ou la mort pour moi.

Heureusement Max connaissait parfaitement son métier et connaissait aussi le bus et ses petites particularités. Il l'a fait démarrer, juste au moment où le klaxon a retenti une fois de plus et qu'un officier, suivi de quelques soldats et policiers, est arrivé en courant au coin des bâtiments et vers nous, en criant furieusement et en agitant les bras.

J'ai poussé le levier et le bus a commencé à bouger.

"C'est le capitaine Schiller ; il nous fait signe d'arrêter", s'écria Harden.

C'était tout simplement trop tard. "Il pourra me voir commencer", ai-je appelé par-dessus mon épaule. "Donnez-lui mon amour et dites-lui qu'il aurait dû être là plus tôt."

"Que veux-tu dire?" cria Harden.

"Il le saura," criai-je. Le bruit du moteur couvrait probablement les mots, car elle roulait doucement ; le bus s'est soulevé comme un oiseau en réponse au contact des commandes ; et je suis partis.

Non sans un salut encourageant du capitaine, cependant. Je n'étais pas loin lorsqu'une balle effleura le bord de l'avion droit et, regardant autour de moi, je vis ses soldats vider leurs chargeurs dans l'espoir de satisfaire son désir amoureux de m'embrasser.

Ils étaient extrêmement occupés. Mais ce n'est pas une tâche facile que d'abattre un bus avec une balle de fusil, et la majorité des Bosch sont de très mauvais tireurs ; alors je ne m'en suis pas inquiété, j'ai commencé à grimper en indiquant la frontière, et je me suis vite retrouvé hors de portée.

Mon dernier aperçu vers la terre me montra un petit groupe de points se précipitant d'avant en arrière avec excitation, comme un certain nombre de fourmis dérangées et furieuses de la ruine de leur nid.

Il s'agissait sans aucun doute de l'état des choses dans ce nid d'Ellendorf . C'est peut-être dommage que je ne puisse pas être présent.

Mais cela ne semblait pas valoir la peine d'y retourner.

J'ai pu profiter suffisamment de la scène depuis les airs.

CHAPITRE XXX

LA FIN

J'ai fait un beau voyage dans ce vieux bus d'entraînement. C'était une vieille chose assez décente et je l'ai laissée se déchaîner, aussi longtemps que durait la lumière du jour.

Je m'attendais à moitié à ce que le numéro 14 soit envoyé à sa poursuite, mais j'étais trop bien parti pour m'en préoccuper et j'ai été un peu déçu que cela se soit réalisé à Ellendorf . Cela aurait été un plaisir rare de participer à une partie de chasse au civelle sur le territoire néerlandais ; assez bon sport ; mais j'ai dû voyager sans escorte.

Dans le langage des communiqués, il y avait « une certaine vivacité » lors du passage de la frontière. Les Néerlandais pouvaient voir les croix allemandes sur les avions et quelques archies ont exprimé leur ressentiment face à l'intrusion ; mais j'étais alors trop haut pour que quoi que ce soit puisse m'ébouriffer les plumes, et la tempête dans une tasse de thé fut bientôt laissée loin derrière.

Vers le crépuscule, je descendis à la recherche d'un point d'atterrissage, j'en aperçus un près d'une gare et me décidai en sa faveur par considération pour Harden. Il avait été très honnête et, sans le vouloir, il m'avait rendu un si bon service qu'il était tout à fait juste de lui rendre le bus.

Beaucoup de gens m'avaient vu, bien sûr, et quand j'ai atterri, j'ai été assez bien accueilli par la police, des soldats et d'autres béants, qui m'ont tous très naturellement pris pour un officier allemand. J'ai été arrêté au milieu de beaucoup de brouhaha et de grands bavardages et emmené chez le maire de la ville, après avoir fait garder la machine en lieu sûr.

C'était un gros petit homme jovial aux yeux pétillants et joyeux, et quand je lui ai raconté mon histoire, il a ri de l'incident du téléphone jusqu'à ce que les larmes coulent littéralement sur ses joues et que je craigne qu'il ne fasse une crise d'apoplexie.

Il était anglophile jusqu'au bout des doigts, m'a fait consentir à passer la nuit chez lui, m'a promis de veiller au retour du bus et m'a trouvé un attirail de vêtements ; mais je suis resté bloqué lorsque j'ai suggéré également le retour de l' uniforme de Vibach . Il déclara que rien ne devait l'engager à se séparer d'un si délicieux souvenir de l'incident.

J'ai passé une joyeuse soirée avec lui. Il a amené quelques amis sympathiques et j'ai dû raconter l'histoire à nouveau, au milieu de cris de rire, de prodigalités de schnaps et de commentaires sur les Allemands qui auraient signifié des siècles de servitude pénale s'ils étaient prononcés de l'autre côté de la frontière. la frontière.

La plupart de ses amis se présentèrent à la gare le lendemain pour m'accompagner à Rotterdam ; et le train s'éloigna au milieu d'une tempête d'acclamations, d'agitation de chapeaux et de cris de bonne chance. Puis quelqu'un a commencé "Dieu sauve le roi", qu'ils ont tous crié à pleine puissance jusqu'à ce que je sois hors de l'entendre. J'aurais pu être Sa Majesté elle-même, à en juger par l'enthousiasme ; et mes compagnons de voyage avaient l'air de penser que j'étais un gros bonnet important.

J'arrivais à Rotterdam en fin d'après-midi, j'obtins le nom de l'hôtel de Nessa après quelques ennuis au Consulat et j'allais lui téléphoner, lorsqu'une tentation irrésistible s'empara de moi.

J'étais craintivement bouleversé par ma chance d'évasion et je ne pouvais tout simplement pas m'empêcher d'essayer une dernière respiration sifflante avec elle comme une bonne conclusion. J'ai cherché un bon salon de coiffure, j'ai acheté une perruque noire aux cheveux brillants et une moustache en brosse à dents et impériale assortie, j'ai assombri mes sourcils et maquillé avec quelques rides et petites touches artistiques de ce genre.

C'était un très bon déguisement ; et une paire de gants de coton noir, deux tailles trop grandes, et une sorte de parapluie bosselé contribuaient à suggérer le personnage que j'avais en tête. Puis j'ai griffonné sur un morceau de papier sale, soigneusement froissé, une note me présentant.

"Vous pouvez faire confiance au porteur, Van Heerenveen de nom, un véritable ami qui a besoin de nous deux. Jack."

Je suis allé à l'hôtel au crépuscule et j'ai envoyé son nom, disant que je souhaitais la voir pour des affaires privées importantes ; un pourboire m'a assuré l'usage exclusif de ce qu'on appelait le salon de réception, une petite pièce crasseuse avec une seule fenêtre ; J'ai atténué la lumière déjà faible en baissant le store à moitié et j'ai choisi mon siège de manière à ce que mon dos lui soit tourné.

J'ai eu un scrupule et j'ai failli trahir le spectacle quand j'ai vu le trouble et l'anxiété sur son cher visage pâle ; mais je réprimai mon impulsion, sachant combien elle serait ravie à l'instant où elle me reconnaîtrait, et quels rires nous en aurions ensemble dans la délicieuse suite.

Elle était extrêmement perplexe devant la silhouette étrange que je faisais, mais ne remarqua pas le déguisement, même si elle me fixa suffisamment pour voir à travers moi. Sa nervosité face à un visiteur aussi inattendu a contribué à aveugler ses yeux perçants.

Elle s'arrêta sur le seuil avec un sursaut et un froncement de sourcils d'inquiétude et de perplexité. "Vous souhaitez me voir, monsieur ? Je n'ai pas pu comprendre votre nom grâce à la servante", dit-elle en allemand.

"Van Heerenveen est mon nom, madame", répondis-je. J'avais surtout peur que ma voix ne me trahisse ; alors j'ai parlé lentement, j'ai fait une grande bouchée du nom, j'ai approfondi mon ton et y ai mis un peu d'enveloppe, j'ai parlé par le côté de ma bouche et j'ai déroulé dans un charabia guttural délibéré ce que je voulais qu'elle prenne pour une question dans Néerlandais.

"Je ne parle pas néerlandais, monsieur ; seulement anglais, allemand et français."

J'ai lentement hoché la tête et j'ai fait un petit jeu avec le bout des doigts lâches de mes gants ridicules. « Ne voudriez-vous pas vous asseoir, s'il vous plaît ? Dis-je en allemand. "Ne vous inquiétez pas, je vous en supplie. Ce n'est pas nécessaire, si vous êtes Miss Nessa Caldicott."

Elle avait tenu la porte entrouverte et l'a maintenant fermée et s'est assise sur la chaise que j'avais préparée, et je me suis assis de l'autre côté de la pièce, à une distance sûre.

"Je suis Miss Caldicott, bien sûr."

— Il faut que j'en sois bien sûr, Madame. Ai-je votre permission de vous poser quelques questions ? La voix avait bien été entendue, et comme elle était près de la porte et moi si loin, son inquiétude céda bientôt la place à la curiosité. Elle était absolument perplexe.

"Bien sûr Monsieur."

"Vous venez d'Allemagne ? C'est vrai ?"

"Oui, je suis arrivé hier."

« Puis-je vous demander votre passeport, s'il vous plaît ? »

Elle a commencé. "Pourquoi ? En fait , je n'en ai pas ; mais je suis connu au consulat britannique ici. Ils m'ont suggéré de venir dans cet hôtel."

"Pas de passeport ? Umph !" J'ai grogné avec un mouvement solennel de la tête. "Est-ce que tu es venu de Berlin et que tu es parti un peu précipitamment ?"

"Oh oui. J'étais là-bas au début de la guerre et ils voulaient m'envoyer dans un camp d'internement ; je me suis enfui."

"Euh!" Je grognai encore, doigtant mon impérial avec mes monstruosités de gants ; un geste qu'elle remarqua avec un sourire vacillant. « Étiez-vous seule, madame ?

Elle hésita. "Non, mais je ne peux pas en dire plus." Petite mendiante fidèle, elle ne me trahirait pas avant d'en savoir plus.

"Il faut me parler franchement, Madame. Je connais la personne qui vous accompagnait. Je vous le demande parce que je dois être sûr de qui vous êtes."

Elle ne devait pas être attirée par ça. "Je dois d'abord savoir pourquoi tu viens vers moi", dit-elle avec l'un de ses gestes rapides de la tête.

"Je viens en ami, madame."

"Pardonnez-moi, mais comment puis-je le savoir ?"

Je l'ai poussée fort, mais rien ne l'a incitée à me donner ce nom. "Très bien, je vais essayer un autre parcours. Il y a eu certains incidents pendant le voyage. Vous me les raconterez ?"

"Il y a eu une collision et le train a été détruit."

"Mais avant ça?"

Encore une fois , elle a rigolé et n'a pas voulu prononcer une syllabe pour m'y entraîner. Il me fallut toute ma retenue pour ne pas lancer une flèche en avant pour la prendre dans mes bras.

"Eh bien, que s'est-il passé ensuite ? Comment avez-vous quitté l'Allemagne ?"

Elle réfléchit une seconde ou deux. "Je peux vous le dire. J'ai traversé la frontière en avion et le pilote m'a ensuite accompagné à la gare d'Almelo, et de là, j'ai voyagé jusqu'ici."

Vandervelt avait fidèlement tenu parole. "Vous allez me dire le nom de cet homme, madame ?"

"Je ne peux pas faire cela. Il m'a traité avec la plus grande gentillesse et considération et m'a demandé de ne pas le faire."

"Est-ce que le nom était Vandervelt , madame ?"

"Comment sais-tu ça?" elle a frappé rapidement.

"Il suffit que je le sache et qu'il vous connaisse comme la sœur d'un homme qui se faisait appeler Hans Bulich ."

Ses yeux s'écarquillèrent d'étonnement. "Qui es-tu?" elle a demandé; et je me suis assuré qu'elle avait commencé à soupçonner, tant son regard était attentif. Si la pièce n'avait pas été si sombre , elle aurait certainement vu à travers le déguisement.

"Je suis satisfait", répondis-je en gardant la tête baissée pendant que je fouillais dans l'un de mes gants et retirais la note que j'avais griffonnée. "C'est de Hans Bulich ."

Cher cœur, comme elle était excitée ! Elle s'est levée avec impatience et s'est précipitée vers moi alors que je le tenais, les mains tremblantes et les larmes de joie dans les yeux. "Donnez-le-moi, s'il vous plaît, donnez-le-moi", cria-t-elle en tremblant. "Est-il en sécurité ? Tout va bien ? Oh, M. Heerenveen , dites-moi tout."

"Tout à fait en sécurité, madame", réussis-je à répondre, car j'étais aussi excité que Nessa elle-même.

"Oh, Dieu merci pour ça ! Alors tu l'as vu depuis mon départ ? Où est-il ? Toujours à Lingen ? S'il te plaît, ne me laisse pas en suspens."

— Il est en Hollande, madame. J'ai passé la frontière avec lui.

"Et tu es venu pour m'emmener vers lui, bien sûr ? Oh, tu es bien ce qu'il dit, un ami. Ne pouvons-nous pas y aller maintenant, tout de suite ? Je suis prêt. Tu es sûr qu'il n'a aucun problème." ? Dites-le-moi, s'il vous plaît, tout de suite.

" Il n'a pas d'ennuis, mais il ne veut pas que je vous amène chez lui, madame. Il y a quelque chose que vous devez d'abord apprendre. Vous savez qu'il est soupçonné de meurtre ; je ne veux pas le traiter de scélérat... "

" Vraiment scélérat ! Je ne le penserais pas ", s'écria-t-elle, flamboyante d'indignation. "C'est l'un des plus nobles———"

Je ne pouvais pas lui permettre de dire ce genre de chose sous de faux prétextes , alors je l'ai arrêtée en remuant un de mes gants ridicules en signe de protestation . "Reste, madame, reste, je n'entends pas ça", m'écriai-je. "J'ai encore quelque chose à vous montrer. Permettez-moi;" et je suis allé au fond de la pièce, je lui ai tourné le dos, et sous prétexte de fouiller dans mes poches, j'ai arraché la moustache et l'impérial. "Si vous saviez ce qu'il fait en ce moment, madame, vous pourriez aussi être tentée de le traiter de canaille."

"Jamais jamais!" s'exclama-t-elle presque violemment.

"Alors je dois refuser de t'emmener vers lui !"

"Pourquoi ? Au nom du Ciel, pourquoi ?"

"Parce que je suis déjà là, bien sûr," répondis-je en retirant ma perruque et en me retournant.

Elle fut pétrifiée une seconde, puis, avec un cri de joie, elle se précipita vers moi. "Jack ! Jack ! Alors tu es un scélérat ———"

"N'ai-je pas dit que tu m'appellerais comme tel ?"

"Mais je ne l'ai pas fait ; je me suis arrêté à mi-chemin. Oh, Jack, comme tu es méchant ! Et je t'ai parlé tout ce temps et——"

Je l'ai arrêtée à mi-chemin à ce moment-là. Vous pouvez deviner comment. Et il nous fallut beaucoup de temps avant que nous puissions surmonter notre excitation extatique et nous atteler au récit de mon évasion.

Comme nous en avons ri tous ensemble ! Quels jolis petits intermèdes il y avait de temps en temps ! Que de questions innombrables elle avait à poser, à dénicher chaque détail ! Comme nous l'avons répété encore et encore ! Revenons ensuite à la première partie du voyage lorsque nous étions ensemble ! Comme nous riions légèrement, maintenant qu'ils étaient terminés, des difficultés et des risques qui semblaient si réels à l'époque de Lassen ! Et comme nous discutions, avec un sourire avide et perplexe, des énigmes encore non résolues !

Nous n'étions que deux enfants heureux ensemble. Les heures s'écoulaient comme par magie et nous n'avions même pas commencé à penser à nos projets pour aller en Angleterre, lorsqu'un domestique entra pour nous dire que l'hôtel était fermé pour la nuit et que je dus me précipiter à la recherche d'un hôtel. lit.

J'ai appris le lendemain matin qu'un paquebot partait dans l'après-midi et j'ai réservé nos passages, avant de me rendre à Nessa. Elle écrivait la bonne nouvelle à Rosa quand je suis arrivé et m'a dit que Vandervelt avait promis de prendre ses lettres lors de son prochain voyage et de les poster en Allemagne, afin d'échapper à la censure.

J'ai pensé à quelques-uns à écrire aussi. L'une s'adressait à von Gratzen , expliquant que je n'étais pas Lassen, mais un Anglais ; mais je ne lui donne pas mon nom. Un autre s'adressait à Harden, lui disant que son avion allait être restitué et lui demandant de transmettre une pièce jointe au capitaine Schiller.

« CHER CAPITAINE SCHILLER ,—

"Je suis le 'voyou désespéré' avec qui vous avez eu cette conversation intéressante au téléphone avant-hier. Je souhaite confirmer ce que Harden vous a probablement dit, à savoir qu'après votre première conversation avec lui, le reste de la conversation a été entièrement Je vous suis très reconnaissant de m'avoir prévenu que la liaison avec le lieutenant Vibach — un tyran des plus offensants, soit dit en passant — a été découverte plus tôt que je ne l'avais prévu. Naturellement, cela a accru mon désir de m'enfuir et a rendu impossible toute " Je veux satisfaire votre désir ardent de faire ma connaissance personnelle à Ellendorf . Cet empressement, combiné peut-être avec votre enthousiasme et votre caractère, vous a sans doute empêché de détecter la différence entre les deux voix. Votre stupidité et votre crédulité typiquement nationales resteront pour moi une joie constante. " Vous avez cependant la satisfaction de savoir que vous avez empêché que j'emporte le nouveau type d' avion . Mais l'ancien a assez bien rempli mon objectif, car il m'a transporté hors de votre pays et donc hors de votre portée. " Il est peu probable que nous nous reverrons, à moins que le hasard de la guerre ne nous réunisse sur l'un des fronts, alors je me ferai un plaisir de vous dire le nom du « voyou désespéré ».

Nous n'avions plus le temps d'écrire davantage, car nous devions nous rendre en toute hâte au Consulat pour y mettre les choses au clair afin d'éviter des ennuis lors de notre débarquement en Angleterre.

Nous avons eu un passage sans problème, perturbé ni par une mine ni par un sous-marin. Nous ne cessions guère de bavarder ensemble, discutant principalement de deux sujets : la question de notre mariage et l'énigme de la conduite de von Gratzen . Le premier fut réglé quinze jours plus tard à notre satisfaction mutuelle, et nous partîmes en Irlande pour notre lune de miel afin d'envoyer le brin de trèfle promis à notre chaleureux ami irlandais de Massen .

L'énigme de von Gratzen ne fut résolue que trois mois plus tard, lorsque j'étais chez moi en congé d'une semaine et que je reçus de Suisse un journal allemand contenant un paragraphe marqué. Von Erstein s'était suicidé avant d'être accusé du meurtre d'Anna Hilden.

Je l'ai remis à Nessa, qui l'a rejeté en disant : « Cela lui sert bien », puis j'ai attiré l'attention sur quelques petites marques et points éparpillés sur la même page. "Je suis sûre qu'ils veulent dire quelque chose", a-t-elle déclaré.

J'ai ri à cette idée et je l'en ai plaisantée.

Mais elle avait raison et elle était perplexe jusqu'à ce qu'elle le découvre. Les marques étaient des nombres microscopiques sous divers mots et lettres, et après les avoir notés, elle lut le résultat.

"Tu ne m'as pas trompé. Tu es l'image de mon cher vieil ami, ton père. Von G."

L'énigme de von Gratzen était enfin résolue.

Et Nessa n'a-t-elle pas gloussé. "Qu'est-ce que je t'ai dit, Jack !" s'écria-t-elle en brandissant triomphalement le papier. "Le vieux renard ! Il te connaissait tout le temps et tu imaginais que tu étais si intelligent. Pauvre Jack !"

Bien sûr, je ne pouvais pas supporter cela ; alors je l'ai punie.

Nous étions toujours très amants, et vous devinez peut-être la nature du châtiment lorsque je vous dis qu'il la fit rougir, lui décoiffa les cheveux et fit se demander si je voulais que tout le monde croie que nous étions encore en lune de miel.

Bien sûr , j'ai dit oui et je l'ai encore punie.

LA FIN.